U0828071

经济管理学术文库 • 经济类

西部民族地区提升自我发展能力研究

Research of promoting Self-development Capability in Western Ethnic Regions

王秀艳／著

经济管理出版社
ECONOMY & MANAGEMENT PUBLISHING HOUSE

图书在版编目（CIP）数据

西部民族地区提升自我发展能力研究/王秀艳著 . —北京：经济管理出版社，2020. 9
ISBN 978 - 7 - 5096 - 7325 - 6

Ⅰ. ①西…　Ⅱ. ①王…　Ⅲ. ①民族地区—经济发展—研究—西北地区②民族地区—经济发展—研究—西南地区　Ⅳ. ①F127. 8

中国版本图书馆 CIP 数据核字(2020)第 148321 号

组稿编辑：王　洋
责任编辑：杨国强　王　洋
责任印制：黄章平
责任校对：王纪慧

出版发行：经济管理出版社
（北京市海淀区北蜂窝 8 号中雅大厦 A 座 11 层　100038）
网　　址：www. E - mp. com. cn
电　　话：（010）51915602
印　　刷：北京玺诚印务有限公司
经　　销：新华书店
开　　本：720mm × 1000mm/16
印　　张：17
字　　数：337 千字
版　　次：2020 年 9 月第 1 版　　2020 年 9 月第 1 次印刷
书　　号：ISBN 978 - 7 - 5096 - 7325 - 6
定　　价：88. 00 元

· 版权所有　翻印必究 ·
凡购本社图书，如有印装错误，由本社读者服务部负责调换。
联系地址：北京阜外月坛北小街 2 号
电话：（010）68022974　　邮编：100836

前言

党的十九大报告指出，目前我国的收入差距、城乡差距、区域差距依然较大，这不符合中国特色社会主义共同富裕的最终目标。区域间的不平衡是其他类型不平衡的基础，区域间不平衡不仅会导致其他类型不平衡程度的加剧，而且还会对其他类型的不平衡的缩小产生阻碍作用。长期以来，对中国区域经济发展不平衡的讨论，基本都集中在东中西部地区的经济差距。中国区域经济发展不平衡，不仅表现为东、中、西和东北四大板块之间的发展差距，还表现为各板块内部省区之间的发展差距。西部板块内部，关中—天水、成渝等重要经济区与内陆边疆少数民族地区之间的发展差距逐渐拉大。2013 年以来，中国南方与北方之间的经济增速差距开始拉开，中国南北方发展差距问题正在取代东西部发展差距问题，并逐渐成为中国区域发展战略面临的重大经济地理格局问题。近两年，贵州、云南、西藏等民族地区在西南板块跨越式发展中表现突出，但与长三角、珠三角等南方经济核心枢纽相差甚远。民族地区经济成为“东西差距”与“南北差异”中的显著“短板”。

国际社会对于“贫困”的界定已超越物质上的绝对贫困，取而代之的是达不到社会“可接受标准”的相对贫困。“能力贫困”比“物质贫困”受到更广泛而普遍的关注。密集性扶贫行动和帮扶很有可能会对贫困人口的就业意愿和就业状况产生一定的“挤出效应”，从而削弱他们提升获取收入的能力和脱贫的主观积极性。中国扶贫工作注重贫困地区和贫困群体自我发展能力在贫困治理中的作用，尤其是党的十八大以来，着力提升贫困人口的内生动力，切实保障贫困人口受教育的权利，确保贫困人口从根本上摆脱贫困，构成了中国扶贫政策路径演进的重要特征。新时代“精准扶贫”与“自我发展能力建设”是扶贫攻坚实践的两个抓手，两者之间相互依存、相互促进。两者的有效融合将是今后一段时期内实现连片特困地区脱贫、全面建成小康社会的有效路径之一。贫困户自我发展能力的增强对于最大限度地消除致贫因素、防止新的致贫与返贫现象、巩固扶贫攻坚成果具有至关重要的作用。

本书对已有相关代表性成果及观点做出科学、客观、切实的分析评价，发现区域自我发展能力领域仍有许多可进一步探讨、发展或突破的空间。怎样界定区域自我发展能力含义？其概念内涵包括哪些元素？区域自我发展能力本质是什么？具有哪些特征和构成要素？区域自我发展能力生成机制是什么？生成主体包括什么？生成动力和生成条件有哪些？受哪些因素影响？如何评价西部民族地区自我发展能力水平？针对能力短板，应采取哪些对策提升其自我发展能力？上述问题的研究，具有独到的学术价值、应用价值和社会意义。

本书构建了由“区域自我发展能力概念”与“区域自我发展能力生成机制”构成的理论分析框架。区域自我发展能力概念包括区域自我发展能力含义、本质、特征、构成要素4个元素。区域自我发展能力生成机制包括区域自我发展能力的生成主体、生成动力、生成条件、生成影响因素4个元素。根据理论分析框架，遵循新发展观思想，突出区域“特色”和区域主体地位，以提升发展能力为核心，构建了由1个一级指标、4个二级指标、65个三级指标构成的区域自我发展能力评价指标体系。采用因子分析法、聚类分析法定量评价全国31个省份区域自我发展能力水平，得出结论。依据西部民族地区自我发展能力结构特征与差异，按照“内化外援，培育能力”“评估劣势，重构价值”“生态优先，绿色发展”“共享发展，惠及民生”的总体思路，全面提升区域居民素质技能、企业创新能力、产业竞争能力和政府调控能力。

本书在问题选择、学术观点等方面的突破、创新或推进之处有：区域自我发展能力研究是欠发达地区经济发展理论与能力理论的新融合；区域自我发展能力理论分析框架构建是区域自我发展能力研究领域的有益补充；“能力扶贫”研究有利于转变新时代民族地区扶贫开发工作着力点；“劣势”价值重构是西部大开发战略纵深化实施的新思路。

目　录

第一章　导论

一、问题的提出

（一）政策背景

民族地区自我发展能力研究的主要政策背景是国家区域发展战略与扶贫开发政策演变。

1. 国家区域发展战略与民族地区自我发展能力

新中国成立以来，中央政府在权衡区域发展中“效率”和“公平”优先顺序基础上，先后实施了区域均衡发展战略、区域非均衡发展战略、区域非均衡协调发展战略和区域统筹协调发展战略。

（1）第一阶段（1949～1978年）：区域均衡发展阶段。

新中国成立初期，社会生产力基础薄弱，空间布局极不合理，工业部门绝大多数分布在东部沿海地区，而内地绝大部分地区仍然处于自然经济和半自然经济状态，很大程度上阻碍了国民经济的恢复和健康发展。出于国防安全考虑和工业化目的，党中央决定采取行政命令平衡生产力空间布局，将经济重心从东部沿海地区向中西部地区转移。在这一阶段，中央通过国家意志广泛动员全国资源在民族地区建立了以原材料工业和国防工业为主的工业体系。

区域均衡发展战略以“公平”和“国防安全”为首要原则，使全国生产力布局状况得到改善，国防安全得到有效保障。但是，这种以行政命令为主的生产力空间布局，很难完全按照区域比较优势原则进行产业布局，往往以损害先发地区的发展效率为代价，人为地压缩有发展能力区域的发展空间。这一阶段的生产力布局改变了民族地区以农业为主的经济结构，打破了原有的封闭状态，开启了民族地区工业化进程。但是，在这种“外嵌入”式开发模式下，城市少数民族与现代工业体系关联性低，民族地区居民和地方政府只能获取经济开发的“溢出效益”，享受有限的公共工程投资带来的利益[①]。因此，这一阶段的区域发展是强调“公平”，牺牲“效率”的低水平均衡发展阶段。

（2）第二阶段（1979～1999年）：区域非均衡发展阶段。

区域均衡发展战略更加强调区域整体层面的均衡而非个体区域的发展效率。随着计划经济的弊端逐渐显现，改革开放后，党中央提出“两个大局”思想，通过优先发展东部沿海地区来带动中西部地区发展。地方竞争模式取代了中央政府主导下的生产力空间布局战略，整个中国的经济地理格局迅速发生了巨大的变化，国民经济建设进入一个新的历史时期。政府投资和政策重点向区位条件和经济基础较好的东部沿海地区倾斜，中国东部地区迎来了大好发展机遇。

非均衡发展战略强调“效率”优先，激发了区域主体经济活力，推动了沿海地区经济快速发展。西部地区作为能源和原材料基地，通过一些大型工程和大规模的基础设施建设加快发展。但是，以不平等价格体系为主的“落后地区开发，发达地区受益”的发展模式中，西部地区面临“双重利润损失”。资本积累能力削弱，未能生成区域自我发展内部动力与条件，进而与东部地区发展差距拉大。

（3）第三阶段（2000～2010年）：区域非均衡协调发展阶段。

东部地区在非均衡发展战略推动下显现出了极大的经济发展活力，但同时也带来了区域发展不平衡、重复建设、低效竞争、地方保护主义等一系列问题。中国作为地区发展差距最大的国家之一，需要创新符合时代要求的区域发展模式。鉴于此，国家从“八五”时期开始由“效率优先”逐步向“兼顾公平”方面调整，区域发展战略重点逐渐由东部沿海地区向中西部地区转移，以期实现区域协调发展。区域协调发展不同于过去提出的区域均衡发展，注重通过政策、规划等实现资源配置向特定地区倾斜，缩小区域差距，同时更强调地区间的分工与协作，通过市场的力量实现共同发展。

2000年，中共中央做出实施“西部大开发战略”重大决策。2002年4月，中央要求逐步提高西部地区自我发展能力，努力发展具有西部地区特色并在国内市场上有竞争力、有效益的产品和产业。2003年和2006年，中央分别决定实施“振兴东北地区等老工业基地战略”和“促进中部地区崛起战略”，加上从改革开放后开始实施的“东部率先发展战略”，中国四大板块的区域总体发展战略初步形成。在区域协调发展战略的推动下，各项支持与援助向中西部倾斜，投资增长明显加快。自实施区域总体发展战略以来，区域发展差距不断缩小，中西部和东北地区的自我发展能力有所增强，我国区域经济版图发生了积极变化。2006

① 刘永佶．中国少数民族经济学［M］．北京：中国经济出版社，2013：167.

年和2010年中央工作会议均提出，西部发展要以增强自我发展能力为主线。这标志着区域经济发展模式从外需拉动向内需和技术创新共同拉动转变，区域发展动力由优惠政策外生驱动向制度创新内生驱动转变。

2007年，为推进区域发展总体战略，多个改革试验区相继成立，形成全方位和广覆盖的配套改革试验区战略布局。2008年和2009年，中央密集出台了海峡西岸经济区、关中—天水经济区、江苏沿海地区、横琴岛等10余个区域经济规划，以及黄三角高效生态区建设规划、鄱阳湖生态经济区建设规划，安徽皖江城市带承接产业转移示范区规划等，并跃升至国家战略层面。这一阶段的战略和规划体现了区域协调发展、多极化发展、可持续发展、人与自然和谐发展的新思路，也体现了中央政府在干预区域经济政策上更注重区域自身发展需求和区域自我发展能力的培育，给予地方更多的制度创新和实验的自主权力的新思路。以往中央政府"自上而下"的开发模式正在向与地方政府"自下而上"开发模式相结合的战略转变①。

（4）第四阶段（2011年至今）：区域统筹协调发展阶段。

实施区域统筹协调发展新战略，就是要在东部率先、西部开发、东北振兴、中部崛起区域总体发展战略基础上，统筹东中西，协调南北方，谋划中国区域发展新棋局。"统筹"的内涵是党和政府切实加强对区域发展的指导，全面部署和统筹兼顾东中西、南北方各区域的发展方向与重点，形成东中西和南北方相互促进、优势互补、共同发展的格局。"协调"的内涵是要在有效发挥各地区比较优势的基础上，切实提高经济、社会、生态效益，努力使各个地区间的发展差距保持在适度范围内，让各个地区的人民都能够享受到均等化的基本公共服务，使各个地区人与自然的关系处于和谐的状态。统筹协调战略中的统筹是手段，协调是目标，通过统筹实现协调②。区域统筹协调发展战略，将问题导向与目标导向相结合，继续高度重视边疆地区、贫困地区、民族地区、粮食主产区、生态脆弱区等问题区域的发展，同时注重经济要素无障碍流动，最大限度激发各个地区发展潜力，促进人与自然和谐发展目标的实现。

1）2011～2015年：稳步推进阶段。

"十二五"期间，区域发展战略在延续总体战略的基础上，开始全面启动和推进体现国土空间开发管制理念的"主体功能区规划"。2011年6月8日，《全国主体功能区规划》正式发布，根据不同区域的资源环境承载能力、现有开发密度和发展潜力，统筹谋划未来人口分布、经济布局、国土利用和城镇化格局，将国土空间划分为优化开发、重点开发、限制开发和禁止开发四类，确定主体功能

① 陈秀山，赵霄伟．区域规划密集推出重构区域经济格局［J］．领导之友，2010（2）：6.
② 肖金成，黄征学．未来20年中国区域发展新战略［J］．财经智库，2017（2）：41－67.

定位，明确开发方向，控制开发强度，规范开发秩序，完善开发政策，逐步形成人口、经济、资源环境相协调的空间开发格局。各个地区因为核心（主体）功能不同，易于构建更加合理的地域分工体系，协调配合行业政策与区域政策，相互协作，共享改革发展成果，缩小区域发展差距，实现共同富裕。

2013 年党的十八大报告明确了我国区域经济总体发展战略——深入推进西部大开发，全面振兴东北地区等老工业基地，大力促进中部地区崛起，积极支持东部地区率先发展。强调要切实改善革命老区、少数民族地区、边疆地区、贫困地区的生产生活条件，扶持贫困地区与扶持贫困人口相结合，提高义务教育、医疗卫生和社会保障等基本公共服务水平，保障贫困人口获得基本的生存权和发展权，提高贫困地区人口的自我发展能力。2014 年 9 月中央民族工作会议强调，支持民族地区加快经济社会发展，是中央的一项基本方针，要大力发展特色优势产业，增强民族地区自我发展能力①。

2）2016 ~ 2018 年：全面深化阶段。

2016 年中国经济进入新常态，经济增长南北分化的态势日趋明显，即使处在相同地带，各省份经济增速也在分化。随着区域发展不平衡问题日益凸显，进一步促进区域经济协调与一体化发展成为新时期宏观经济发展的主旋律。国家“十三五”规划明确了这一时期继续推动区域协调发展的总体思路。规划《纲要》指出，深入实施西部开发、东北振兴、中部崛起和东部率先的区域发展总体战略，创新区域发展政策，完善区域发展机制，促进区域协调协同、共同发展，努力缩小区域发展差距，塑造要素有序自由流动、主体功能约束有效、基本公共服务均等、资源环境可承载的区域协调发展新格局。

党的十八大以后，中国区域发展的协调性进一步增强，脱贫攻坚取得巨大成就，贫困发生率大幅度下降。“一带一路”建设进展顺利，京津冀协同发展扎实推进，长江经济带发展成效显著，区域发展总体战略深入落实，粤港澳大湾区加速构建，一系列国家重大战略的区域政策叠加效应进一步凸显②。

3）党的十九大至今：新时代新战略阶段。

以习近平同志为核心的党中央科学把握国内外发展大势，针对新时代区域发展的新特征做出了一系列重大决策，采取了一系列创造性举措，在实践中形成了新时代中国特色社会主义区域协调发展战略。党的十九大报告提出区域协调发展的主要任务和战略部署，以新时代区域协调发展战略为指引，坚持内外统筹与一

---

① 中国社会科学网，http：//www. cssn. cn/zt/zt_ xkzt/zt_ fxzt/mzgzhgyzw/2014nzymzgzhytw/201501/t20150113_ 1476567. shtml，2014 – 09 – 30.

② 刘耀彬，彭峰．中国特色社会主义区域协调发展战略的形成逻辑与时代特征［J］．安徽大学学报（哲学社会科学版），2019（2）：141 – 147.

体联动相结合，形成区域协调发展的新格局；坚持开放合作与海陆统筹相结合，培育区域协调发展的新动能；坚持经济增长与绿色生态相结合，打造区域协调发展的新引擎；坚持整体推进与重点突破相结合，开创区域协调发展的新局面。加大力度支持革命老区、民族地区、边疆地区、贫困地区加快发展，强化举措推进西部大开发形成新格局，深化改革加快东北等老工业基地振兴，发挥优势推动中部地区崛起，创新引领率先实现东部地区优化发展，建立更加有效的区域协调发展新机制。

2019 年 10 月中共中央《关于全面深入持久开展民族团结进步创建工作　铸牢中华民族共同体意识的意见》（以下简称《意见》）指出，中华民族共同体意识是国家统一之基、民族团结之本、精神力量之魂。《意见》要求加快建成小康社会增进民生福祉，把加快少数民族和民族地区发展摆到更加突出的战略位置，夯实民族团结进步的物质基础。2019 年 11 月党的十九届四中全会《中共中央关于坚持和完善中国特色社会主义制度推进国家治理体系和治理能力现代若干重大问题的决定》指出，坚持和完善民族区域自治制度，支持和帮助民族地区加快发展，不断提高各族群众生活水平。

综上所述，新中国成立 70 年来，国家区域发展战略始终高度重视和大力支持西部地区、边疆地区、民族地区等特殊类型地区建设和发展，自实施“西部大开发”以来，更加注重和强调西部民族地区自我发展能力的培育及提升，注重激发民族地区内在发展潜力，实现由“输血机制”向“造血机制”转变。培育和提升落后地区、民族地区自我发展能力，已经成为巩固和增强新时代区域统筹协调发展战略的内在要求和必然选择。

2. 国家扶贫开发政策与民族地区自我发展能力

新中国成立 70 年来，致力于推进扶贫工作和解决贫困问题，中国政府不断优化和创新扶贫政策，贫困人口和贫困率大幅度下降，对解决贫困问题发挥了巨大作用。按照不同时期政策特点和扶贫目标，中国扶贫开发政策经历了以下六个阶段的变迁。

（1）第一阶段（1949 ~ 1977 年）：救济式扶贫阶段。

新中国成立初至改革开放期间，中国并没有专门的扶贫政策，扶贫政策和经济政策基本重叠，通过制度创新发展经济来减缓贫困。为了克服资源贫乏和生产效率低下的限制，依据普遍贫困和绝对贫困特征，在具体救助形式上主要采取实物救济和救济救灾两种方式。中国政府实行了计划经济的管理体制，建立以生产队为基础的扶贫网络，向广大贫困地区发放救济粮、钱、物和优抚费等，确保有限的产品和资源为全部公民共享，帮助贫困人口渡过难关。救济式扶贫又称“输血式扶贫”。

（2）第二阶段（1978～1985 年）：体制改革推动扶贫阶段。

这一阶段中国没有专门的扶贫工作计划，也没有专门负责扶贫工作的机构。扶贫工作主要依赖于体制改革，改革的目标是逐渐解除对农民的各类限制，通过改革把农民从土地束缚中解放出来，使农民在财富获得方面有更多的空间和选择。将扶贫重点锁定在连片贫困地区，通过因地制宜发展区域经济、加强基础设施建设等手段来提高农民收入，进而解决农民的温饱问题。这一阶段的扶贫政策由过去单纯救济式扶贫逐渐向充分发挥贫困地区自我发展能力方式转变。

（3）第三阶段（1986～1993 年）：开发式扶贫阶段。

1986 年，中国成立了专门的扶贫机构，开始推进大规模开发式扶贫工作①。这一阶段的扶贫特征是更加注重“造血式扶贫”，注重增强贫困地区和贫困人口的内生动力。扶贫方式是把政府的资助和扶持与贫困地区人民开发当地资源、发展经济主导产业、增强自我发展能力结合起来，使贫困人口在生产中脱贫。开放式扶贫又称“造血式扶贫”。从救济式扶贫发展为开发式扶贫，虽然扶贫内容和扶贫特征发生了变化，但扶贫性质都属于物质扶贫。

（4）第四阶段（1994～2000 年）：专项计划推动扶贫阶段。

1994 年《国家八七扶贫攻坚计划》出台，象征着中国扶贫事业迈向了一个攻坚阶段。以解决贫困人口温饱问题为目标的“八七扶贫”完成了救济式扶贫向开发式扶贫的系统性转变。从 1994 年到迈向 21 世纪，攻坚扶贫从无到有，从有到优，解决了 8000 万贫困人口的温饱问题，缩小了东西部地区经济差距，扶贫成效显著提升。

（5）第五阶段（2001～2012 年）：新世纪扶贫开发阶段。

进入 21 世纪后，中国政府颁布了《中国农村扶贫开发纲要（2001—2010 年）》，将贫困村作为扶贫基本单位，同时把工作重心倾向于贫困地区科教文卫事业，强调人力资本投资和软实力建设②。2011 年中央又相继制定《中国农村扶贫开发纲要（2011—2020 年）》，强调在扶贫开发中要发挥教育的重要作用，坚持扶贫扶志扶智相结合、物质资本积累与人力资本提升相结合、公共基础设施与个人经济机会相结合，以提升贫困人口、贫困农户、贫困社区摆脱贫困的内生动力和发展能力，帮助贫困群体彻底摆脱穷根，切断贫困的代际传递。

（6）第六阶段（2013 年至今）：精准扶贫阶段。

精准式扶贫是以习近平总书记为代表的党中央提出的扶贫新方略。2013 年，习近平总书记首次提出“精准扶贫”的重要思想，作出了“实事求是、因地制

① 谭清华．中国贫困治理七十年——扶贫政策创新视域［J］．改革与战略，2019（8）：24－32.

② 黄硕明，张立磊．中国扶贫政策变迁的历史回顾与实践困境［J］．山东行政学院学报，2018（12）：84－89.

宜、分类指导、精准扶贫”的重要指示，在扶贫过程中要求做到识别精准、安排精准、使用精准、措施精准、组织精准、成效精准。党的《十九大报告》进一步明确指出，坚决打赢脱贫攻坚战，坚持精准扶贫、精准脱贫，坚持大扶贫格局，注重扶贫同扶志、扶智相结合，深入实施东西部扶贫协作，重点攻克深度贫困地区脱贫任务，确保到2020年我国现行标准下农村贫困人口实现脱贫，贫困县全部摘帽，解决区域性整体贫困，做到脱真贫、真脱贫。

纵观新中国成立70年来的扶贫政策变迁，呈现出一系列的演变规律。扶贫对象逐步精准集中（集中贫困地区—县—村—户），扶贫主体由单一走向多元，扶贫机制逐步脱虚向实，制度安排由“自上而下”政府主导与“自下而上”社会自我规划相契合，扶贫方式由“输血式”脱贫向“造血式”致富转变①。

联合国开发计划署（UNDP）认为，导致贫困的内在根本原因是社会生存、适应及发展能力的低下与短缺。“救济式扶贫”“输血式扶贫”方式由于现金、实物补贴易于操作且短期减贫效果明显、群众认可度较高而被广泛采用。但是其负面效应在于，密集性的扶贫行动使得贫困地区贫困人口习惯了外部力量的支持与援助，催生了“等、靠、要”等惰性思想，具体帮扶中很有可能会对贫困人口的就业意愿和就业状况产生一定的“挤出效应”，从而削弱他们提升获取收入的能力和脱贫的主观积极性。中国扶贫工作注重贫困地区和贫困群体自我发展能力在贫困治理中的作用，尤其是党的十八大以来，着力提升贫困人口的内生动力，切实保障贫困人口受教育的权利，确保贫困人口从根本上摆脱贫困，构成了中国扶贫政策路径演进的重要特征。2013年7月，国务院办公厅发布《关于实施教育扶贫工程的意见》提出，要以提高人民群众劳动技术技能和基本文化素质为重点，把教育扶贫作为扶贫攻坚的优先任务，全面推进教育强民、技能富民、就业安民。2015年11月颁布的《中共中央　国务院关于打赢脱贫攻坚战的决定》要求确保贫困家庭子女都能够接受公平有质量的教育，加快实施教育扶贫工程，阻断贫困代际传递。2016年12月国务院扶贫办联合六部委印发《教育脱贫攻坚“十三五”规划》，要求“采取超常规政策举措，精确瞄准教育最薄弱领域和最贫困群体，实现‘人人有学上、个个有技能、家家有希望、县县有帮扶’，促进教育强民、技能富民、就业安民，坚决打赢教育脱贫攻坚战”。2017年6月，习近平总书记在深度贫困地区脱贫攻坚座谈会上指出“扶贫要同‘扶志’和‘扶智’相结合，没有贫困地区和贫困群众脱贫致富的内在动力，仅靠外部帮扶，帮扶再多，也不能从根本上解决问题”“摆脱贫困首要意义并不是物质上的脱贫，而是在于摆脱意识和思路的贫困”“贫困地区发展要靠内生动力”“扶

① 陈宝胜，石淑花. 中国扶贫政策模式变迁及其演化逻辑［J］. 福建行政学院学报，2017（5）：30－39.

贫的关键在于提升贫困群体自身的脱贫能力”。

“精准扶贫”与“自我发展能力建设”是新时代扶贫攻坚实践的两个抓手，两者之间相互依存、相互促进①。两者的有效融合将是今后一段时期内实现连片特困地区脱贫、全面建成小康社会的有效路径之一。贫困户自我发展能力的增强对于最大限度消除致贫因素、防止新的致贫与返贫现象、巩固扶贫攻坚成果起着至关重要的作用。

3. 区域发展现实差距、扶贫现状与民族地区自我发展能力

区域差距主要是指人均生产总值的差距、人均收入的差距、人均公共服务水平的差距，而非生产总值占全国的比重或经济增长速度。当前我国区域差距仍然较大，地区经济呈现多维分化趋势。虽然 2008 ~2015 年中西部地区经济发展速度全面超过东部地区，人均地区生产总值相对差距有所缩小，但区域发展绝对差距仍在继续拉大（见图 1 -1）。

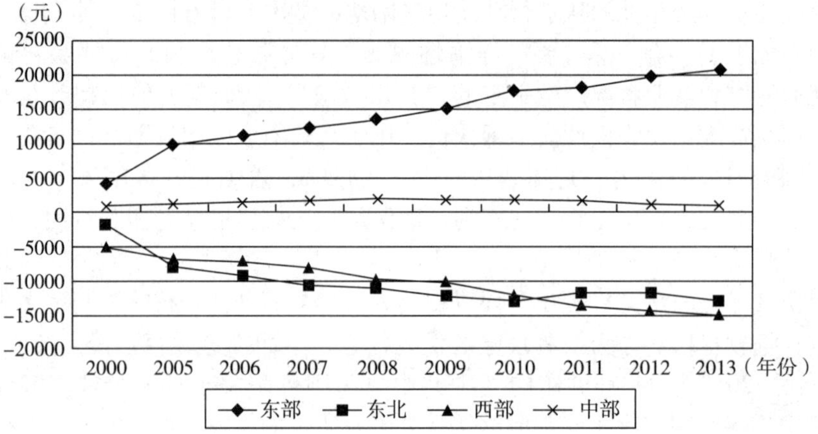

图 1 -1 四大板块人均国内生产总值与全国平均水平差距

资料来源：肖金成，黄征学．未来 20 年中国区域发展新战略［J］．财经智库，2017（5）：45.

2013 年东北地区生产总值增速近年来首次低于东部地区，对区域发展差距持续缩小带来不利影响。中西部和东北地区跟东部地区的公共服务水平差距仍较明显。特别是地区人均受教育年限、医疗卫生、社会保障水平等基本公共服务水平与东部地区的绝对差距仍在扩大。

尤其是，民族地区与东部地区之间长期存在巨大的不平衡性。西部开发伊

① 以自我发展能力建设巩固扶贫攻坚成果［EB/OL］．(2016 - 03 - 27) https：//china. huanqiu. com/article/9CaKrnJUPCW.

始，民族地区与东部地区形成的巨大经济发展差距，具有明显的“一个中国，四个世界”特征。根据世界银行的做法，划分四个不同收入组，按实际购买力评价PPP法计算，1999年处在第四世界的16个省份中有2/3的省份分布在民族地区，人口占全国总人口的比重高达50.56%，人均GDP介于1000～3000美元，在世界排名第140位之后。其中，贵州排名为第177位，甘肃排名第157位，广西排名第155位，西藏排名第152位。2003年，按各地区人类发展数值（HDI）分类，处于“第二世界”后列的省份大都属于西部民族地区；贵州、西藏处在第三世界（0.5≤HDI<0.65）。2010年，除内蒙古处于第二世界（高人类发展水平阶段：0.7<HDI≤0.8）外，民族地区其余七个省份均处在第三世界，即中等人类发展水平阶段（0.5≤HDI≤0.7）①。有学者采用地区人口数与GDP关系作为研究区域经济的指标，按照“区位熵值越大，则地区经济发展水平越高”的原理，分别对全国31个省份在2000年和2012年的区位熵进行定量分析，结果显示：2012年，西部民族8省区区位熵值全国排名顺序为：内蒙古第6、宁夏第16、新疆第19、青海第21、广西第27、西藏第28、云南第30、贵州第31②。

2012年国务院发布的《国家扶贫开发工作重点县名单》中，全国共有592个贫困县，西部省份有375个贫困县，西部民族8省区有232个县，占西部扶贫重点县的61.9%③。根据国家统计局对全国31个省（自治区、直辖市）16万户农村居民家庭的抽样调查，按年人均收入2300元的国家农村扶贫标准测算，2016年民族8省区农村贫困人口为1411万人，占全国的比重为32.5%，与上一年基本持平④。2017年6月，习近平总书记在深度贫困地区脱贫攻坚座谈会上强调，民族地区、边疆地区、革命老区、集中连片特困地区贫困程度深、扶贫成本高，是脱贫攻坚的坚中之坚⑤。

新时代区域协调发展战略和扶贫开发工作要求转变传统的区域“外源式”援助和人口“物质扶贫”方式，通过提升区域自我发展能力和贫困地区、贫困人口“能力扶贫”，进一步缩小区域发展差距，降低贫困率，促进区域统筹协调发展，实现共同富裕。

---

① 胡鞍钢，王洪川，魏星．中国各地区人类发展：大进步与大趋同（1980—2010）［J］．清华大学学报（哲学社会科学版），2013（5）：60.

② 王蕾，汪海霞．基于熵值法的新疆民族地区自我发展能力研究［J］．新疆大学学报（哲学人文社会科学版），2014（2）：8.

③ 国务院扶贫开发领导小组办公室，http：//www.cpad.gov.cn/art/2012/3/19/art_343_42.html，2012-03-19.

④ 中国经济网，http：//www.cpad.gov.cn/art/2012/3/19/art_343_42.html，2016-04-13.

⑤ 习近平：在深度贫困地区脱贫攻坚座谈会上的讲话［EB/OL］．（2016-06-33）http：//www.xinhuanet.com//politics/2017-08/31/c_1121580205.htm.

（二）研究意义

1. 理论意义

（1）“能力理论”——欠发达地区经济高质量发展研究新视角。

传统的区域协调发展问题研究以新古典经济学理论和比较优势理论为基础，强调“要素论”，即落后地区、欠发达地区通过自然资源、资本、劳动、外生技术进步等生产要素的大量投入和比较优势，实现经济增长，缩小地区差距。中国特色社会主义进入新时代，中国经济发展也由高速增长阶段转向高质量发展阶段。微观上，高质量发展要建立在生产要素、生产力、全要素效率的提高之上，而非靠要素投入量的扩大；中观上，要重视国民经济结构包括产业结构、市场结构、区域结构等的升级，把宝贵资源配置到最需要的地方；宏观上，要求经济均衡发展。高质量发展根本在于经济的活力、创新能力和竞争能力。在国家宏观战略布局与区域主体功能定位下，培育提升区域自我发展能力，为欠发达地区经济高质量发展研究创立了从“要素论”到“能力论”的新视角。

（2）“理论框架”——区域自我发展能力理论研究新补充。

目前，学界关于区域自我发展能力研究主要聚焦于实践层面，研究探讨培育和提升区域自我发展能力的具体对策或路径，而有关区域自我发展能力理论方面的研究比较少见。数量相对较多的区域自我发展能力概念研究亦是立足于不同视角，众说不一，未达成共识。区域自我发展能力理论构建明显滞后于实践发展需求。本书从新时代区域统筹协调发展视角出发，借鉴吸收“内发式发展”“参与式发展”“五大发展理念”等新发展理论的合理内核，科学界定区域自我发展能力概念、本质、特征、构成要素等内涵，深入研究区域自我发展能力生成主体、动力、条件、影响因素等生成机制，构建了一个较为完整的区域自我发展能力理论分析框架，为进一步深入研究提供理论参考。

（3）“价值重构”——民族地区开发开放新思路。

区域自我发展能力具有可塑性，区域文化传统、主体功能、自治权利等影响因素是重塑、培育区域自我发展能力的重要因素。“价值重构”观念认为，西部民族地区地理位置、自然气候条件等区位“劣势”可以转变为加快经济发展的有利因素。例如：漫长的陆上边境线是中国联系世界的陆上门户；地形地貌的复杂性可转变为地种的丰富性；大宗能源的贫乏可转变为稀有能源的独有；特殊的人文因素可转变为丰富的民族文化等。西部民族地区在资源和富源开发方面，扩大开放融入“一带一路”，积极培育自我发展能力过程中应坚决贯彻落实“绿水青山就是金山银山”“生态保护本身就是资源开发”新理念，以自然资源、历史文化“股息”为生，实现产业生态化和生态产业化，走出一条生态与经济共生共赢之路。

2. 现实意义

（1）有利于维护民族团结、边疆稳定和各民族共同繁荣发展。

民族问题是多民族国家关系国家命运的大问题。2016 年中央民族工作会议指出，多民族是我国的一大特色，也是我国发展的一大有利因素。我国 55 个少数民族有 50 个主要分布在西部地区，其中 22 个人口较少的民族绝大部分在西部地区居住。西部地区少数民族人口占全国少数民族人口的 75% 左右。因此，西部大开发实际上就是民族地区大开发①。习近平总书记曾在不同场合多次强调“全面建成小康社会，一个民族都不能少”。没有民族地区和各少数民族的现代化，就没有中国的现代化，没有民族地区和各少数民族的全面小康，就没有中国的全面小康。西部民族地区努力增强和提高自我发展能力，加快经济社会发展，缩小与发达地区之间的差距，客观体现了中国特色社会主义制度的优越性，有利于增进各族群众对伟大祖国、对中华民族、对中华文化、对中国共产党、对中国特色社会主义的认同，有利于增进全国各族人民的和睦团结，巩固边疆稳定，促进共同繁荣发展。

（2）有利于改善我国经济地理格局的不平衡。

当前我国区域差距仍然较大，地区经济呈现多维分化趋势。区域经济不平衡不仅表现为东、中、西和东北四大板块之间的发展差距，还表现为各板块内部省区之间的发展差距。西部板块内部，关中—天水、成渝等重点经济区与内陆边疆少数民族地区之间的发展差距逐渐拉大。近几年，中国南北方发展差距问题正在取代东西部发展差距问题，并逐渐成为中国区域发展战略面临的重大经济地理格局问题。贵州、云南、西藏等民族地区在西南板块跨越式发展中表现不俗。但与长三角、珠三角等南方经济核心枢纽相差甚远。民族地区经济成为“东西差距”“南北差异”中的显著“短板”。区域经济统筹协调发展不可能期望以放慢增长极的发展速度来实现，只有通过落后地区培育和提升自我发展能力，充分利用外部援助的同时，激发内生发展动力和潜力，逐步缩小与发达地区之间的差距。

（3）有利于转变新时代扶贫开发工作的着力点。

现代社会对于“贫困”的界定已超越物质上的绝对贫困，取而代之的是达不到社会“可接受标准”的相对贫困。绝对贫困又称生存贫困，是指收入无法满足衣食住等基本生存需要。相对贫困是指除生存外，无法满足在当地条件下被认为是最基本的其他生活需求的状态。总体来说，绝对贫困解决生存问题，相对贫困解决发展问题。联合国开发计划署（UNDP）认为，贫困不只是人们通常所

---

① 郑长德. 中国西部民族地区的经济发展［M］. 北京：科学出版社，2009：20－22.

认为的收入不足问题，它实质上是人类发展所必需的最基本的机会和选择权利被排斥，恰恰是这种机会和选择权利才把人们引向一种长期健康和创造性的生活，使人们享受体面生活、自由、自觉和他人的尊重。导致贫困内在根本原因是社会生存、适应及发展能力的低下与短缺。习近平总书记讲：我们五百年以后还会有贫困，到2020年，我国的贫困和现在的贫困是不一样的，以后是相对贫困，解决的主要是发展、共享的问题。未来民族地区扶贫开发工作指导思想和着力点应从扶持绝对贫困转向相对贫困，全面关注各民族的生存与发展，通过教育和人力资本投入，不断增强各族人民的自我发展能力，着力解决教育贫困、知识贫困、权利贫困和能力贫困等人的发展问题。

二、相关概念界定

（一）中国西部

学术界对中国西部概念有多种解释，包括地域概念、技术概念、文化概念、生态概念、政治概念、社会概念等。西部地区陆地边境线长达2.1万千米，与12个国家接壤，有30多个民族与国外同一民族毗邻而居，本书中的“西部”是指西部开发政策所辖12个省、自治区、直辖市，包括：陕西、内蒙古、甘肃、宁夏、四川、重庆、广西、新疆、西藏、青海、云南、贵州。

（二）民族地区

所谓民族地区是指我国境内少数民族聚居的地方，通常所说的民族地区主要包括三个方面的含义：一是“民族自治地方”，我国民族自治地方的面积占国土面积的63.72%，包括5个自治区、30个自治州、120个自治县、1200多个少数民族乡；二是“民族8省区”，即5个民族自治区和3个多民族省份：云南、贵州和青海，俗称“5+3”；三是5个民族自治区和5个多民族省份：云南、贵州、青海、甘肃、四川，俗称“5+5”。本书研究的对象，主要指“民族8省区”，即“5+3”。

（三）区域自我发展能力

与区域自我发展能力相关的几个概念有：能力、发展、发展能力和区域自我发展能力。

1. 能力

“能力”是指个人和组织或者组织化的单位高效可持续地履行其职能的才能[①]。或者是可利用的资源与社会利用这些资源以可持续的方式去确认和追求其发展目标的效力和效率[②]。

2. 发展

“发展”一词是指事物内部自身发生变化的趋势。强调自我发展时代的市民社会哲学家黑格尔，18～19世纪以西欧市民社会的市民革命为契机，最早使用了“发展”一词[③]。托达罗（M. P. TM）将发展定义为“一个社会或社会体系向着更加美好和更为人道的生活的持续前进”[④]。1993年联合国开发计划署的《人文发展报告》称当今年代为“人民的年代”，提出“发展以人为中心，发展围绕‘人’转；而不是人以发展为中心，人围绕‘发展’而转”。而发展的中心含义是“增加人们选择的机会”[⑤]。因此，可以认为发展就是改进人民生活质量的过程，其基本目标是满足基本需要、提高人类尊严、扩大选择自由、增加选择的机会。发展是一个综合的多维度的过程，涉及经济、政治、文化、社会和环境等方面，而且这些方面是相互联系和彼此促进的。

3. 发展能力

“发展能力”是个人、制度和社会以可持续的方式发挥作用、解决问题、确立和达到目标的能力。[⑥] 把它用到区域发展上，基本的含义是，区域在维持区内各主体生存需求的基础上，扩大其发展规模、提升其发展实力的潜在能力。

4. 区域自我发展能力

区域自我发展能力是本书着力研究并试图科学界定的一个概念。从区域发展角度看，区域的发展可以是主要依靠外部力量（外源）推动的发展，也可以是主要依靠内在因素（内源）推动的发展。

本书认为，区域自我发展能力是指一个特定区域内各经济主体，在开放的环境下，充分利用外部资源的同时，主要依靠和发挥自己的内在禀赋、内部动力、内部潜力和内部创造力，依托居民素质技能、企业创新能力、产业竞争能力、政

---

① United Nations Development Program. Capacity Assessment and Development in Systems and Strategic Management Context［J］. Technical A Dvisory Paper，1998（3）.

② http：//worldbank. Org/WBSITE/EXTERNAL/TOPICS/EXTCDRC/0contentMDK：20295295 ～ menuPK：645091～pagePK：6416912～piPK：64169110～theSitePK：489952，00. html.

③［德］黑格尔．历史哲学［M］．王造时译．北京：三联书店，1956：493.

④［美］托达罗．第三世界经济发展（上）［M］．于同申等译．北京：中国人民大学出版社，1988：124－126.

⑤ 联合国开发计划署．1993年人文发展报告［EB/OL］．http：//ch. undp. org. cn/.

⑥ 李晓红，郭蓉．“区域自我发展能力”的经济学界定及经验含义［J］．经济问题，2013（7）：14.

府调控能力的耦合促生，实现区域经济、社会、文化、环境持续健康发展的能力。区域自我发展能力的本质在于区域空间内的人不断适应周围环境变化，最终实现全面发展。

三、研究思路与方法

（一）研究思路

本书遵循政策研究—文献研究—理论研究—实证研究—对策研究思路，具有学理依据、科学性和可行性。以国家区域协调发展战略与扶贫开发政策变迁以及区域现实发展差距和民族地区贫困现状为研究背景，提出区域自我发展能力研究的理论意义与现实意义，在梳理分析相关理论与国内外文献基础上，发现目前研究的不足与缺陷。以科学界定区域自我发展能力概念为基础，构建了包括区域自我发展能力内涵、区域自我发展能力生成机制两个部分的理论分析框架，并以该框架为理论依据，构建了一套区域自我发展能力评价指标体系，对我国 31 个省份（不包括港澳台地区）区域自我发展能力进行评价测算，验证“西部民族地区自我发展能力低下”这一直观判断，进而结合新发展理念和思想，研究分析西部民族地区自我发展能力短板及制约因素，提出全面提升西部民族地区自我发展能力的对策建议。

（二）研究方法

1. 文献分析法

本书通过对区域自我发展能力既有成果梳理分析发现，已达成以下研究共识：一是区域自我发展能力研究的主题应该是“发展”，而不是单纯的能力；二是无论是区域微观主体还是宏观主体，相对于外部力量而言，自我发展能力是其发展的基础和根本所在；三是区域自我发展能力是一个综合性概念，在不同视角下，对于不同的区域主体，其构成要素和影响因素不同；四是区域自我发展能力具有可塑性，即一个地区的自我发展能力可以通过政策引导扶持，区域内部激励来培育和提升。在对现有的文献进行梳理的过程中，我们也发现当前的研究仍存在一些不足：一是理论研究滞后于发展实践；二是研究主题的内涵有待明确；三是发展主体能力的协同性研究欠缺；四是定量评价指标体系的构建有待规范；五是民族地区经济社会发展问题亟待关注。

2. 规范分析法与实证分析法相结合

经济学方法论历史上，有关实证分析和规范分析的争论中有经济学家主张“二分法”，即将两种分析方法截然分割。而对“二分法”持有异议的经济学家认为经济分析中不可避免地渗透着研究者的价值判断等主观因素。本书题目属于应用经济学范畴，具有较强的应用性特点，研究的最终目的是为区域经济发展实践提供理论依据。本书对区域自我发展能力的基本内涵和形成机制进行规范分析，对西部民族地区的自我发展能力水平进行实证分析，基于抽象演绎和历史归纳法，揭示西部民族地区自我发展能力生成、提升的路径。

3. 定性分析法与定量分析法相结合

定性分析是认识事物的质，寻找事物的本质联系。定性分析的结论一般都是用语言描绘的，对事物的认识还是初步的、模糊的，因而，难以对实践进行准确的、具体的指导；定量分析，是指对事物进行数量分析，通常采用数理经济分析、统计经济分析和计量经济分析等数学方法。正如美国著名经济学家里昂惕夫所说：数学方法只能作为认识经济的一种辅助手段，不能取代对经济现象质的分析。定量分析由于借助数学分析的抽象性、精确性、严密的逻辑性而使定性分析得以深化和精确化。经济学所认识的对象除了质的规定性之外还有量的规定性。本书从区域自我发展能力的内涵及生成路径等定性分析着手设计了一套评价指标体系，采取统计分析手段对我国 31 个省份的自我发展能力水平进行评价，以期从一个更深的层面衡量西部民族地区自我发展能力的现状。

4. 静态分析与动态分析相结合

静态分析，是指从相对静止的角度来认识处于相对静止状态之中的事物。通俗地讲，是把事物置于其自身的历史过程中，从运动的角度来认识它。正如静止与运动是对立统一的一样，静态分析与动态分析是互为前提、互相补充的。本书采用定量评价体系衡量区域自我发展能力的同时，综合运用静态分析法、比较静态分析法和动态分析法，得出以下两个结论：一是在对我国 31 个省份自我发展能力的评价分析中，通过对西部省份与中东部省份的比较、西部民族 8 省区和其他省份的比较，得出“西部民族地区自我发展能力低下”的结论。二是通过测算每个省份在“人的素质技能、企业创新能力、产业竞争能力、政府宏观调控能力”等构成要素的得分，并进行比较，以便探寻不同地区不同主体自我发展能力的差别所在，寻求具有针对性的应对措施。

5. 均衡分析与非均衡分析相结合

均衡分析可以分为局部均衡和一般均衡。局部均衡理论是马歇尔首先提出的。一般均衡分析是由洛桑学派创始人——法国经济学家里昂·瓦尔拉斯于 1874 年在《纯粹政治经济学纲要》一书中首先提出的。他认为一旦经济制度处于非均衡状态时，市场力量就会自动地使经济制度“摸索前进”到一个新的均衡状态。现代西方经济学家普遍认为，瓦尔拉斯的价格调节机制不可能消除市场不均衡的情况，市场不均衡往往不一定趋向均衡，而有可能趋向新的不均衡。凯恩斯是非均衡分析的最早倡导者。主张对于市场无法通过自动调节实现均衡的“失灵”问题，借助政府的“有形之手”进行干预和调控。本书认为，在西部民族地区自我发展能力还比较低下、自身的要素积累与集聚能力还比较欠缺的情况下，中央政府的政策、资金的扶持和发达地区的对口援助非常必要。自我发展能力的构建并非排斥“外源”，而是充分地利用外部要素及外部资源。另外，政府对于个人、企业等发展主体的能力培育及能力耦合生成区域自我发展能力发挥重要作用。

6. 个量分析与总量分析相结合

个量分析，又称个体主义方法，主要是以单个经济主体的活动作为研究对象。总量分析，又称整体主义方法，是以经济发展的总体或总量作为研究对象。系统论等科学表明：个量与总量不仅是相互区别的，而且也是相互联系的。尤其是对复杂的系统来说，虽然个量总是总量的基础，但是，总量并不是个量的简单相加。个体主义方法论的局限性，正如系统论的创始人贝塔朗菲所说，考察各自孤立的部分，不能理解系统，在解决复杂联系的、不可分割的经济系统时，显得力不从心。同样，整体主义方法论在如何界定整体以及解决复杂问题，如涉及人的发展等变动性因素时，在模型化定量化等形式上存在着许多局限性。因此两者的融合已经成为一种必然趋势。本书认为，按照个体主义方法论，区域的自我发展能力是在区域中的个人、企业、产业等，从微观到中观的主体具备了自我发展的能力。但是个人或企业具备了自我发展能力，如某一地区的个人通过素质技能的提高具备了经济、人力资本、人类发展等方面的脱贫能力，但这并不代表区域已经具备了自我发展的能力。同样，企业具备了自生能力、创新能力也并不完全代表区域已经具备了自我发展的能力。只有从整体主义方法论的角度，行为主体各自具备了能力，并且在政府这一主体的调控下，不仅在经济，还在社会、文化、生态等多个方面实现了可持续的协调发展，才可称之为具备了自我发展能力。另外，各个主体的行为应当是在国家宏观战略布局这一整体规划约束下的个体行为。

7. 演绎法和归纳法相结合

归纳法是“由个别（或特殊）到一般，由具体到抽象”，即通过对个别的、特殊的事物和现象观察，推出一般原理和一般性知识。演绎推理的一般性知识（大前提）来源于经验，来自于归纳推理概括和总结。二者互相补充，互相渗透，在一定条件下相互转化。恩格斯指出：“归纳和演绎，正如分析和综合一样，是必然相互联系着的。”本书在构建自我发展能力理论框架时主要采用历史归纳法，通过梳理中华人民共和国成立以来我国区域发展战略的演变过程，认为培育和提升西部民族地区的自我发展能力是提升地区竞争力、实现经济跨越式发展的现实选择，也是深入实施西部大开发战略、促进区域协调发展的内在要求。

第二章　相关理论与文献综述

一、相关理论

（一）马克思主义理论

1. 内因与外因的辩证法

唯物辩证法认为事物的内部矛盾（即内因）是事物自身运动的源泉和动力，是事物发展的根据，它规定了事物发展的基本趋势和方向；外部矛盾（即外因）是事物发展变化的不可缺少的条件，是事物发展、变化的第二位原因。外因通过内因而起作用，外因的作用无论多大，也必须通过内因才能发挥出来。在事物发展的原因分析上，辩证法认为事物发展的根本原因不在于事物的外部，而在于事物内部的矛盾。

内因与外因的辩证法具有深刻的实践意义。改革开放以后，民族地区和国内发达地区的差距不仅没有缩小，反而进一步拉大。从内因和外因的关系看，中国少数民族经济发展的落后不能单纯强调外部条件差距，应该更多地从内部找原因。在少数民族经济发展问题上，如果持外因决定论观点，片面强调外部对民族地区的支持，过分依赖外援的作用，势必给民族经济发展造成错误导向。“输血”的作用在于增进机体“造血”功能，形成新的活力，而不是也不能代替“造血”。引进资金、技术是为了增强自我发展的能力，在于消化、吸收、创新，使外因的作用转化到内因上，只有使内因发挥了作用，民族地区经济才能真正实现持续的发展。

2. 客观规律性与主观能动性

客观规律是指事物运动过程中本身所固有的本质联系和必然的趋势，它的存在和发生作用不以人的意志为转移。无论是自然界规律，还是社会规律都是客观的。主观能动性是指人类特有的能力与活动，也叫自觉的能动性，包括：人类认识世界的能力和活动、人类改造客观世界的能力、人类在认识世界和改造世界的活动中所具有的精神状态。尊重客观规律和发挥主观能动性具有辩证统一关系。尊重客观规律是发挥主观能动性的前提和基础，只有尊重客观规律，才能更好地发挥人的主观能动性，夸大人的主观能动性，就会陷入形而上学的泥坑，其表现为“精神万能论”。因为客观规律隐藏在事物内部，人们只有充分发挥主观能动性，运用抽象思维能力，才能透过事物的现象揭示事物的本质与规律，从而正确地指导人们的行动，夸大尊重客观规律性，否认人的主观能动性，就会陷入形而上学机械论的错误。在西部少数民族地区建设中，既要尊重自然与社会发展的客观规律，又要发挥少数民族区域内人的主观能动性，把坚持唯物论和辩证法有机统一起来。

3. 人的全面发展理论

马克思初步提出人的全面发展理论是在《1844 年经济学哲学手稿》中。在《德意志意识形态》中第一次正式使用“人的全面发展”这一概念，明确提出关于人的全面发展的思想。人的全面发展包括：人的活动的全面发展、人的需要和能力的全面发展、人的社会关系的全面丰富、人的素质的全面提高、人的个性的自由发展等内涵。人的劳动活动的全面发展，表现为活动的内容和形式充分达到丰富性、完整性和可变动性；人的需要的全面发展，意味着个人按照自己的自主活动来发展一切合理的需要，并将较低层次的需要当作直接满足发展“自由个性”最高层次需要的前提；人的能力的全面发展，意味着人全面地发展自己的体力和智力、自然力和社会力、潜力和现实能力等；人的社会关系的全面丰富，意味着人们摆脱了以往个体、分工、地域、民族的狭隘局限性，各个方面、各个领域、各个层次的社会联系全面生成，由贫乏变得丰富，由封闭变得开放，由片面变得全面，并且得以协调和谐发展；人的素质普遍提高，表现为人的生理素质、心理素质、思想道德素质和科学文化素质等发展和完善，以及各种素质之间的均衡协调发展；人的个性的发展，表现为个人主体性水平的全面提高，以及个人独特性的增加和丰富。西部民族地区提升自我发展能力的本质，就在于区域空间内的人，不断适应周围环境的变化，最终实现全面发展。

4. 劳动地域分工理论

劳动社会分工分为部门分工和地域分工两个方面。劳动地域分工是指人类经济活动按地域（地理、空间）所进行的分工。从个别区域的角度看，它表现为一个地区专门生产某种或几类产品，即地区生产专门化。马克思主义的创始人在设想未来社会主义资源配置模式时，都强调平衡布局生产力的重要作用。他们认为，地区经济的不平衡发展是资本主义经济不平衡发展规律的空间形式，而社会主义应当由国家有计划地均衡配置生产力，逐步消灭地区差异①。恩格斯在《反

① 刘秉镰，杜传忠．区域产业经济概论［M］．北京：经济科学出版社，2010：41.

杜林论》中，针对资本主义制度下工业过分集中于大城市即城乡对立导致的种种弊端，提出："从大工业在全国尽可能平衡的分布是消灭城市和乡村的分离的条件这方面来说，消灭城市和乡村的分离也不是什么空想。"在此，均衡布局生产力被视为消灭城乡对立的重要条件。需要特别注意的是，马克思、恩格斯所倡导的生产力平衡布局论并非绝对平均地分布生产力，而是要在谋求各地区工业共同发展的基础上，将地区间差别减小到最低限度。马克思主义劳动地域分工理论在苏联及东欧、中国等社会主义国家的区域开发与规划中发挥过重要的指导作用。

（二）区域发展理论

1. 区域发展优先顺序理论

20 世纪 50 年代，西方发展经济学界对发展中国家应当采取平衡增长（Balanced Growth）发展战略或不平衡增长（Unbalanced Growth）发展战略这一问题，曾有不同观点。

（1）区域平衡增长理论。

所谓平衡增长是指在整个工业或整个国民经济各个部门同时进行大规模投资，使工业或国民经济各部门按统一比率或不同比率得到全面发展，从而摆脱贫困落后状况，实现工业化或经济发展。

早在 20 世纪 40 年代发展经济学的先驱人物之一罗森斯坦·罗丹就提出了其有名的"大推进"理论。其理论要点如下：①发展中国家要从根本上解决贫穷落后问题，关键在于工业化。要实现工业化，主要的障碍是资本形成不足。在资本形成过程中，由于资本，特别是社会分摊资本[①]的供给以及储蓄和市场的不可分性，小规模的、局部的投资是不可能启动停滞的经济的，必须实行"大推进"（Big Push），即在各个工业部门全面地进行大量投资，使各个工业部门都成长起来，才能产生相互依存，互为市场，消除储蓄缺口，克服不可分性的经济格局，实现工业的大发展。②在全面发展工业的过程中，为了避免一些工业发展过快、产品过剩，在投资时要按同一投资率对各个工业部门投入资本。只有这样，才能保证各工业部门之间发展协调，比例均衡，按同一增长速度发展起来，使产品的生产与需求趋于平衡。③经济发展是工业化的同义语，一切投资理所当然地应全部投入工业，农业是相对不重要的。由上述论点可以看出，罗森斯坦·罗丹从主张工业化着眼，重点考察资本稀缺对经济增长的障碍，强调资本供给和投资的不可分性，指出大推进式的投资是实现经济增长的必由之路，还规定"同比率"投资和"同比率"投资的条件，为发展中国家的经济增长制定一条严格的路线。

① 社会分摊资本指用于基础设施的投资。

显然，罗森斯坦·罗丹理论的基本思想既是“唯工业化论”，又是“唯资本论”，同时被认为是“极端的”平衡增长理论。

“贫困恶性循环”（Vicious Circle of Poverty）理论是纳克斯（R. Nurkse）于1953年在《不发达国家的资本形成问题》中提出的。该理论认为发展中国家之所以长期贫困是因为经济中存在着若干互相联系、互相作用的“恶性循环系列”，其中主要是“贫困恶性循环”。贫困恶性循环有两个方面：一方面是反映供给方面的循环，另一方面是反映需求方面的循环。其理论要点如下：①从供给方面看，资本形成有一个恶性循环：发展中国家经济不发达，人均收入水平低下，低收入使得人们不得不将绝大部分收入用于生活消费，而很少用于储蓄，从而导致储蓄水平低，储蓄能力小；低储蓄水平引起资本稀缺，从而使资本形成不足；资本形成不足使生产规模难以扩大，生产率难以提高；低生产率又引起低产出，低产出又造成低收入。这样周而复始，形成了一个“低收入—低储蓄能力—低资本形成—低生产率—低产出—低收入”的恶性循环。②从需求方面看，资本形成也有一个恶性循环：发展中国家经济落后，人均收入水平低下，低收入意味着低消费和低购买能力；低购买能力造成投资引诱不足；投资引诱不足导致资本形成不足；资本形成不足又使生产规模难以扩大，生产率难以提高；低生产率又带来低产出和低收入水平。这样，周而复始，形成了一个“低收入—低购买能力—低投资引诱—低资本形成—低生产率—低产出—低收入”的恶性循环。③资本的匮乏造成了低水平的供给，又造成了低水平的需求，从而充分突出了资本在消除经济停滞、促进经济增长中的特殊地位。供给循环和需求循环相互影响，即使有了投资引诱，也缺少储蓄可以用来投资；即使有了储蓄，也缺少投资引诱足以消化储蓄。这两个循环很难打破，因而发展中国家的长期贫困、长期经济停滞是难免的。即“一国穷是因为它穷”（A Country is Poor because is Poor）。④要打破这一循环，必须同时对国民经济各个部门进行大量投资，但并不主张各个部门都按同一比率发展，而是主张按照各部门产品的需求价格弹性和收入弹性的大小确定不同的比率投资和发展各部门的生产。⑤正确认识农业的作用，重新重视并强调农业的作用和同时发展农业的必要性，正确处理工、农、贸等各部门的关系。

纳尔逊（R. Nelson）于1956年提出的“低水平均衡陷阱”理论与“贫困恶性循环”理论有着异曲同工之处。其理论要点如下：①人口增长率对于人均国民收入水平是很敏感的。生活贫困，死亡率必然较高，从而抑制了人口的增长。②一旦人均收入的增长率高于人口的增长率，人们生活将有所改善，生活改善将降低死亡率并提高出生率，从而使人口增长速度加快。快速上升的人口增长率，又将使人均收入回到原来的水平，这样，就出现了一个低水平均衡陷阱。③要从这个陷阱中跳出来，必须做出最低限度的努力，或所谓“临界最小努力”，即通过大规模的投资以切断“贫困恶性循环”，使提高人均收入的力量超过降低人均收入的力量，使国民收入的增长速度高于人口的增长速度。但是，由于边际报酬递减规律，在技术、自然资源不变的条件下，资本和劳动的边际生产率逐渐下降，以致国民收入将逐渐下降，直至与人口增长率相等为止。此时出现了新的高水平均衡，如果其他条件不变，则这一均衡是稳定的。

“临界最小努力”理论（The Theory of Critical Minimum Effect）是美国经济学家莱宾斯坦（H. Leibenstein）于1957年提出的。这一理论的出发点是承认“贫困恶性循环”或“低水平均衡陷阱”状况的存在。其理论要点如下：①要打破“恶性循环”，跳出“陷阱”，发展中国家必须首先使投资率大到足以使国民收入的增长超过人口的增长，从而使人均收入水平得到明显的提高，即以“临界最小努力”使国民经济摆脱极度贫穷的困境。②发展中国家经济增长过程中，存在着两种对立的力量，即提高收入的力量（Income－Raising Forces）和压低收入的力量（Income－Depressing Forces）。提高收入的力量决定于上一期的收入水平和投资水平，压低收入的力量决定于上一期的投资规模和人口增长速度。③当压低收入的力量大于提高收入的力量时，人均收入的增长被人口过快增长的负力所抵消，并退回到原来的“低水平均衡陷阱”中去。只有当提高收入的力量大于压低收入的力量时，人均收入才会大幅度提高，从而打破低收入稳定均衡。④要实现“临界最小努力”必须具备一定的条件，激发群众的经济增长动机，改变人们的传统观念以鼓励敢于承担风险、善于追求利润的精神，创造适应的投资环境，培育有创新能力的企业家群体，大力开发和应用新技术等。与“贫困恶性循环”理论和“低水平均衡陷阱”理论一样，“临界最小努力”理论过分夸大了资本形成对促进经济增长的重要性，忽视了其他因素对经济增长的作用。

平衡增长理论为发展中国家迅速摆脱贫困落后的局面，实现工业化和经济发展，提供了一种理论模式，指出了一条快速发展的路径，因而具有重要的理论意义，并对一些发展中国家的经济实践产生了一定影响。但是，也应当看到，由于平衡增长理论过分强调国内充分竞争市场的形成和各部门平衡增长与计划化的必要性，存在如下一些缺陷和不足：①平衡增长受到资源不足、技术水平和管理水平低下的限制。一方面，由于资本有限，因而平衡增长的计划难以实施；另一方面，由于发展中国家最稀缺的是企业家和管理能力，因而投资项目很难建成或不能发挥应有的效率。②平衡增长过分依赖于计划化和国家干预。由于发展中国家计划人员与决策者素质不高，信息不灵等，计划制定难免出现失误。③经济发展的实践未能为平衡增长理论提供充足的经验证明。

（2）区域非平衡增长理论。

20世纪50年代，平衡增长理论在成为一种很有影响力的理论的同时，也受到一些发展经济学家的批评。赫尔希曼（A. Hirschman）是不平衡增长理论的最初代表。他在1958年出版的《经济发展战略》一书中，着重从资源的稀缺性和企业家的缺乏等方面，指出了平衡增长战略的不可行性，指出发展中国家应当集中有限的资本和资源首先发展一部分产业，以此为动力逐步扩大对其他产业的投资，带动其他产业发展。其理论要点如下：①引至投资最大化原理。发展中国家真正缺乏的不是资源本身，而是运用这些资源的手段和能力。假定一个国家的投资需要既定且资源有限时，在这种情况下选择投资项目的优先次序必须建立在某一产业的进步对另一产业进步的效力的"比较评估"（Comparative Appraisal）的基础上，并进而决定一个项目是否应该优先发展。投资项目序列中的偏好应当是引致决策最大化（Maximizing Induced Decision Making），即能通过自身发展引致其他项目最快发展的投资项目[①]。②联系效应理论。认为经济增长不完全取决于资本—产出比率和资本形成的大小，而是取决于使用现有资源并最大限度地发挥效率的能力。选择引致投资最大的部门标准是"联系效应"（Linkage Effect）。所谓"联系效应"是指在国民经济中，各个产业部门之间存在着某种关系，这种关系决定了各产业部门之间互相联系、互相影响、互相依存。体现为"前向联系效应"和"后向联系效应"。凡是有联系效应的产业，不论是后向联系还是前向联系，都能够通过这个产业的扩张而产生引致投资。一个国家在选择适当的投资项目优先发展时，应当选择具有联系效应的产业，而在具有联系效应的产业中，又应当选择联系效应最大的产业优先发展。这是不平衡增长理论的核心。③优先发展进口替代工业的战略。对于发展中国家而言，由于农产品和初级产品的需求弹性小，经济部门之间的联系效应较弱，因此应当选择联系效应较大的工业部门作为优先发展部门，而优先发展的工业应当选择进口替代工业。由于发展中国家国内工业投入稀缺，发展工业不得不从国外进口机器设备、原材料、半成品甚至制成消费品等投入要素，而发展中国家缺乏外汇，因而工业投入的稀缺成为工业化的约束条件。进口替代工业的发展不仅可以解决工业投入的来源，减少进口节约外汇，为工业的发展创造条件，而且由于进口替代工业本身具有较大的前向和后向联系，因而可以在尽量减少进口机器设备和原材料的前提下，多使用本国原材料等投入，生产出国内工业发展和人民生活必需的产品。由于发展中国家的经济部门和人民生活对制造品、消费品需求大，市场潜力广阔，因此进口替代工业的发展可以产生较大的引致投资。

"累积循环因果"理论是结构主义发展经济学家缪尔达尔（Karl Gunnar Myrdal）于1957年提出的。他摒弃了新古典主义主张市场机制的自发调节可以

① 谭崇台．发展经济学概论［M］．武汉：武汉大学出版社，2008：171.

使资源在各个地区得到合理的配置，使各个地区的经济差异消除的观点。认为这种静态均衡分析方法不符合发展中国家实际，而应当采用制度的、整体的、动态的、非均衡的分析方法来研究经济发展问题。其理论要点如下：①发展中国家的经济存在着地理上的二元结构，即发达地区和不发达地区。在发展初期，各地区的人均收入、工资水平和利润率是大致相等的，此时如果某些地区受到外部因素的作用，经济增长速度快于其他地区，经济发展就会出现不平衡。这种不平衡发展到一定程度，就会使地区间的人均收入、工资水平和利润率以及整个经济发展的水平出现差距。②发展速度较快的地区，经济发展快，物质资本和人力资本的聚集量大，吸引技术和管理人才、企业家以及熟练劳动力等质量较高的劳动力流入该地区。流入的高质量劳动力促进了本地区经济进一步快速发展，并刺激了对资本等生产要素需求的增长，反过来又刺激了对劳动力需求的增加，劳动需求的增加会再次提高工资率，又进而吸引更多的劳动力的流入。另外，不发达地区由于工资率低下，劳动力大量流出，而经济不发展使该地区对劳动力和资本等要素的需求又不断降低，这使工资率进一步降低，劳动力继续向发达地区流动。这样地区间的工资差异同劳动力的流动互为因果，劳动力的流动同经济发展互为因果，从而使发达地区越来越发达，落后地区越来越落后。地区间的资本流动、技术流动和贸易往来也如此。这种劳动力、资本、技术等要素因报酬差异而发生由落后地区向发达地区流动，使落后地区受地区不利影响，地区间经济差距趋于扩大的现象称作“回波效应”（Backwash Effect）。③但是在发达地区与落后地区间起作用的不只是“回波效应”，还有“扩散效应”。在二元经济结构中，发达地区的发展本身有其限度。当发达地区发展到一定程度后，由于人口稠密、交通拥挤、污染严重、资本过剩、自然资源不足等原因，发达地区生产成本上升，外部经济效益逐渐减弱，从而使经济增长的势头逐渐放慢。在此情况下，一方面，发达地区如果再扩大生产规模，则是相对不经济的，因而资本、劳动力、技术等就会自然地向其他地区扩散出去，或者发达地区为了自身的进一步发展而将资本、劳动力、技术等有意识地向其他地区扩散出去，不论哪一种，扩散都将带动落后地区的经济发展；另一方面，发达地区经济增长的减速会使市场对落后地区的产品、资源等的需求增加，从而刺激其发展。这种现象称作“扩散效应”（Diffusion Effect）。④鉴于上述两种效应的循环累积效应，在经济发展过程中，当某些先起步的地区已累积起发展的优势时，发展中国家应当采取地区不平衡发展战略，通过发展计划和投资安排，优先发展这些具有较强增长势头的地区，以求得较好的经济效率和较快的增长速度，并通过扩散效应来带动其他地区的发展。各个地区的经济差距也不宜拉得过大。当发达地区发展起来后，为了防止累积性因果循环造成的贫富差距无限制扩大，发展中国家不应当消极地等待发达地区产生扩散效应来消除这种差别，而应当采取一些必要的措施来激励不发达地区的发展，尤其是不发达地区应制定相应的对策来发展自己的经济，缩小差距。

“发展极”（Development Poles）的概念和理论是由法国发展经济学家佩鲁（F. Perroux）提出的。该理论的中心思想是，在经济增长中，由于某些先导部门或有创新能力的企业或行业在一些地区或大城市集聚，形成一种资本集中、技术集中，具有规模经济效应，自身增长迅速并能对邻近地区产生辐射作用的“发展极”，通过自身的优先发展，可以带动邻近地区的发展。“发展极”理论是以“支配学说”或“不平等动力学”为基础的。其理论要点如下：①社会是一个异质的集合体，由于种种原因，社会内部的各个部分之间存在着一种不平等的相互关系，即“支配”与“被支配”关系。“支配者”对“被支配者”施加影响，而“被支配者”却不能或不能以同等程度影响“支配者”。支配单位可以是企业、行业、部门，也可以是地区、国家。大企业对小企业、工业对农业、新兴产业对传统产业、城市对农村、发达地区对落后地区、发达国家对发展中国家，都有着支配关系。经济发展是一个支配单位起主导作用的不平等、不平衡的动态过程。②佩鲁认为一国经济由各种经济空间构成。这种经济空间不是几何空间或地理空间，而是社会经济中各种分子之间的经济关系，表现为：计划内容的经济空间、势力范围的经济空间、同质整体的经济空间等。“发展极”是从势力范围经济空间形式中形成的。③应以非总量（非 GNP 或国民收入增长总量）的方法来安排经济发展计划，将国民经济按地理幅员分解为部门、行业和工程项目。按照这一非总体的分解，经济增长并不是在每个部门、行业或地区按同一速度平衡增长的；相反，是在不同的部门、行业或地区按不同速度不平衡增长的。④某些先导部门和有创新能力的产业集中于一些地区或大城市，以较快的速度优先得到发展，形成“发展极”，即由先导部门和有创新能力的企业在某些地区或大城市的聚集发展而形成的经济活动中心。再通过其吸引力和扩散力，不断地扩展自身的规模并对所在部门或地区发生支配影响，从而不仅使所在部门和地区迅速发展壮大，而且带动其他部门和地区的发展。⑤“发展极”的形成需要三个条件：必须有创新能力的企业和企业家群体；必须具有规模经济效益；必须有适当的周围环境便于投资和生产。⑥发展中国家实现工业化和现代化的经济发展，应当由市场机制的自发调节引导企业和行业在某些大城市和发达地区聚集发展而自动产生，或者由政府通过经济计划和重点投资来主动建成“发展极”，通过“发展极”自身的发展和对其他地区或部门的影响，带动整个经济的发展。一些英、美学者对“发展极”作了补充和发展，提出了“增长点”（Growth Points）的概念，有时也称作“增长极”（Growth Poles）。

不平衡增长是针对平衡增长提出来的，从表面上来看，两者水火不相容。但是两者固然相互对立，却也有一定的联系。平衡增长与不平衡增长是从不同的角度、不同时期、不同阶段考虑问题的。不平衡增长是从资源有效配置的角度，考虑经济发展的初期，如何把有限的资源分配于最有生产潜力，即联系效应最大的产业中，通过这些产业的优先发展来解决经济发展的瓶颈问题，并通过它们的发展来带动其他产业的发展。但是，当经济发展进入高级阶段时，从工业化快速发展经济的角度来看，国民经济各部门的发展需要作一定的协调，使其保持一定的均衡，因而平衡增长就成为必然。所以，强调不平衡增长，目的是要实现更高层次和更高水平的增长。平衡增长是目标，不平衡增长是手段。在经济发展的初期阶段和资源稀缺的情况下，相对于平衡增长，不平衡增长对发展中国家更具吸引力。不平衡增长论为发展中国家的经济发展提供了一条新的发展路线或新的思路，其真正的作用不在于它是否可行，而在于它大大启发了人们的思路，说明经济发展的道路、战略决策不止是一种，而是多种。各个国家应当根据自己的具体情况，选择适宜的发展道路或战略。

2. 区域发展阶段理论

美国著名区域经济学家埃德加·胡佛与约瑟夫·费雪在 1949 年所发表的题为《区域经济增长研究》的论文中建立了他们的区域发展阶段理论。他们认为，任何区域的发展都存在着“标准阶段次序”。这种标准阶段次序是：①自给自足阶段。这是区域经济发展的初始阶段，其特征是：区域投资和区域间贸易很少，区域产业几乎全为农业，区域人口绝大部分为农业人口，经济活动均随农业资源呈均匀分布。②乡村工业崛起阶段。随着交通运输业的发展，乡村工业及其相关产业随之产生。由于乡村工业的原料、市场和劳动力仍来源于农业区域，因此，乡村工业的分布与农业人口的分布相对应。③农业生产结构转换阶段。随着区域间贸易的日益扩大，区域农业生产开始由粗放型农业转变为集约型且专业化的园艺、乳酪、果蔬等生产。④工业化阶段。由于人口的增加以及农业生产发展到相当规模后所产生的规模报酬递减现象，迫使区域不得不谋求工业化，谋求制造业和矿业的发展。工业化阶段一般分为前后两期，即以农、林、矿产加工业，如以食品加工业、木材加工业、纺织工业等为主的前期发展阶段；以炼钢、石油炼制业、金属加工制造业、化学制造业为主的后期发展阶段。⑤服务业输出阶段（成熟阶段）是区域经济发展的最后阶段，是以资本、技术以及专业性服务等的输出为主的发展阶段。胡佛和费雪的区域发展阶段理论隐含着这样的命题：任何区域的发展都必须经历两个相辅相成的成长过程。一是区域经济必须经历由自给自足的封闭型经济向开放型商品经济转变的历史过程。在这一过程中，运输成本下降起着关键的作用，因为只有运输成本降低才能使区域间贸易成为可能。二是区域经济必须相应地完成由第一产业向第二产业到第三产业的过渡。其中最关键的一步是区域工业化战略的实施。由农业、采掘业等初级产业向以制造业为中心的次级产业过渡被认为是维持区域持续发展的唯一途径。

美国经济学家罗斯托在他的《经济成长的过程》和《经济成长的阶段》等著作中，运用归纳现代史的方法，对已经工业化了的国家的经济增长经验进行了总结，提出了"主导产业扩散效应理论"和"经济成长阶段论"。罗斯托根据技术标准把经济成长阶段划分为六个阶段，每个阶段都存在起主导作用的产业部门，主导部门的序列不能任意改变，经济阶段的演进就是以主导产业交替为特征的。这六个阶段分别为：①传统社会阶段。科学技术水平和生产力水平低下，主导产业部门为农业部门。②起飞前阶段。近代科学技术开始在工农业中发生作用，占人口75%以上的劳动力逐渐从农业中转移到工业、交通、商业、服务业，投资率的提高明显地超过人口的增长水平。③起飞阶段。相当于产业革命时期，积累率在国民收入中所占的比例由5%增加到10%以上，有一种或几种经济主导部门带动国民经济的增长。④成熟挺进阶段。现代科学技术已经有效地应用于生产，投资率在10%～20%，由于技术创新和新兴产业的不断涌现和发展，产业结构发生了巨大的变化。⑤高额民众消费阶段。工业高度发达，主导部门转移至耐用消费品和服务部门。⑥追求生活质量阶段。主导部门从耐用消费品部门转移至提高生活质量的部门，如文教、医疗、保健、福利、文娱、旅游等部门。

3. 区际贸易与地区专业化理论

亚当·斯密是英国18世纪古典政治经济学的创始人。他从工场手工业中发现分工可以提高劳动生产率，然后将这一原理推而广之，认为国家间也是如此。他认为，每个国家都有适于某种特定产品生产的绝对有利条件，从而导致该国生产该产品的生产成本最低。各国为了本国利益如果实行国家分工，专业化生产本国具有绝对优势的产品，就能提高各国的劳动生产率，在国际贸易中获得最大的利润。例如，如果甲、乙两个国家都能生产A、B两种产品，如果甲国生产A产品的单位生产成本高于乙国生产A产品的单位生产成本与A产品从乙国运到甲国的单位运费之和，乙国生产B产品的单位成本高于甲国生产B产品的单位生产成本与B产品从甲国运到乙国的单位运费之和，那么如果甲国专门生产B产品，乙国专门生产A产品，然后相互进行贸易，最后两国的利润肯定大于它们各自分工前的水平。按照这一理论。世界上那些各方面条件都没有优势的国家和地区，就只能闭关自守，无法参与国家和地区间的竞争和交流，而这显然与世界经济发展的现实不相吻合。

大卫·李嘉图是继斯密之后的另一个古典政治经济学家，他发展了斯密的绝对成本学说，提出了比较成本说。他认为地域分工的基础是比较利益，或称相对成本。其观点是：两国产品的交换，取决于生产这两种产品的比较成本（相对成本），而不是它们的绝对成本。由于两国劳动生产率的差异在不同的产品上有所不同，因此两国间不同产品的比较成本也不同。各国应该集中生产本国相对最有利的产品，即优势最大或劣势最小的产品。通过国际贸易，交易双方都可以节约资源，获取最大利益。例如，如果甲、乙两个国家都能生产 A、B 两种产品，甲国生产这两种产品的劳动生产率都高于乙国，其中 A 产品是乙国的 2 倍，B 产品是乙国的 3 倍，那么这时如果甲国专门生产 B 产品而乙国专门生产 A 产品，然后相互间通过贸易满足各自的需求，则双方都可以获得更大的利益。李嘉图仅仅用劳动时间来计算比较利益，这显然没有考虑生产要素间内在的复杂关系，过于简单，与实际有较大差距。

20 世纪以来，赫克歇尔（Eli F. Heckscher）和俄林（Bertil Ohlin）开启了现代比较优势理论发展的新阶段。赫克歇尔在 1919 年发表的论文《对外贸易对收入分配的影响》中讨论了各国要素禀赋差异在确定比较优势和国际贸易结构中的重要作用，指出由于各国都会出口密集地使用本国相对丰富要素生产的产品，因此国家之间的要素禀赋差异是产生国际贸易的充分条件。瑞典经济学家俄林继承了其老师赫克歇尔的思想，并在理论体系上有所发展。他在 1933 年出版的著作《区际贸易和国际贸易》中指出："贸易的首要条件是某些商品在某一地区生产要比在别的地区便宜，在每一个地区，出口品包含着该地区拥有的比其他地区更便宜的相对大量的生产要素，而进口别的地区能更便宜地生产的商品。简言之，就是进口那些含有较大比例生产要素昂贵的商品，而出口那些含有较大比例生产要素便宜的商品。"[①] 由于各种各样的原因，区域之间生产要素的原始分布不均衡，要素禀赋的差异使各个区域生产要素回报率也存在差异，进而导致了所谓的比较优势和比较利益。自然资源一类的要素流动性很差，或者说流动的成本很高，但是要素的比较优势物化在产品中，为此，除了要素的区际流动以外，还可以通过各区域发挥比较优势生产产品，通过产品交换开展区际贸易，可以达到同样的效果。我国能源地区分布极不均衡，这一理论为我们建立区域性要素市场，实现资源的优化配置和区域均衡增长提供了理论依据。

一些学者在 H－O 模型的基础上，通过对其关键性假设进行修改或突破，又进一步发展和拓宽了比较优势理论的内容。产品生命周期理论是美国学者弗农（Vernon）于 1966 年在《产品周期中的国际投资与国际贸易》一文中首次提出的，借以解释制造业生产的国际区位演化过程，是对 H－O 模型的动态化拓展。根据产品生命周期理论，任何产品都可能经历从创新、增长到成熟进而衰退老化等阶段。在不同阶段，市场周期、技术资本密集度及关键生产要素等因素存在一

① 刘秉镰，杜传忠．区域产业经济概论［M］．北京：经济科学出版社，2010：36.

个演化过程，因此生产区域也经历了由创新地到其他发达国家，再到发展中国家的区位选择和再选择过程。从地理分工的角度看，就是发达国家和地区生产处于创新和增长阶段的产品，而发展中国家生产处于成熟阶段的产品，其实质是处于不同生命周期的产业或产品的地理分工；瓦内克于1968年提出H－O－V模型。在两要素条件下，某一要素禀赋相对丰裕的国家会成为该要素服务的净出口国和另一种要素服务的净进口国。这一模型与H－O理论的经验验证密切相关，20世纪80年代以后比较优势论者批评“里昂惕夫悖论”的几个强有力的观点，几乎都建立在该模型的基础上；波斯纳、胡鲍尔等提出了技术差异理论。在古典比较优势理论中，国家或地区之间的技术差异本来是比较优势的根源，斯密和李嘉图都是这样解释的，但是在H－O框架中，为了突出要素禀赋差异的重要性，技术差异被抽象掉了。波斯纳、胡鲍尔等又重新将技术差异引入比较优势理论的研究中。他们认为，各国或地区技术水平的差异在比较优势形成中发挥重要作用，率先进行某种技术创新的国家，在国外尚未获得这种技术的时期内独享技术优势，并以此维持垄断地位，获得高额利润。但技术可以通过转让专利权、直接投资和商品贸易的形式流入其他国家或地区，技术流入国通过模仿、吸收、掌握这种技术，优先获得这种技术的国家或地区的技术优势将逐渐丧失。特拉夫勒（1993）进一步发展了技术差异的比较优势学说，针对“里昂惕夫悖论”指出，美国劳动要素的生产率是世界其他地区的3倍，这实际上反映了技术上的差距，美国对外出口的所谓劳动密集型产品，实际是具有技术优势的劳动力生产的技术密集型产品。

比较优势是垂直型地域分工的基础和依据，但针对第二次世界大战后国际贸易领域大规模发展的水平分工现象，其解释力却显不足。于是新贸易理论等水平分工理论应运而生。新贸易理论指20世纪70年代末兴起的以报酬递增和不完全竞争为基础的贸易理论，主要研究产业内贸易的起因和影响，其代表人物包括：克鲁格曼、赫尔普曼、埃泽尔、布兰德等。1977年，迪克希特和斯蒂格利茨发现如果存在规模经济，则两国可以选择不同的专业，从而产生内生绝对优势①。1985年，赫尔普曼和克鲁格曼在此基础上出版了《市场结构和对外贸易》一书，奠定了新贸易理论的基础。该理论认为，国际分工形成的贸易，尤其是要素供给结构相似国家之间的产业内贸易，是各国按照规模收益递增原则发展专业化的结果。规模收益递增要求生产大批量、同质产品，从而带来市场价格的下降，但是由于人们对差异产品的追求，又要求生产小批量、异质产品。解决这一矛盾的最佳途径是开展国际贸易。因为国际贸易可以使大批量生产的产品分布在不同国家

① 刘秉镰，杜传忠．区域产业经济概论［M］．北京：经济科学出版社，2010：38.

的市场上，从而在每个国家都是小批量产品，且成为差异产品。至于各国发展何种专业化，克鲁格曼认为，在一定程度上具有历史的偶然性，一旦由于特殊原因，在某个国家或地区形成某种产品的专业化生产，这种格局将会通过贸易不断积累发展下去，具有很强的路径依赖性。

4. 区域产业经济理论

（1）产业结构演变理论。

威廉·配第（William Petty）于1672年出版的《政治算数》中认为荷兰这样领土小、人口少的国家却能与法国这样领土大、人口多的国家相抗衡，主要是由于荷兰凭借其优越的地理位置，更多地从事商业。通过对当时英国、法国、荷兰三个国家的考察他得出结论：工业比农业收入多，商业又比工业的收入多①。20世纪50年代英国经济学家科林·克拉克（Colin Clark）在配第产业结构的思想和英国经济学家费希尔（Fischer）三次产业划分方法的基础上，通过对40多个国家和地区不同时期三次产业劳动投入和总产出的资料的整理和比较，总结了劳动力在三次产业中的结构变化与人均国民收入的提高存在着一定的规律性：劳动人口从农业向制造业，进而从制造业向商业及服务业移动。这就是所谓的配第—克拉克定律。配第—克拉克定律是以国家作为基本分析单位得出的结论，虽然不能直接应用于区域层次，但就推动产业结构变动的两个基本因素，需求因素（需求收入弹性）和效率因素（生产率）而言，却是推动产业结构变化的基本动因，也同样是影响区域产业结构变动的主要因素。

美国著名经济学家西蒙·库兹涅茨（Simon Kuznets）在《各国的经济增长》一书中探讨了发达资本主义国家的总产值不断增长从而按人口平均国民生产总值不断提高的情况下，生产的部门结构和劳动力的部门结构的变动取向，提出了著名的库兹涅茨法则。随着现代经济的发展，在国民生产总值不断增长和按人口平均国民生产总值不断提高的情况下，不论是生产的部门结构还是劳动力的部门结构都是变化着的。其变动的一般趋势为：农业部门占的比重无论是在总产值中还是在总劳动力中都趋向于下降；而工业部门占的比重无论是在总产值中还是在总劳动力中都趋向于上升。各部门在总产值和总劳动力中所占份额的变动情况虽然一致，但其变动的具体百分比却并不是完全相同的。根据对发达资本主义国家历史资料的分析，库兹涅茨指出，在制造业内部，与现代技术密切联系的新兴部门增长得最快，其在整个制造业总产值和劳动力中所占的比例上升，而一些较老的生产部门占的比例则是下降。在服务部门，教育与科研和政府行政部门在总劳动力中占的比例是上升的。

---

① 刘秉镰，杜传忠．区域产业经济概论［M］．北京：经济科学出版社，2010：111.

德国经济学家霍夫曼在1931年出版的《工业化的阶段和类型》一书中，把全部产业划分为消费资料产业、资本资料产业和其他产业，并根据近二十几个国家的时间序列数据，分析了消费资料工业的净产值与资本资料工业的净产值比例，即所谓霍夫曼比例。著名的霍夫曼定律是指在工业化过程中霍夫曼比例不断下降。

美国经济学家钱纳里将开放型的产业结构理论规范化，提出了“发展形式”理论。他在1960年通过对51个不同类型的国家经济统计数据的计算，得到有关随人均收入水平变化，制造业各部门相对比重变化的一组标准值，这可用来对照分析本国在某种经济条件下制造业内部结构，即工业结构是否偏离正常值。之后，许多经济学家进一步发展了钱纳里的产业结构理论，在钱纳里的产业结构理论基础上，对世界一批国家的产业结构变化作了科学分析。他们运用多国模型，对世界一批国家的经济增长因素进行了分析，发现随着人均收入的增长，产业结构会出现规律性的变化。其基本特征是：在国民生产总值中工业所占份额逐渐上升，农业份额下降，而按不变价格计算的服务业则呈缓慢上升；在劳动就业结构中，农业所占份额下降，工业所占份额变动缓慢，而第三产业将吸收从农业中转移来的大量劳动力。

（2）产业结构调整理论。

美国经济学家刘易斯于1954年在《劳动无限供给条件下的经济发展》一文中，提出了用以解释发展中国家经济问题的二元结构转变理论。他认为整个经济是由弱小的现代工业部门和强大的传统农业部门组成，发展中国家可以充分利用劳动力资源丰富这一优势，加速推进经济的发展。二元结构转变理论的基本假设条件是：①农业的边际劳动生产率为零或接近零；②从农业部门转移出来的劳动力，其工资水平取决于农业的人均产出水平；③城市工业中利润储蓄倾向高于农业收入中的储蓄倾向。由假设条件可知，农业剩余劳动力对城市工业的供给价格是很低的，而且，由于工业生产的边际劳动生产率要远高于农业剩余劳动力的工资，所以工业生产可以从农业中得到劳动力的无限供给；而农业的人均产出水平很低，因此从农业中转移出来的劳动力工资水平也远低于工业的边际劳动生产率，工业就可以从劳动力供给价格与边际劳动生产率的差额中获得巨额利润。同时由于工业利润中的储蓄倾向较高，使城市工业生产对农村剩余劳动力的吸纳能力进一步提高，这样就产生一种累积效应，即随着农村劳动力向城市工业转移，农村劳动力的边际生产率不断提高，工业劳动生产率不断降低，这种效应直到工、农业劳动力的边际生产率相等为止，这时，城市和农村的二元经济结构转变为一元经济结构。

（3）“产业关联理论”。

产业关联理论又称为投入产出理论，其创始人是美国经济学家里昂惕夫

(Leontief, Wassily W.)。产业关联理论的第一个理论渊源是法国重农学派经济学家魁奈(Francois Quesnay)的经济表。魁奈从重农主义理论出发,用简明的图示描绘了社会总资本的再生产过程。产业关联理论的第二个理论渊源是马克思的两部门再生产理论。产业关联理论的第三个理论渊源是瓦尔拉斯的一般均衡理论。一般均衡理论的基本思想是各个特殊市场是相互联系的,也就是各种产品和生产要素的价格是相互联系的,整个市场上所有的价格是相互作用并最终同时达到均衡。里昂惕夫在吸收上述三个理论来源基础上,利用美国数据资料编制了美国经济1919~1929年的投入产出表,分析研究了美国经济结构中的数量关系。投入产出关系是产业间关联关系的主要内容和方式。产业间关联的内容具体可以分为:产业间产品和服务关联、产业间就业关联、产业间技术关联、产业间价格关联、产业间投资关联等。产业间关联的方式具体可以分为:产业间单项联系和多项联系、产业间顺向联系和逆向联系、产业间直接联系和间接联系、产业内部纵向关联等。产业关联效应分为"前向关联"和"后向关联",其衡量指标有感应度系数和影响力系数。

(4)产业"竞争优势"理论。

产业竞争力是由比较优势(Comparative Advantage)和竞争优势(Competitive Advantage)两方面因素所决定。比较优势最终归结为一国或地区的资源禀赋,而竞争优势涉及的是各国(地区)同一产业之间的关系。比较优势更多地强调各个地区优势的潜在可能性,而竞争优势则更多地强调各地区优势的现实态势。比较优势涉及的主要是各地区间不同产业、产品之间的区际交换关系,体现各个地区不同产业之间劳动生产率的比较和相对优势,主要强调地区间产业分工与产业互补的合理性;而竞争优势涉及的是各地区间同一产业内的市场交换关系,体现的是各地区相同产业生产率的绝对优势,主要强调了地区产业竞争和产业替代的因果关系。二者的本质都是生产力水平的相互比较。在实践中,发挥比较优势意味着强调各地区的产业发展应该"扬长避短",而增强竞争优势则意味着更加强调各地区产业发展的现实道路是"优胜劣汰"。

迈克尔·波特在《国家竞争优势》一书中否定了由资源禀赋比较优势一维决定竞争优势进而决定产业结构与技术选择的理论。他批评传统比较优势理论只看重要素成本,而把质量和差异化看成可有可无的因素。波特(1992)指出:"国家的繁荣是创造出来的而不是继承而来的。"由于高新科技的快速发展,以传统资源见长的国家可能在一夕之间就失去了竞争力。以劳动成本或天然资源为优势的产业,往往是资金周转率低、科技含量低、需求弹性低、进入障碍不高的行业,发展中国家很容易掉入这种陷阱。波特认为一个国家产业成功的关键是相对世界最强的竞争对手具有竞争优势。创新产生竞争优势,而不断升级则保持这种优势。波特发展了决定国家竞争优势的钻石模型，认为决定一个国家竞争优势的因素有四类：①要素条件；②需求条件；③相关与支持产业；④公司战略、市场结构与竞争对手的情况。这四类因素相互作用，共同维系国家的竞争优势，只凭要素条件一种因素是远远不够的。即便一国某产业拥有资源禀赋的比较优势，具有价格竞争力，但在国际贸易实践中，产品的综合竞争优势还要取决于非价格竞争力。非价格竞争力包括产品的质量、性能、款式、包装、生产地点、运输费用、品牌偏好、文化内涵、售后服务等一系列因素。如果发展中国家在非价格方面的竞争力太弱，即使具有低价格的比较优势，也会丧失竞争优势。

5. *后发优势与后发劣势论*

后发优势论是关于经济上后来发展的国家在发展中存在一种由后发国地位带来的特殊利益的理论，应当认为是发展经济学的重要组成部分①。后发优势论的创立者是出身俄国的美国经济史学家格申克龙（A. Gerschenkron）。他在 1962 年出版的《从历史的角度看经济落后》一书中，通过对 19 世纪德、意、俄等当时欧洲较落后的国家工业化过程的经验分析，提出相对落后国家，其工业化进程和特征在许多方面表现出与先进国家显著不同，相对落后程度越高，后来增长速度会越快，原因在于这些国家具有一种得益于落后本身的优势，也可称为“后发性优势”“落后优势”“落后的有利性”。后发优势归纳起来有如下三个方面：①相对落后会造成紧张状态，及其国民要求工业化的强烈愿望，并激发制度创新；②可以在吸收先进国家成功经验和失败教训基础上，根据自身实际，选择有别于先进国家的不同发展道路；③可以以先进国家的技术、设备和资金，在一个较高起点上推进工业化。在格申克龙之后，有不少经济学家对后发优势问题进一步作了探讨。例如，美国经济学家列为（M. Levy）、阿布拉莫维茨（M. Abramovitz）、鲍莫尔（W. J. Baumol）、罗索夫斯基（H. Rosovsky）、希尔曼（J. Hellman），日本学者南亮进和大川，韩国学者金泳镐等。美国学者伯利兹和克鲁格曼（E. Brezis and P. Krugman）在总结发展中国家成功发展经验基础上还提出了基于后发优势的技术发展“蛙跳”（Leap－Frogging）模型（1993），认为在技术发展到一定程度、本国已有一定技术创新能力前提下，后进国可以直接选择和采用某些处于技术生命周期成熟前阶段的技术，以高新技术为起点，在某些产业领域实施技术超越，直接进入国际市场与先进国竞争，而先发国家基于已有技术的沉淀成本、资产专用性及技术转化的高成本，可能反而被锁定于原技术上。在经济全球化和信息化新形势下，后发优势论进一步得到拓展。对此，格罗斯曼和赫尔普曼（G. M. Grossman and E. Helpman）、巴罗和萨拉·易·马丁（R. J. Barro Sala－

① 尹伯成．西方经济学说史——从市场经济视角的考察［M］．上海：复旦大学出版社，2005：416.

I－Martin）以及范艾肯（R. Van Elkan）等都有所分析。

与后发优势论相反，一些学者尤其是不发达国家中的一些学者认为，当今发展中国家面临的国际环境和发达国家当年工业化初期情况大不相同。今天，发展中国家一开始就面对经济强大的发达国家，后者对前者的不利影响无处不在，使当今发展中国家在多方面处于劣势。包括：资本积累的后发劣势、技术进步的后发劣势、产业发展的后发劣势、结构转化的后发劣势、制度创新的后发劣势等。除了上述劣势，后发国家还有国际贸易的后发劣势、国际关系的后发劣势。这主要反映在中心—外围论和依附论上。“中心—外围”理论由阿根廷经济学家普雷维什（R. Prebisch）提出，认为当代资本主义世界国际经济关系由两部分组成：一部分是西方发达国家，它们是国际经济关系的中心；另一部分是广大第三世界国家，是这种国际经济关系的外围，从而形成中心—外围格局。中心国家利用旧的国际分工，从事工业品生产，外围国家从事初级产品生产。在双方贸易中，发展中国家贸易条件的恶化源于以下三个方面的原因：①工业品需求弹性大，初级产品需求弹性小。②发达国家的垄断企业和工会组织吸收了由生产率提高而得来的利益，增加了利润和工资。发展中国家的企业垄断性较低而工人又缺少组织，企业之间的竞争和工人之间的竞争使生产率提高的效果化为产品价格的下降。③发达国家投入发展中国家初级产品出口生产部门的外国资本，事实上是在替投资国家建立经济“飞地”或“前哨”，发展中国家其他经济部门的联系很少。外国在发展中国家投资所得的利润和利息，一般不转化为当地投资，而是回流到输出资本的国家。如同辛格（H. Singer）所说，发达国家作为买主和卖主得到的是“两个世界最好的东西”，而发展中国家得到的是“两个世界最坏的东西”。依附论形成于20世纪60年代中期，主要代表人物有卡多索（F. Cardoso）、桑托斯（M. Santos）、弗兰克（A. Frank）、伊曼纽尔（A. Emanuel）和阿明（S. Amin）等。他们大多是拉美经济学家，故其理论又称“拉美学派”。他们同样是中心—外围论者，并认为外围国家在资本主义世界体系中处于从属地位，对中心国存在依附关系，在贸易、资本、技术等方面依附于发达国家，受发达国家控制，使这些外围国家得不到应有发展。中心与外围间的贸易是不平等交换，外围国家生产的大量剩余被转移到中心国家，使外围与中心的差距越来越大。

6. 新区域主义

兴起于20世纪80年代初期的“新区域主义”试图超越“国家干预”与“市场调节”的两难选择，为了更好地解决区域公共问题，由区域内地方政府、非营利组织和市场主体所构成的治理主体及其组织形态，也包括这些主体在治理区域公共事务过程中所共同遵守的治理理念和相关制度设计。区域政策的重点是“区域财富”积累和“区域内部力量”动员和竞争优势培育。如何改进区域发展的经济、制度和社会基础，培育区域的自我持续发展能力，积累“区域财富”是“新区域主义”关心的主要政策方向。新区域主义的理论建构始于一些西方学者对于20世纪70年代末期以来，在新技术革命和市场自由化体制推动下资本主义经济所出现的新的时空变化，特别是对区域经济复兴的关注。以“第三意大利”“硅谷”等为代表的“新马歇尔产业区”的出现，及其在全球经济中所表现出的持续强大的创新、竞争能力和良好的经济增长绩效，使人们认识到，与经济全球化进程相伴而生的并不是新古典经济学所预测的区域差异的消失，反而是区域的崛起和经济个性化的凸显。目前，“新区域主义”已经形成弹性专业化学派、加利福尼亚学派、技术创新学派三个相互联系又有明显区别的理论学派。

作为一种治理范式，新区域主义具有很高的规范性，这种规范性来自于一种假设，即区域代表了民主治理、好的公共管理和有效的发展政策所固有的治理框架（Courchene，2001；Sharpe，1993）。根据“从管理到治理”转换的普遍范式，国家政权通过特定的政治过程转移到私人部门主体、公民社会和“利益主体”，区域治理被作为应对政治决策过程复杂性不断增加的一个研究过程。作为治理理论在区域的新发展，新区域主义有几个核心概念：首先，新区域主义扩充了区域整合的主体范围，新区域主义提倡公权到私权的让渡，打破传统的国家一元管理形式和单一的政府管理主体，主张多元治理和多级治理（Multi－Level Governance System），以后现代公共行政的去中心化为基础，新区域主义理论主张在区域发展的过程中，打破传统政府单一主导的方式，构建合理的参与机制与互动网络；其次，重塑政府—社会关系，引入公民社会和私人部门等主题，实行政府、社会组织、公民社会、私营部门的联合治理（Joined－Up Governance）形成一种嵌入式经济和政治发展新模式，推动非政府组织及私人部门参与。近年来，中国学者也开始强调新区域主义的重要性，将其应用到地方合作、区域公共物品的提供以及区域协调发展的研究中。

（三）内生增长理论

现代经济学中，索洛建立的新古典增长理论假定资本的边际报酬递减，把促进经济增长的技术因素作为外生变量，没有对技术进步过程进行分析和说明，因此不能说明为什么经济可以长期增长[①]。进入20世纪80年代后，罗默、卢卡斯

① 正如琼斯和真野惠里（1990，1997）所指出的，新古典增长理论难以较好地解释经济现实的根源在于它对生产函数做出的不合理假设。新古典增长理论得出经济增长取决于外生技术进步这一结论的原因在于，该理论关于生产函数的规定意味着资本积累将导致资本的边际产品趋于零（即生产函数满足稻田条件），因此资本积累最终将终止。由于资本边际报酬递减，生产函数与对应的储蓄曲线逐渐变得平直，必需的投资线具有恒定的正斜率，必需的投资线与储蓄线肯定会相交，即出现新古典增长模型中的稳态，经济增长陷入停顿。

等拓展了索洛的分析，形成了内生增长理论。内生增长理论用内生技术进步①来说明一国的长期经济增长，着重从理论上说明知识积累和技术进步是经济增长的决定因素，并详细分析了技术进步的实现机制，其重要特征是试图使增长率内生化。为了说明经济的内生增长，避开稻田条件的限制，罗默模型、卢卡斯模型、格罗斯曼—赫尔普曼模型都假定总量生产函数呈现出收益递增，资本积累将不再导致资本的边际产品趋于零，从而一国可以实现长期的经济增长②。

最早用外部性解释经济增长的模型是由阿罗（Arrow，1962）建立的。阿罗借鉴了卡尔多（1957）将技术进步视为由资本积累决定的观点，认为既定的技术进步或生产率提高是资本积累的副产品，也就是说，新投资具有溢出效应。不仅进行投资的厂商可以通过积累生产经验而提高其生产率，其他厂商也可以通过“学习”而提高它们的生产率。据此，阿罗将技术进步看成由经济系统（这里是投资）决定的内生变量。阿罗模型中，总量生产函数可以写成：$Y=F(K, AL)$，式中知识存量 $A=K^d$（$d<1$）。知识是投资的副产品。整个经济表现为规模收益递增，而每个厂商的规模收益不变（厂商将知识存量 K^d 看作是给定的）。假定人口增长率为 n，经济将沿着一条平衡增长路径增长，总产出和资本的增长率都是 $\frac{n}{1-d}$，人均产出增长率为 $\frac{dn}{1-d}$。阿罗模型不同于新古典增长理论之处是由于阿罗假定存在全经济范围内的技术溢出，因此不存在政府干预时的竞争性均衡是一种社会次优，均衡增长率低于社会最优增长率，政府可以采取适当的政策提高经济增长率，使经济实现帕累托最优。与阿罗将知识视为一种非意愿商品（即投资的副产品）所不同，谢尔（Shell，1967）将知识视作研究部门意愿生产的商品，而将技术内生化。宇泽弘文（Uzawa，1965）将外生技术进步内生化是通过假定经济中存在一个生产人力资本的教育部门。

罗默（Romer，1986）沿着阿罗的思路考察了内生技术进步对经济增长的影响。在阿罗模型中，d 必须小于 1，否则经济不存在一条平衡增长路径。罗默扩展了阿罗的分析。在罗默模型中，d 可以大于 1。当 $d=1$ 时，经济将沿着平衡增长路径增长（罗默假定劳动 L 不变）。当 $d>1$ 并且经济满足其他一些限制条件时，经济也存在竞争性均衡解，这时人均收入增长率将单调上升。资本的边际生产率也将递减，从而使资本和投资趋向于从人均收入和人均资本较低的国家流向较发达国家。罗默假定，知识是追逐利润的厂商进行投资决策的产物，知识不同

① 把技术内生化的基本方法是，把技术变革作为一种经济产出，即是可以生产的要素，这种产出具有足够的外部性。

② 当改变生产函数的假设形状，以使资本边际报酬不变，生产函数与相应的储蓄曲线成为直线。由于储蓄曲线不再是向上突出而是平直的，到处都大于必需的投资。储蓄率越高，储蓄与必需的投资之间差距就越大，增长也就越快。

于普通商品之处在于知识具有溢出效应，这使任何厂商所生产的知识都能提高全社会的生产率。正是由于知识溢出的存在，资本的边际生产率才不会因固定生产要素（劳动）的存在而无限降低，于是稻田条件不再成立。由于知识不能得到完全的专利保护或保密，因此单个厂商生产的新知识具有正的外部性，新知识的出现使整个社会都从中受益。知识的私人边际产品小于知识的社会边际产品，因此知识生产者将选择一个低于社会最优水平的知识存量，这将导致竞争性均衡增长率小于社会最优增长率。政府可以通过税收和补贴等形式干预经济诱使一部分生产要素从消费品生产部门流向研究部门，使经济实现帕累托最优。罗默模型认为，技术和知识是私人厂商进行意愿投资的产出，知识产出具有足够的溢出效应①，足以抵消知识资本边际产品递减趋势，使知识资本的积累过程不会中断，从而带动经济长期增长。

卢卡斯借鉴了舒尔茨、贝克尔等的人力资本概念，将“人力资本”定义为个人的一般技术水平。在卢卡斯的人力资本溢出模型中，全经济范围内的外部性是由人力资本溢出效应造成的，这种外部性的大小可以用全社会人力资本的平均水平来衡量。卢卡斯（Lukas，1988）认为，人力资本的溢出效应可以解释为向他人学习或相互学习，一个拥有较高人力资本的人对他周围的人会产生更多的有利影响，提高周围人的生产率，但他并不因此得到收益。在人力资本模型中，人力资本是增长的发动机。人力资本既具有内部效应也产生外部效应。人力资本的内部效应是指个人拥有的人力资本可以给他带来收益。人力资本的外部效应是指个人的人力资本有助于提高所有生产要素的生产率，但个人并不因此而获益，因此人力资本的外部效应就是人力资本所产生的正外部性②，这一效应使人力资本的社会价值与均衡价值产生差别，使竞争性均衡增长路径与最优增长路径不一致。在卢卡斯的模型中，经济持续增长的源泉是人力资本积累。对于一个国家而言，经济最初的人力资本和物质资本的水平都很低，则它均衡（及最优）的人力资本和物质资本水平也将较低，因此穷国可能始终落后于富国，尽管穷国的人均收入长期增长率与富国相同。拥有同样技术的工人在富国比在穷国拿到更高的工资。工资的国际差异诱使穷国向富国移民。

格罗斯曼和赫尔普曼（1991）分析了消费品品种增加对经济增长的影响。这一模型同卢卡斯模型一样，也是两部门模型。经济中存在研究部门和消费品部

---

① 将资本的私产报酬与社会报酬分离。投资不仅产生新机器，而且产生新的工作方式。这是因为有时是有意识地对研究工作进行投资，有时则是无意中发现副产品，更优越的技术是资本投资的副产品。

② 人力资本的作用，特别是知识投资，无论创造一架钻床还是创造一个新思想都耗资巨大。但是钻床的复制品与第一架钻床所耗费成本一样多，而思想的复制则需费甚少或无须付费。由于新知识、新发明和新发现的贡献，只是部分地为创造者所攫取，就可能存在相当大的外部好处。而且各种新思想使下一个思想成为可能。

门。研究部门研制关于新型消费品的设计，其生产函数是关于劳动投入和知识存量的二阶齐次函数。消费品生产者购买研究部门的新设计后，用收益不变的生产技术生产出新型消费品。由于假定每一种消费品均由唯一厂商生产，每一厂商拥有实际的市场力量，它通过使产品定价高于其边际生产成本以支付购买专利的费用。这一模型假定消费者偏好多样化消费，其效用函数是 D－S 型的。消费品品种的增加虽然并不导致单个消费品生产者的规模收益递增，却导致代表性消费者瞬时效用的增加。因此消费品品种的增加带来了两种外部性：一是新设计所体现的知识积累使研究成本降低和生产率提高；二是消费多样化使消费者的满足程度提高。当知识积累同时产生上述两种外部性的情况下，经济可以实现内生增长。分散化均衡表现为一条平衡增长路径。它是一种社会次优，经济的均衡增长率一般低于社会最优增长率，由于知识外部性的存在，在均衡时对知识积累的激励不足。政府可以通过对知识积累提供补贴提高经济增长率。在这一模型中，平衡增长路径上每种消费品的产量保持不变，增长完全体现消费品品种的不断增加上。

现代增长模型采用的基本分析方法是由拉姆齐（1928）等开创的动态一般均衡分析方法，该方法的核心是库恩—塔克定理[①]。各个内生增长模型都可以理解为库恩—塔克定理的特殊应用，即通过求解在生产技术的约束下代表性家庭的跨时效用最大化问题，得到经济的均衡增长路径。动态一般均衡方法的思想基础是瓦尔拉斯的一般均衡理论。该理论认为，通过市场机制这只“看不见的手”的作用，分散经济可以达到均衡状态，并且经济均衡通常是帕累托最优状态。在新增长理论之前，新古典增长理论就试图利用动态一般均衡分析方法说明，分散经济不但可以实现静态帕累托最优，而且能够实现动态帕累托最优，“看不见的手”将引导经济沿着最优增长路径移动。内生增长理论对新古典增长理论的上述论证作了一定的修正。内生增长理论认为，在经济中存在外部性或垄断因素的前提下，分散经济可以实现均衡增长，但这种动态均衡一般不是帕累托最优，自由竞争将不能保证经济沿着最优增长路径增长。这时可以通过政府这只“看得见的手”消除市场机制造成的资源配置扭曲，即通过政府和市场两只手的共同作用使经济实现帕累托最优。各国政府实施的财政政策、产业政策与贸易政策对一国的长期增长具有重要影响，这就从理论层次上说明了政府对经济进行干预的必要性。

然而，作为内生增长理论和新古典增长理论共同思想基础的一般均衡论存在致命的缺陷，它主要表现为经济学家对市场机制这只“看不见的手”的一种信赖，而不是对经济现实的合理近似。内生增长理论家尽管承认经济中外部性或垄

① 求解经济分散化动态均衡问题可以简化为求解最大化问题。

断因素的存在将使分散经济无法沿最优路径增长，却又企图通过政府的力量完全消除市场造成的缺陷，使经济最终回到最优增长路径上。因此他们的论证只不过是想说明，资本主义经济可以利用政府干预实现最优增长。另外，内生增长理论模型都采用了极其抽象的表述形式，对丰富多彩的经济现实作了大量简化，采用了过多、过于严苛的假设条件①，一定程度上损害了模型的解释能力。尽管各个模型都包含了复杂的有时还非常高深的数学工具，在撇开这些模型的华丽外衣后，其内核实际上非常简单②。

（四）资源、环境、生态理论

1. 自然资源价值论

长期以来，以传统的劳动价值论为依据，人们对于自然资源有没有“价值”的回答是否定的。劳动价值论认为价值只由劳动创造，商品价值是人类劳动的凝结，价值量决定于社会必要劳动时间。自然资源是“天赐之物”，不是劳动的产品，本身没有包含物化的劳动，因而没有价值③。18 世纪末到 19 世纪中叶，价值论转向效用价值论。但是在一个长时期内并没有把这种新的观念和学说引申和贯彻到自然资源的价值研究之中，在私立动机的驱使下，整个社会仍然视自然资源为无价值，从而助长了对自然资源的掠夺性开发和滥用。

马克思的劳动价值论和西方经济学的效用价值论的主要分歧之一便是自然资源的价值、价格问题。丁任重（2009）结合劳动价值论和效用价值论来确立自然资源价值观。他指出，实际上，自然资源没有价值并不是马克思的本意。马克思认为自然力没有价值这个命题存在一个界限，一旦超过这个界限，人类就要为此追加劳动，自然力也就具有了价值。④ 这是因为，自然环境资源的再生产过程首先是自然再生产过程，在一定限度内，自然资源可以自然地更新、再生、恢复和增殖。但随着人类活动的强化，其自然再生产已不能满足人类的需要，人类必须付出劳动，这就使它具有了社会再生产的性质。因而，自然环境资源的价值在其自然再生产能力之上，应包括人类为维护、恢复、再生、更新、增殖和积累自然资源时应付出的必要劳动时间。自然资源中未经人类改造投入的天然成分（如原

---

① 新古典增长理论假定制度和个人偏好既定，技术变化因素被排除在经济分析之外。新增长理论虽然将技术视为经济系统的内生变量纳入研究范围之中，但是经济制度和个人偏好仍然被看作外生给定的，因此无法利用新增长理论说明经济制度的变化或个人偏好的变化对生产技术和经济增长的重要影响。

② 高鸿业，吴易风，武汉洪．研究生用西方经济学（宏观部分）［M］．北京：经济科学出版社，2006：297.

③ 据研究，古代人们认可自然价值，在一种直觉的或经验的形式上，甚至还不免带有迷信的形式和色彩。

④ 丁任重．西部资源开发与生态补偿机制研究［M］．成都：西南财经大学出版社，2009：167.

始森林）的价值，即资源的有用性、稀缺性和自然丰度则由效用价值[①]决定，它和劳动价值一样，也可以进行交换。因此，自然资源的价格应由两部分构成：一是自然资源本身的价值，即未经人类劳动参与的天然产生的那部分价值，二是基于人类劳动投入所产生的价值[②]。

2. 自然资源产业论

自然资源产业是从事自然资源再生产产业活动的生产部门的总称。其产业再生产活动主要包括资源的普查与勘探、土壤改良、耕地恢复、育林、育草、水产育苗、废弃废水的净化、资源保护等。按照自然资源再生产的特点，自然资源产业还可以划分为两类：自然资源勘察业和自然资源再生业。前者是“异地”更新、积累资源的生产过程，后者是通过人类的劳动投入，促进自然资源再生的过程。自然资源产业是原材料产业的基础。例如，矿产资源开采以前的保护、测绘、勘探等生产活动是矿产资源产业，开采及以后的洗选、运输等生产活动则是矿产原材料产业。又如，选种、育苗、营林、护林、防虫、防火、防病等森林资源采伐以前的生产活动是森林资源产业，采伐及以后的运输、粗加工等生产活动则是森林原材料产业。还有，水资源开发以前的普查、监测、保护等生产活动是水资源产业，开发时的控制、调配等生产活动则是水资源原料产业。可以以开发利用为前后界限，划分为自然资源产业和自然资源原料产业。自然资源产业不包括开发利用部门，即不包括矿产的采掘业、森林的采伐业、供水和自来水业、畜牧业、种植业和海洋资源的开发利用等。在我国，自然资源产业还没有被赋予独立的产业地位，与其后续产业混在一起，产业分工不明确。例如，应作为资源产业的土地资源产业、森林资源产业、水资源产业、海洋资源产业被放到第一产业的农、林、牧、渔业中。应作为矿产资源产业的地质普查勘探业被放在第二产业中。自然资源产业长期滞后于其他社会生产部门，严重制约了自然资源产业的良性发展。

自然资源产业是处于人类社会与自然界毗邻的上游产业，是整个国民经济的基础，在社会物质生产的产业领域排序中应该列在首位，即自然资源产业、农业、采掘业、加工工业、运输业、建筑业。应当巩固自然资源的基础产业地位，彻底把各类资源产业与相关的传统资源开发业区分开来，使其成为一个独立的专门化产业，调动起进行自然资源生产的积极性，使人类依靠自然资源的“股息”为生，而不是“吃老本”，从而保持并改善自然资源基础，逐步实现持续发展的目标。

---

① 人们考虑到稀缺因素时对物的有用性的一种评价。

② 比如森林资源砍伐以前的选种、育苗、营林、护林、防火、防虫、防病等社会活动；矿产资源开采以前的勘探等社会活动。

3. 自然资源产权论

资源产权是指所有和使用资源的权利。产权的一个主要功能是引导人们实现将外部性较大地内在化的激励①。自然资源及其产权安排是一国经济增长与发展的决定性因素②。合理而清晰的产权界定一方面赋予产权主体一定的权利激励，激励其保护自身的合法财产，并采取最为有效的方式利用资源以提高资源价值；另一方面又使这种权利的形式受到一定的责任约束，约束产权主体的机会主义行为，阻止侵权行为的发生。而发挥这一功能的关键就是产权界定必须赋予产权主体明确而对称的权利与责任。

自然资源可以分为独占性资源和公共性资源两大类。独占性资源是指土地、矿产、森林等在世界上可以实施财产意义上分割的自然资源。而公共性资源则是指大气环境、海洋资源、水环境等难以分割，难以实现排他性的自然资源。对于独占性自然资源的产权归属问题，进行产权分割的难度不大，而难以分割的公共性资源产权问题则复杂得多。作为一种特殊产权，公共性自然资源的产权界定实际是公众所拥有的生态资源及对这些资源使用程度的界定。从产权归属上，它理当归属于公众和社会，每个社会成员在环境产权的占有上具有同等的权利。但公众无法将属于自己的这份产权独立出来，也无法拿去交易，因此国家作为公众的代表行使环境产权的管理。对于公共性自然资源引入市场机制的最大障碍是环境公共物品的不可分割性或其过高的分割成本。但是，在一定条件下，对公共性自然资源可以以一定的方式进行分割，最基本的方式就是产权分割方式。所谓产权分割不仅是指所有权与使用权、收益权、处置权的分离，而且也指使用权、收益权等还可以分解成其他各种部分权能。产权分割并界定清楚后，便可按市场规则进行交易。因此，环境所有权虽为国家独有，但可以采取适当的形式向私人出让环境资源的使用权。环境资源的经营者可以把自己申请、购买获得的使用权出卖给其他的环境资源需求者，实现其经营权。至于直接的环境收益权应当具有明确的产权界定，间接的环境收益权因其在一般情况下具有公共物品的非排他性，故其权利是共享的。

由于环境资源的原始产权或最终所有权属于全体国民，政府拥有环境资源的管理权，因此，环境资源产权的交易首先是在代表环境主体的公共机构国家与厂商之间进行，交易市场的形成是以政府安排许可为空间，因此是政府控制下的市场。当今现实中普遍运用的交易方式是在排污者之间开展的排污权交易。有了排污权交易市场，排污者就可以在购买排污权、自行治理污染以及出卖自己的排污权这三者间进行选择。排污者根据其成本效应进行排污权交易，使稀缺的环境资

① R. 科斯，A. 阿尔钦，D. 诺斯. 财产权利与制度变迁［M］. 上海：上海三联书店，1991：67.

② W. 阿瑟·刘易斯. 经济增长理论［M］. 上海：上海三联书店，1994：7.

源流向利用率高的厂商，促进环境资源的合理配置。

4. 自然资本论

最早提出自然资本概念的是经济学家戴利·H. E.，他在1968年发表的《论作为生命科学的经济学》一文中指出，“实际上，整个自然环境都是资本，倘若没有空气、土壤和水这些媒介，植物就无法吸收太阳能，整个生命（和价值）链条也就失去了存在的基础”，他批评传统经济理论是忽视自然资本的“冰山理论”。1995年美国的3位社会和环境研究工作者保罗·霍根、艾·拉维斯和亨·拉维斯出版了一部理论专著——《自然资本论》，标志着自然资本论的正式提出。这也标志着在传统定义的资本：物质资本、人力资本、金融资本外还存在第四种资本——自然资本，它由资源、生命系统和生态系统构成。自然资本论指出，工业资本主义最大的问题就是不给自然资源计算价值，或者把自然资源的价值看得极低。自然资本论提出的解决办法就是计算自然资本，并且把它纳入国民生产体系。自然资本论的提出为可持续发展战略提供了经济学的理论基础。以往，是从人道主义、道德、伦理出发，阐述合理利用资源及保护生态环境的重要性和必要性，缺乏经济学方面的理论基础。自然资本论的提出为今后如何在保护环境的同时发展经济提出了切实可行的理论指导，做到经济发展与保护生态两者兼顾。自然资本管理的核心是立法，而立法的核心是自然资本的产权界定问题。

（五）新发展观思想

人们对发展的理解，大体经历了四个阶段。在20世纪五六十年代强调经济发展，70年代强调社会协调发展，80年代则提倡可持续发展，而到了90年代开始提倡以人为中心的发展。

1. 阿马蒂亚·森新发展观

进入20世纪90年代，以人为中心的发展观逐步形成。人们开始意识到，人既是发展的动力，又是发展的目的，一切发展都要围绕“人”这个中心来进行。人的全面发展是发展理论与实践追求的最终目标。其中，影响最为广泛的就是阿马蒂亚·森提出的新发展观，即“以自由看待发展”。森认为，实际收入和产出的增长充其量只是一种辅助手段，发展实质上是自由的扩展。这里所讲的自由即实质自由，它首先是指人们具有享受起码生活水平，免于各种困苦的能力，例如，避免饥饿、营养不良、可避免的疾病、过早的死亡等，同时又有享有诸如接受教育、发表言论、参与社会和政治活动等的自由。在森看来，发展意味着经济主体各种权利和能力的扩大，意味着他们能够在某种政治、法律、文化制度框架下享有更大的自由，拥有更多的机会，做出更多的选择，实现更大的效用，是涉及经济、政治、社会、价值观念等众多方面的一个综合过程。

2. “内发式发展”理论

“内发式发展”理论作为一个完整的内发式发展（Endogenous Development）概念，是于20世纪80年代在亚洲逐渐形成的。对内发式发展理论的阐述，最早见于日本学者鶴見和子的《内発的発展》一书，她对内发式发展表述为：“内发式发展从目标来看，是人类共通的，那就是：充实地球上所有人的衣食住基本需求，开拓人的发展的充分可能性，并创造出充分的条件，变革国内与国际间这一差别的结构。所以，在全球化进程中的内发式发展，是一种多元的发展，它不在乎先发或后发，而是一种对等的、公众参与的、具有活力的经济发展。”① 由此可见，内发式发展不是一种欧美式的现代化，更不是遵循一种单一范式的发展模式，而是根据本地自身的政治、经济、历史、地理和文化等条件，构筑一个具有地域特色的、公众参与的可持续发展模式。内发式发展理论强调以下五个特点：①相对独立性。外发式发展是一种自上而下的、依靠外来资本、技术和理论寻求发展的方式，发展以发达国家的工业化和城市化为模式，忽视本国的产业结构和经济结构。内发式发展并不拒绝外来的资本和技术，但是它不是单纯地依赖世界市场，而是强调一种多元的、多层次的、多角度的发展模式。具有自主的、重视传统和文化的相对独立性。②自发性。内发式意味着统治向治理的转换。“治理”是自组织的结构形态，它是指一个系统在内在机制的驱动下，在没有外界的特定的干预下，自主、自发地从无序走向有序的过程。而“统治”是从外部对系统加以设计、组织和控制的过程，这是一种“他组织”模式。工业经济的行为模式是对自然过程进行人为的、强制性的干预，一种典型的“他组织”结构。③互动性。“治理”的概念最初是用来有效地解决地方问题的，治理的能力除了政府机构和各种职能部门以外，还需要市民社会的参与。治理促进了国家与社会的互动。正是从这个意义上说，内发式发展是个人与机构、国家与社会的互动。外发式发展是一种国家主导的经济增长模式，它在国家层面上运作，并以此维系公共秩序。内发式发展是由自上而下的国家主导型发展模式向自下而上的民间主导型发展模式转换，其关键词是“民间主导”。④生态性。经济发展与保护环境存在着“两难选择”。以“世界工厂”为主要特征的新兴工业化国家和地区，是通过快速消耗能源和原材料的方式发展起来的，所以经济发展往往以破坏环境为代价。内发式发展强调“自然、经济、社会”的整体协调，环境是第一位的，发展经济必须以保护环境为前提，创造出一个自然与经济文化融合的生存空间。⑤地域性。经济全球化的形成同时也伴随着地域化的形成。在全球化的时代，国家之间或者是超越国家的地域之间，还有一个国家内部的各地方行政区划之间的

① 鶴見和子．内発的発展［M］．東京：東京大学出版会，1989.

协作，这就是全球化进程中的地域性。

3.“参与式发展”理论

从20世纪70年代开始，世界银行曾就一些参与效果的经验研究如用水系统管理研究得出结论：如能使得用水户参与决策与管理，用水系统的供应将更加成功。同一时期，在一系列参与发展实践的基础上，那些在发展机构内工作以及在为发展领域内的应用人类学培养人才的人类学家，提出了新的发展即“参与发展”（Participatory Development）理论，随之人类学便进入了参与发展时代。“参与发展”或“参与式发展”强调的是一种过程。在这个过程中，让目标群体始终真正地参与到发展项目的决策、评估、实施、管理等每一个环节中，征求他们的意见、建议，学习、利用他们的知识、经验，培养他们对发展的责任感，使他们充分认同并接受发展的决策与选择，把发展当成是自己的承诺，并把所有外部信息、技术及资金等方面的支持变成自己内源的发展动力，从而使所实施的发展项目最大程度地达到正发展目标，援助者、投资者、决策者与当地群众之间确立平等、尊重关系，建立利益诉求表达和解决机制，走的是一条“以人为本”、自下而上、全员参与的新的发展路子。20世纪90年代初期，一些主要的援助机构，如世界银行等，开始将其援助重心和发展重点向促进参与发展方面转移，“参与式发展”在全世界范围内蓬勃发展起来。10多年来，世界银行、联合国开发计划署等组织在我国所资助的农业项目、林业项目、环保项目、社区综合发展项目等也取得了较好的成效。

“参与式发展”理论的核心是赋权，而赋权的核心是对参与和决策发展援助活动的全过程进行权力的再分配，简言之，就是增加社区、穷人和妇女在发展活动中的发言权，尊重居民尤其是普通居民的主体地位，赋予居民平等的参与权、决策权以及公平的剩余索取权和剩余控制权。以赋权为核心的参与式发展进一步发展成为“权利为基础的发展”，将人的权利作为发展的途径和目标。以权利为基础的发展是参与式发展的进一步深化，在发展的过程中更加强调和突出实现人的权利。权利和发展互相依存，互相促进；权利的明确、实施与实现是发展的动力、保证和目标，而发展又是促进对权利的认识，促成权利实现的条件、手段和途径。

（六）五大发展理念

2015年10月，习近平在关于《中共中央关于制定国民经济和社会发展第十三个五年规划的建议》的说明中指出：发展理念是发展行动的先导，是管全局、管根本、管方向、管长远的东西，是发展思路、发展方向、发展着力点的集中体现。2015年10月29日，习近平在党的十八届五中全会第二次全体会议上的讲话鲜明提出了创新、协调、绿色、开放、共享的发展理念。新发展理念符合我国国情，顺应时代要求，对破解发展难题、增强发展动力、厚植发展优势具有重大指导意义。2016 年 1 月 29 日，习近平在中共中央政治局第三十次集体学习时强调：新发展理念就是指挥棒、红绿灯。2017 年 10 月 18 日，习近平强调，要贯彻新发展理念，建设现代化经济体系。2018 年 3 月 11 日，第十三届全国人民代表大会第一次会议通过中华人民共和国宪法修正案，在“自力更生，艰苦奋斗”前增写“贯彻新发展理念”。

创新、协调、绿色、开放、共享的发展理念，是管全局、管根本、管长远的导向，具有战略性、纲领性、引领性。新发展理念，指明了“十三五”乃至更长时期我国的发展思路、发展方向和发展着力点，要深入理解、准确把握其科学内涵和实践要求。创新发展注重的是解决发展动力问题。我国创新能力不强，科技发展水平总体不高，科技对经济社会发展的支撑能力不足，科技对经济增长的贡献率远低于发达国家水平，这是我国这个经济大个头的“阿喀琉斯之踵”。协调发展注重的是解决发展不平衡问题。我国发展不协调是一个长期存在的问题，突出表现在区域、城乡、经济和社会、物质文明和精神文明、经济建设和国防建设等关系上。在经济发展水平落后的情况下，一段时间的主要任务是要跑得快，但跑过一定路程后，就要注意调整关系，注重发展的整体效能，否则“木桶”效应就会愈加显现，一系列社会矛盾会不断加深。绿色发展注重的是解决人与自然和谐问题。我国资源约束趋紧、环境污染严重、生态系统退化的问题十分严峻，人民群众对清新空气、干净饮水、安全食品、优美环境的要求越来越强烈。开放发展注重的是解决发展内外联动问题。现在的问题不是要不要对外开放，而是如何提高对外开放的质量和发展的内外联动性。我国对外开放水平总体上还不够高，用好国际国内两个市场、两种资源的能力还不够强，应对国际经贸摩擦、争取国际经济话语权的能力还比较弱，运用国际经贸规则的本领也不够强，需要加快弥补。共享发展注重的是解决社会公平正义问题。我国经济发展的“蛋糕”不断做大，但分配不公问题比较突出，收入差距、城乡区域公共服务水平差距较大。在共享改革发展成果上，无论是实际情况还是制度设计，都还有不完善的地方。

（七）能力理论

1. 企业能力理论

在古典经济学家亚当·斯密（Adam Smith）的《国富论》中，我们可以看到关于企业成长及其能力的思想萌芽。他在论述劳动分工理论时指出，一个企业的成长规模及其实现的规模经济效益，受企业内部分工的性质和程度的影响。阿尔弗雷得·马歇尔（Alfred Marshall，1920）创立的“企业内在成长论”，继承并发展了亚当·斯密（Adam Smith）关于企业发展的思想。新古典经济学家罗森（Rosen）、贝克尔（Becker）等以企业为主要研究对象，发展了企业能力理论。企业能力理论研究旨在解决企业绩效差异的问题，它将能力看成是效率的源泉。按照企业能力理论，企业可以看成是成员在内部专业化生产和协作过程中互动形成的知识联结和知识集合。该理论研究路线是：在企业异质性的假设下，按照“企业资源—企业能力—企业竞争优势”的研究路径，把企业能力视为企业组织化的知识，企业通过积累获得新知识的过程，企业将一组资源整合以完成一定任务来体现。可以看出，企业能力理论刻画出了能力的两个特征：一是能力的生成基于资源；二是现实的能力则通过资源的生成效率来体现。纳尔逊和温特基于演化经济学的视角，将企业视为一个“有机体”，其显著特征就是企业能够像人一样拥有知识，具有学习能力。安蒂斯·潘罗斯（Edith Penrose）和理查德森也指出，企业的显著特征就在于根植于企业中的知识。企业能够预见并把握各种机会的能力源自企业所产生的各种经验和知识。企业能力理论认为无论个人还是组织，认知能力都是有限的，通过知识的累积和组合是克服这一局限的唯一途径，因而对于企业而言，学习能力是企业形成核心能力的基石。

国内学者对于企业能力的研究，主要基于林毅夫提出的企业自生能力。1999年，林毅夫和潭国富基于资源禀赋条件，在《自生能力、政策性负担、责任归属和预算软约束》一文中提出了企业“自生能力”的概念。自生能力（Viability）被定义为“如果一个企业通过正常的经营管理预期能够在自由、开放和竞争的市场中赚取社会可接受的正常利润，那么这个企业就是有自生能力的，否则，这个企业就是没有自生能力的。很显然，如果一个企业预期不能获取社会可接受的正常利润，那么就没有人愿意投资，这样的企业除非政府提供支持，否则就不会存在”[①]，在一个竞争性市场中，企业的经营管理将影响其盈利能力，这是一个公认的命题。然而，一个企业的预期获利能力也取决于其产业和技术选择，只有在生产中采用最低成本的技术时企业才可以获利，企业才具有自生能力。也就是说，在给定劳动和资本的相对价格时，企业的自生能力取决于其技术选择。而资本和劳动的相对价格决定于该经济的要素禀赋结构中资本和劳动的相对丰裕度或稀缺程度。由此可知，企业自生能力的概念和经济的比较优势的概念密切相关，两者都是由经济的要素禀赋结构决定的。[②] 因此，如果欠发达国家想缩小与发达国家的产业和技术结构差距，就必须首先缩小与发达国家的要素禀赋结构差距。要素禀赋结构升级意味着资本积累比劳动和自然资源的增长更快。无论物质资本

---

① 林毅夫．自生能力、经济发展与转型：理论与实践［M］．北京：北京大学出版社，2004：7.

② 林毅夫．自生能力、经济发展与转型：理论与实践［M］．北京：北京大学出版社，2004：8.

还是人力资本都是如此①。

大多数发展中国家都是劳动力相对充裕，资本相对稀缺的。然而，欠发达国家的政治领袖和知识精英常常将现代化等同于工业化，特别是重工业化，推动他们的国家尽可能快地发展资本密集型的重工业，并采用最先进的技术，这种违背比较优势的企业是没有自生能力的②，由此而导致的企业损失称作“企业的政策性负担”（Policy Burden）。因为政府要对企业进入和选择这个产业和技术负责，所以政府必须对企业进行政策性补贴（Policy Subsidy）。当欠发达国家政府追求违背比较优势的战略时，最常用的手段是通过管制压低利率，减少项目的资本成本；通过高估本币币值，降低设备进口成本。这种利率和汇率（高估本币）的扭曲一方面刺激企业的资本和外汇需求，另一方面压抑了储蓄和出口的积极性，减少了资本和外汇的供给量。由此产生的资本和外汇短缺，不得不由政府实行配额制，使市场的资源配置功能受到抑制。由于信息的不对称，政府不能区分政策性负担诱致的损失和企业经营不善造成的损失，当企业以政策性负担为借口要求政府提供更多的政策优惠时企业的预算约束软化。

遵循比较优势战略将使一个发展中国家赶上发达国家，而违背比较优势的战略会扼杀一个发展中国家赶上发达国家的机会③。要素禀赋结构的升级意味着资本相对于劳动的增长。资本积累取决于企业提供的剩余或利润的规模，以及经济活动人的储蓄率。当一个企业进入具有比较优势的产业，并且在生产中选择了成本最低的技术时，作为遵循比较优势的战略的结果，这个企业将是有竞争力的，占有最大的市场份额，拥有最大的剩余或利润。同时当资本用在具有比较优势的产业中时，资本有最大可能的回报率，因此，经济活动人的储蓄激励最高。而且，政府不会扭曲要素和产品价格，也不会动用行政力量创造合法的垄断，于是就不存在浪费性的寻租行为。企业将拥有硬的预算约束，需要通过提高管理和竞争力赚取利润。违背比较优势的战略将导致与遵循比较优势的战略恰恰相反的结果。遵循比较优势的发展战略下的要素禀赋结构的升级将快于违背比较优势的战略。欠发达国家穷人最重要的资产是自己的劳动力。遵循比较优势的战略将通过更为劳动密集型产业的发展导致持续的经济增长，为穷人创造更多的就业机会，提高其工资率，从而使穷人有机会分享增长的好处。相反，违背比较优势的战略会通过促进更为资本密集型产业的发展而减少穷人的工作机会，压低工人工资率。同时增长也是不可持续的。一个经济的比较优势的动态变化取决于其要素禀赋结构的动态变化，而后者又相应取决于资本积累的速度，资本积累速度又取决

① 林毅夫．自生能力、经济发展与转型：理论与实践［M］．北京：北京大学出版社，2004：4.

② 林毅夫．自生能力、经济发展与转型：理论与实践［M］．北京：北京大学出版社，2004：10.

③ 林毅夫．自生能力、经济发展与转型：理论与实践［M］．北京：北京大学出版社，2004：16.

于经济活动人在选择产业和技术时，是否很好地利用了现存的比较优势。

总之，林毅夫认为，在计划经济体制之下，内生于赶超发展战略，政府干预的目的是为了保护一些没有自生能力、不符合比较优势的重工业企业和部门。他将一个国家和地区的技术创新和产业升级视为遵循比较优势生产运作后非常自然的结果。这种自生能力论可以解释中国改革初期劳动密集型企业获得的成功，但是却无法提出合理化的欠发达地区产业发展政策。

2. 区域能力理论

关于区域能力的研究大致可以分为区域竞争能力、区域创新能力和区域可持续发展能力三个领域。区域竞争能力的研究源于20世纪80年代欧洲经济论坛和瑞士洛桑国际管理学院对国际竞争力的研究。1990年，美国哈佛商学院教授迈克尔·波特以国家为研究单元，创造性地提出了一系列竞争分析的综合方法和技巧，对区域性地域单元的竞争能力进行了系统而完整的研究，为区域竞争力理论研究奠定了基础。随后国内外学者在此基础上，进一步拓展和完善了区域竞争力的概念；1992年熊彼特在《经济发展理论》一书中第一次给出了创新的概念，接下来分别在《经济周期理论》和《资本主义、社会主义与民主》等著作中继续丰富了创新理论。区域创新能力是一个区域作为完整的系统，表现出来的综合能力，它包括制度能力和技术能力两个基本组成要素。制度能力是指一个国家或地区进行制度变革的能力，在研究中常常通过国有经济比例、市场化程度和对外开放度等现实经济因素考察。就技术能力而言，它是指一个国家或地区的技术系统所具有的提高各种资源要素配置效率，促进科技进步，经济社会发展的能力；可持续发展理念在区域层面的实现，指一个区域在实现经济、社会、生态和文化等方面可持续发展的能力。到了20世纪80年代，针对工业经济发展中暴露出的人类与自然关系的恶化以及对绿色革命的反思，可持续发展观开始出现。1987年，世界环境与发展委员会发表著名的学术报告《我们共同的未来》，指出环境问题从根本上说是人类对资源的不合理使用和浪费造成的，而且由于人类活动对环境所造成的危害已经超出了一个部门、一个国家的限制，并进而发展成为全球性问题，为此需要一条新的发展道路——可持续的发展。《我们共同的未来》的出版，标志着可持续发展观的正式形成。1992年6月，联合国环境发展大会公布了具有划时代意义的《21世纪议程》，标志着可持续发展观开始从理论走向实践。可持续发展包括两个方面的主要内容："系统内部的持续能力，即如何构建一个既有利于经济有效增长，又有利于整个社会公平、健康地分享经济增长好处的社会体制；环境的持续能力，即指资源可持续利用的能力，要求在开发利用环境资源时，不仅要从当代人和未来人的需求出发，更要从环境资源的供给能力出发，在环境资源动态承载能力容许的范围内合理利用。"

3. 国家能力理论

20世纪90年代，王绍光和胡鞍钢合作出版了《中国国家能力报告》。该著作的目的在于阐述这样一种观点，即在经济发展与经济体制的双重转型中，只有依赖强大的中央财政作为保障，才能弥补市场失灵造成的损耗，才能推动整个经济的健康发展和经济体制的顺利转型。这一理论带来的现实生产力是通过中央财政的加强，极大地增强中央政府的执政能力，从而可以有大量的资金去解决中国转型中遇到的“三农”、医疗制度改革等问题。为此，他们在研究中，把国家能力定义为国家将自己的意志、目标转化为现实的能力，主要包括汲取能力、调控能力、合法化能力和强制能力。其中，汲取能力即国家动员社会经济资源汲取财政资金的能力，构成了国家能力的核心，主要通过财政占国民收入的比重，以及中央财政收入占国民收入的比重反映。汲取能力与调控能力，一同构成了衡量国家能力的重要指标。

上述能力理论有以下三方面研究特点：首先，能力研究的研究视角不同，从而研究对象不同，但都存在一个共同的指向，即探讨研究对象的差异性，这表现为不同的能力表征。其次，能力的来源有两种基本形态：一是赋能，二是育能。王绍光和胡鞍钢的国家能力理论与林毅夫的企业自生能力理论在涉及转型国家发展问题时，都归指到权利禀赋。而企业能力理论则更多强调了经验、知识等培育企业能力的内生要素。最后，研究对象虽各有差异，但都围绕着“发展”这一主题。从发展的两大主题——“公平与效率”而言，只有企业能力理论关注的是资源配置效率问题，企业自生能力理论隐含了国有企业和民营企业的公平问题。国家能力理论则从国家发展大局入手，倡导发展保障的公平问题。

二、文献综述

文献综述是通往专题研究的桥梁。对已有相关代表性成果及观点做出科学、客观、切实的分析评价，从中发现问题和不足，说明仍有可进一步探讨、发展或突破的空间，进而具体阐明本选题相对于已有研究具有独到学术价值、应用价值和社会意义。

（一）国外研究

以“区域自我发展能力”为主题进行系统检索，国外非常明确的专门研究比较鲜见，一般运用“发展能力”这一术语表示“区域自我发展能力”。

国外，相对于微观主体自我发展能力研究热度，以区域作为研究对象的既有成果比较鲜见，理论建构历历可数。1976 年，日本学者鶴見和子将那种不止于单纯模仿发达国家，而是立足于本地传统，结合本地条件，非依附且创造性地运用外来模式的发展方式称为“内发式发展”。20 世纪 80 年代末，日本经济学家宫本宪一提出地域开发的“内发式发展论”。

1. 微观主体发展能力

亚当·斯密（Adam Smith）（1776）很早以前就已经开始关注个人的能力，强调劳动分工对于提高个人劳动熟练程度、工作能力和效率提升的重要作用。之后，又有一些古典经济学家着重研究了分工与专业化问题。大卫·李嘉图（D. Ricardo，1817）采用不同的方法来研究专业化与分工，他强调外生比较优势与分工的关系。雷（Rae，1834）、黑格尔（Hegel，1821）、查尔斯·巴比奇（Charles Babbage，1835）、马克思（Karl Marx，1867）和阿马萨·沃克（Amasa Wallker，1874）等都从不同的角度论述了专业化和分工的好处及其代价。

新古典经济学家马歇尔（Alfred Marshall，1890）、彭罗斯（Edith penrose，1959）以及理查德森（George B. Richardson，1972）等以企业为主要研究对象，发展了企业能力理论，成为 20 世纪后期经济学的一个研究热点。

新兴古典经济学家罗森（Rosen，1982）、贝克尔（Becker，1981）、博兰（Borland，1992）、杨小凯（2003）和黄有光（Ng，1997）用超边际分析的方法精彩而深刻地分析了分工和专业化，他们认为在不考虑时间因素时分工可以使天生相同的人的真实收入不相等，这就体现在个人能力方面。此外，在研究分工与专业化的同时，他们还构建了企业能力理论，并对此作了一定的扩展和补充。

综上所述，虽然亚当·斯密最早从劳动的熟练程度与分工的视角论述了个人能力的重要性，但是其后不论是古典经济学派，还是新古典经济学派、新兴古典经济学派都没有从这一视角进一步发展能力理论。阿马蒂亚·森（Amartya Sen，1998）以“自由就是一种发展”的观念开创性地论述了个人的可行能力。马克思（Karl Marx）关于“人的全面发展”“主体能动性”的思想与观点，为能力研究提供了具有经典意义的思想借鉴。

2006 年，南非 Tshwane 科技大学汉思·P. 宾斯万格尔（HanS P. Binswanger）在第 26 届 IAAE 国际会议上，作了题为《增强农民的自我发展能力》主题演讲，首次深入讨论了低收入国家增强农民自我发展能力的制度环境特征。汉思·P. 宾斯万格尔认为，在过去的 20 年里，许多贫穷国家的制度环境得到了改善，但是大多数不发达国家的地方政府制度环境依然是世界上最恶劣的。低收入国家农村地区的落后主要不是由缺乏知识导致，而通常是由经过深思熟虑的政策和制度导致，这些政策和制度削弱了农业利润和农民发展能力，尤其是穷人和妇女的生存发展能力。

2. 区域发展能力

Gary P. Greena 等（1990）以 100 多个非大都市社区为研究对象，通过分析当地自我发展战略实施项目的特点、收益与成本以及自我发展面临的障碍发现，农村经济持续低迷，自我发展活动为当地居民创造了大量就业机会，但 20 世纪 80 年代以来的大多数自我发展项目已经成为过去式，自我发展活动不能取代农村传统的经济发展活动，只能作为补充。研究结论显示，发展成本和信贷可用性是自我发展项目实施的主要阻碍。从社区福利角度，本地商业和工业发展项目往往以最小的成本创造最多的就业岗位。Cornelia Flora 等（1991）指出，20 世纪 80 年代，众多社区依靠社区基础活动推动经济发展，而非工业招商战略。对大多数农村社区而言，自我发展活动并非主要的经济发展动力，但确实营造了一个更有活力的地方经济。Jan L. Flora 等（1992）将自我发展定义为地方项目实施，或者一个企业（或几个企业）的创建，这些活动会增加社区收入和就业岗位。他认为自我发展战略与吸引新企业或企业分支进入本社区的经济发展战略不同。一个本土的自我发展项目必须包括三个特征：一是参与当地的社区组织；二是投资当地资源，但不排除使用外界资源；三是拥有企业或投资活动的所有权和控制权。Cooke（1998）等提出创新区域系统概念，解释区域进行系统化创新的能力、潜力以及对制度、组织等环境条件的要求。D. R. Stough（1998）等使用“学习能力”概念，讨论了空间学习的性质和特点以及对学习基础设施的要求。Maskell（1998）等提出“地方化能力”概念，将其区分为四种要素：制度禀赋、已有结构、自然资源和区域知识与技能，拟构建区域学习创新与地方环境的有机联系。R. Matin 和 P. Sunley（1998）拟使用“内生区域发展”和“本土化发展”概念构筑区域经济发展的一般机制。Jeffs Sharpa、Jan L. Florab（1999）分别从企业家社会建设元素和增长机制两个方面，对全美 287 个非大都市社区自我发展和工业招商两种经济发展方式进行比较研究。结果显示，自我发展项目可以利用多样化资源，能够利用更多的本地设备设施，而工业招商往往引进更多机器设备，依赖资源和政策支持。Jeffs Sharp 等（2002）探讨了农村地区自我发展战略和工业招商战略的存在性以及与社区组织特征之间的关联。认为自我发展是一种主要依靠企业精神和本地资源的内源性发展，而工业招商是寻求外来投资者和企业设厂的外源性发展。Mitchell（2002）提出，地方发起的“家乡优势”活动旨在鼓励所有权地方化和零售品支出消费在本地工商业产品和服务中。所有权本地化确保经济资源为本地所有和控制，保证决策本地化。法律规定大公司必须最大程度回报股东，地方企业为当地人所有，更倾向于对当地社区福利和长期健康发展给予的关注。Toni Saarivirta（2007）从个人、组织、区域和国家面临危机假设出发，研究如何应对危机并在危机之后迅速恢复。他在新古典增长理论和内生增长理论中引入“自我振兴能力”概念进行研究，结果表明，内生增长理论比新古典增长理论有更大的解释空间。勘探、开采、吸收、整合、领导力与社会资本构成“自我振兴能力”内核。该能力源于个人层面学习过程，在企业、组织、机构和区域层面得以强化。安迪·派克等（2011）认为本土化是依赖于地方和区域内在经济潜力的增长。这一增长形式能够培育“自家生长”型资产和资源，植根本地，不为逐利，能对地方和区域发展做出持久持续的贡献。

20世纪70年代初期，日本学者鶴見和子提出“内发式发展”理论。她把帕森斯提出的近代化社会存在“内生型发展”和“外发型发展”的理论加以批判地运用到后发型社会，把立足传统和本地条件，创造性地运用外来模式的发展方式称为“内发、自成的发展”。鶴見和子在研究明治时代思想家南方熊楠和柳田国男思想的基础上指出，这些走向近代化的思想家们主张的并不是欧美式近代化，而是谋求以日本传统思想为基础的多样式发展。

日本经济学界内发式发展理论的代表人物是宫本宪一。宫本宪一以地域经济发展理论为基础，结合日本等先进工业国成功经验与教训，反思传统开发方式，于20世纪80年代末提出了著名的“内发式发展论”。这一理论可概括为：地区的企业、工会等团体和个人通过自发学习，制定计划，以自主技术研发为基础，在保护区域环境的同时有效地利用外来资源，发展扎根于文化上的经济，同时让地方自治团体进行提高居民福利的区域开发模式。经过20多年的理论探索与实践经验总结，这一理论不断丰富与发展，成为指导地域经济发展的重要理论。

（二）国内研究

国内学界关于区域自我发展能力的初步探索始于20世纪80年代末。有关区域自我发展能力的系统研究兴起则是在本世纪初。到目前为止，可检索到以“自我发展能力”及相似主题公开发表的文章有360余篇。自20世纪80年代末，学界提出“地区自我发展能力”概念后，后继者们基于多个视角，对于“自我发展能力”这一命题展开了多主体、多维度深入细致的研究。

提升少数民族自我发展能力的问题，早在20世纪80年代就出现在国家民族工作文件中，1986年习仲勋同志在全国民委主任（扩大）会议上提出，要引导和帮助少数民族提高自我发展能力（李凯、叶修廷，2015）。

1. 研究发轫（20世纪80年代末至2000年）

1988年，周忠瑜研究民族地区改革与发展问题，开创了国内研究区域自我发展能力的先河[①]。1990 年，唐奇甜首次就“区域自我发展能力”这一概念给出明确界定。概括起来，自我发展能力就是“在任何灾害的情况下能保持自治、自理、自强的能力”。1997 年，中国科学院院士吴传钧撰文进一步指出，地区发展不平衡是个客观规律，西部内陆地区和东部沿海地区之间的发展差距的调整不能要求东部地区放慢发展速度，而是要设法使西部地区更快地跟上来。

2. 系统研究（2000 年至今）

进入 21 世纪以后，林毅夫（2000）提出企业自生能力理论，标志着国内以“能力”为第一要义的区域自我发展能力研究拉开系统研究的序幕。[②] 面对区域发展中出现的诸多问题，迫切需要实现区域自我发展能力研究的理论创新。有更多的学者在前人研究的基础上开始关注区域自我发展能力问题，并尝试从多个角度进行系统深入研究。

（1）“区域自我发展能力”研究视角。

王科（2008）从区域主体功能区的视角，明确了区域自我发展能力的概念，并在此基础上阐明改革之后为了实现全面减贫而实施的扶贫开发战略，导致了贫困地区缺乏自我发展能力，并由此内生决定了贫困区域化的特征凸显，扶贫绩效递减。基于理论分析，提出培育区域自我发展能力与扶贫开发的对策建议。孙美璆（2009）从民族文化视角，认为自我发展能力即少数民族对本民族文化的认识和适应能力，是运用本民族所拥有的文化资源，以获取自然资源、利用社会资源，实现民族自身利益的能力。郑长德（2011）基于自我发展主体的视角，将区域自我发展能力分为政府自我发展能力、企业自我发展能力、家庭自我发展能力和区域创新与学习能力。政府、企业和家庭三者相互联系、相互影响，共同决定了作为整体的区域主体的学习和创新水平，区域的学习与创新水平不断提升，就能实现区域自我发展。闫磊（2011）基于区域空间管制的视角，以分工为前提，提出区域自我发展能力形成内生与外生两条路径，前者是指由区域主体受产业分工的利益激励产生的“自生”资源联结能力，后者是指由国家着眼于空间结构的优化，通过功能分区政策的激励而形成的“新生”发展能力。张瑞华等（2008）从系统论角度，认为西部在承接东部产业转移过程中，产业链整合是对区域经济系统的一个他组织过程，而优势产业培植是区域经济系统的自组织过程。落后地区依据“外力转化为内力，增量盘活存量”的区域自我发展能力提升模型，有选择地承接产业转移，整合产业链条、培植优势产业，打造富有地域

① 李泉．区域自我发展能力问题研究述评——兼论西部地区自我发展能力的培育与提升［J］．郑州航空工业管理学院学报，2011（1）：25.

② 李泉．区域自我发展能力问题研究述评——兼论西部地区自我发展能力的培育与提升［J］．郑州航空工业管理学院学报，2011（1）：26.

特色的优势产业集群，最终可以使区域自我发展能力得到提升。向焕琦（2011）以经济权利禀赋的视角，认为经济权利禀赋是区域物质与劳动力权利、人力资本权利和制度变迁权利的综合权利集，权利禀赋的改善，促使资本向区域内部聚集，增强资本积累能力，最终实现区域自我发展。杨彬（2010）从进化论的角度，认为外部竞争压力迫使作为区域主体的个体群不断学习外部先进技术，增加对外交流，内部社会矛盾促使个体群重新审视自我，在内部外部以及自我新旧认识的冲突与融合中实现对传统意识形态、理念、观念和习俗等的扬弃，新的意识形态、理念、观念和习俗等的产生或吸收，诱使新的制度和政策产生，其表现为个体的学习过程、企业的成长过程、组织的变革过程和政府的不断转型，最终实现区域自我发展能力的不断提升。罗晓梅（2007）从经济哲学的角度，认为西部地区自我发展能力主要是以西部制度创新为基础的区域创新能力和竞争能力，其提升过程就是经济主体在经济实践过程中的能动性的生成、发育、发挥的过程，这一过程的逻辑起点是西部地区经济主体认为实现"头脑觉醒"之观念更新，具体路径是专业化分工和职业家园建设，关键环节是经济主体个体理性建设，以保障个人收益率为核心的产权制度建设作为自我发展能力培育的驱动器，这一过程的实质是西部地区对反对经济边缘化理论的实际应用。丁妍（2015）从要素流动的角度，认为区域自我发展能力的本质是区域依赖自身力量对其拥有要素进行有效利用与合理配置的能力。

另外，南人凤（2011）、张凤太（2013）基于生态环境角度，孙岿（2012）、姜安印等（2014）、侯仲凯（2015）、李中锋（2016）从对口支援角度，高新才（2008）、朱占荣（2013）从扶贫开发角度，徐君（2003）、王玉芳等（2007）等从可持续发展能力角度，罗康隆等（2012）从创新能力角度，李华红（2011）、青雪燕（2012）等从发展主体能力角度，林毅夫（2001）、李庆春（2007）、成学真（2010）从企业自生能力角度，汤伟娜等（2015）从企业自我发展能力角度，王斌（2012）、吴海洋（2013）等从五大资本积累角度，邵建平（2012）、刘期彬（2011）、王欢（2015）、付实（2015）等从产业自我发展能力角度，李晓红（2013）从生产函数角度，李海红等（2014）从民族区域自治角度分别研究了区域自我发展能力问题（见表2－1）。

表2－1　区域自我发展能力研究视角

区域自我发展能力研究视角	研究者
进化论	杨彬（2010）
生态经济	南人凤（2011）；张凤太（2013）；安彬等（2017）
经济哲学	罗晓梅（2007）

续表

区域自我发展能力研究视角	研究者
系统论	张瑞华等（2008）；张剑（2014）
民族文化	孙美璆（2009）；杨东萱（2010）；王康熙（2013）
区域协调发展	吴传钧（1997）
西部开发历程	胡卫华（2011）
区域功能	王科（2008）；高新才等（2008）；闫磊（2011）；罗晓（2012）；周民良（2012）
对口支援	王芳（2012）；姜安印等（2014）；李翔（2013）；孙岿（2012）；王永莉（2013）；李娅、赵鑫铖（2016）；侯仲凯（2015）
扶贫开发	王科（2008）；高新才等（2008）；朱占荣（2013）；贾金荣（2013）；杜青华等（2011）
民族区域自治	周忠瑜（1988）；李海红等（2014）
经济权利禀赋	马顺福（1998）；林勇等（2012）；向焕奇（2011）；蔡建军（2013）
边境贸易	贾金荣等（2013）
内生增长理论	赵曦等（2011）；孙根紧等（2012）
生产函数	李晓红（2013）
可持续发展能力	徐君（2003）；王玉芳等（2007）
创新能力	罗康隆等（2012）；高新才（2008）；丁美霞（2008）
资本积累	王斌（2012）；吴海洋（2013）；张霞（2013）；贾金荣（2013）；张佳丽等（2010）；蓝红星（2011）；梁双陆（2011）
发展主体能力	青雪燕（2012）；郑长德（2011）；赵雪雁等（2009）；傅忠贤（2014）；杨科（2009）；李华红（2011）；王晓娟（2010）；陈军民（2008）；胡宏斌（2012）；张鹏（2012）
人口自我发展能力	申鹏、胡晓云（2018）；韩斌（2016）；李华红（2011）；刘爽（2001）；沈茂英（2006）；孙岿（2012）；杨东萱（2010）；赵雪雁、巴建军（2009）；周亚成等（2003）；王文俊（2017）；李凯、叶修廷（2015）；刘昕华（2017）；张伟（2017）；李中锋（2016）；王文俊（2017）；焦利娟（2019）；李毅等（2019）；孙鲁云、谭斌（2018）
企业自生能力	林毅夫（2001）；成学真（2010）；李庆春（2007）；赵建吉（2007）
产业发展能力	张瑞华等（2008）；邵建平（2012）；鲍海峰（2009）；周振华（1992）；刘期彬（2011）；李慧等（2008）；薛剑符（2014）；任援等（2011）；朱凯等（2012）；孙根紧等（2014）；龚晓菊（2012）；霍燕（2014）；杨照（2011）；张林、张中秋（2012）；付实（2015）
城市群自我发展能力	戴昭鑫等（2016）

（2）“区域自我发展能力”概念界定。

在区域自我发展能力研究领域，“区域自我发展能力”这一概念的明确提出（唐奇甜，1990）具有开创性的意义，给后续研究者提供了重要启示。但这一概念没有对“自我发展”的内涵做出更加深入的分析，也没有涉及自我发展能力理论层面的分析。很多学者在研究过程中，尝试从不同视角对其进行界定。就“区域自我发展能力”这一概念，按照发展的来源是“内源式”还是“‘内源+外源’式”，学者们的观点大致可以分为以下两类。

第一种观点强调区域自我发展的“内源式”，即将区域自我发展能力定义为在相对封闭的环境假设下，区域行为主体在没有外部扶持情况下，依靠自己内在禀赋，挖掘内部动力和潜力，充分发挥内部主体主观能动性来实现自身发展的能力。持有这一观点的学者居少数。例如：田官平、张登巧（2001）提出“自我发展能力就是自力更生的能力，即充分依靠和发挥自己的内在潜能来发展自己的能力。”

第二种观点，即“‘内源+外源’式”发展。这一观点不仅强调区域自我发展能力在区域经济发展过程中的自身基础和造血功能，同时明确这一能力并不排斥外部力量对地区经济发展的推动作用，并且自我发展能力是外部力量发挥作用的内在基础。持有此类观点的学者居多数。例如：鱼小强（2002）认为“自我发展能力指一个国家或地区经济系统内部具备的凝聚、整合和产出能力。它强调的是经济发展的自身基础或造血功能，不排斥外部力量对一国或地区经济发展的推动作用，相反，它是外部力量发展作用的内在基础”。周彦、吴一丁（2007）认为“自我发展能力是指一个国家或地区经济系统内部的经济效益和地区积累能力。它强调的是经济发展的自身基础或造血功能。它并不排斥外部力量对一国或地区经济发展的推动作用，相反，它是外部力量发挥积极作用的基础”。刘期彬（2011）指出“对于西藏而言，自我发展能力更多的是指在不排斥外围力量对全区整体发展的推动作用的情况下，更加突出全区整体发展的自身基础和造血功能”。孙根紧（2012）将区域自我发展能力概括为，一个地区在发展过程中，依赖自身力量在充分开发与利用区域内部资源的同时，对区域外部的各种资源进行吸引、争夺、拥有、控制和转化，实现区域内部和外部各种发展资源合理配置的一种发展能力。蔡之兵（2014）指出区域自我发展能力内生于整个区域，短期内主要由区域政府能力所代表。白家瀛等（2015）提出区域自我发展能力以“内生力”为主要推动力，但这并不意味着排斥“外哺力”，事实上，“内生力”正是“外哺力”发挥作用的基础。

（3）“区域自我发展能力”构成要素。

诸多学者的研究中均包括在“区域自我发展能力”概念界定基础上形成的

“区域自我发展能力”构成要素。鱼小强（2002）认为区域自我发展能力由要素凝聚能力、资源组合能力、科技进步能力、制度创新能力、科学决策能力等要素构成；赵雪燕、巴建军（2009）认为区域自我发展能力由生产能力、经营能力、就业选择能力、创业开拓能力、风险承担能力、知识吸收能力、知识交流能力、创新与竞争能力、民主能力等要素构成；成学真、陈小林（2010）认为区域自我发展能力由产业发展能力、企业竞争力、生态可持续能力、地方政府调控能力、区域金融服务能力等要素构成；闫磊（2011）认为区域自我发展能力由生产经营能力、土地综合利用能力、区域创新能力、空间结构优化能力、生态环境承载能力等要素构成；朱凯、姚驿虹（2012）认为区域自我发展能力由个人自我发展能力、企业自我发展能力、市场自我发展能力、产业自我发展能力、区域自我发展能力等要素构成；孙根紧（2012）认为区域自我发展能力由创新开发能力、要素聚集能力、资源利用能力、协调发展能力等要素构成；张霞（2013）、贾金荣（2013）认为区域自我发展能力由功能、资源、权利、知识等要素构成；薛剑符（2014）认为区域自我发展能力由物质资源和人力资源的凝聚能力、科技进步能力、科学决策能力等要素构成；程广斌（2014）认为区域自我发展能力由区域资源的存量能力、利用能力和创新能力等要素构成；汪海霞（2014）将区域自我发展能力的构成要素分解为生态环境承载能力、地理位置、文化传统、政经制度以及其他等；陶泓（2014）认为区域和人口的自我发展能力可以分解为生产能力、交换能力、分配能力和消费能力；关靖云等（2015）认为区域自我发展能力的构成要素包括区域的生产能力、市场能力、空间能力以及软实力的支持等（见表2－2）。

表2－2 区域自我发展能力构成要素研究

区域自我发展能力构成要素	研究者
可持续发展能力	徐君（2003）
地区经济增长力、地区经济吸引力、地区经济可持续发展力	任小建（2008）
产业发展能力、企业竞争力、生态可持续能力、地方政府调控能力、区域金融服务能力	成学真、陈小林（2010）
生产经营能力、土地综合利用能力、区域创新能力、空间结构优化能力、生态环境承载能力	闫磊（2011）
个人自我发展能力、企业自我发展能力、市场自我发展能力、产业自我发展能力、区域自我发展能力	朱凯、姚驿虹（2012）
要素凝聚能力、资源组合能力、科技进步能力、制度创新能力、科学决策能力	朱凯、王娜（2012）
个人自我发展能力、企业自我发展能力、区域自我发展能力	青雪燕（2012）

续表

区域自我发展能力构成要素	研究者
对自身生产、生活的认识与操作能力；与社会整体的联系与融合能力	周亚成、兰彩萍（2003）
妇女自我发展能力、信贷资金获取能力、成人文化素质和生存技能、农村基层组织管理能力	沈茂英（2006）
信贷资金获取能力、成人文化素质和生存技能、农村基层组织管理能力	杨科（2009）
对资源的认识能力、多元经济背景下的生存能力、传统文化的继承与发展能力、制度建构与重构能力	孙美璎（2009）
生产能力、经营能力、就业选择能力、创业开拓能力、风险承担能力、知识吸收能力、知识交流能力、创新与竞争能力、民主能力	赵雪燕、巴建军（2009）
居民的旅游开发认知能力、居民的旅游开发参与能力、资金资本积累能力、人力资本开发能力、社会资本利用能力	李华红（2011）
要素凝聚能力、资源组合能力、科技进步能力、制度创新能力、科学决策能力	鱼小强（2002）
自我经济发展能力、自我社会发展能力、自我区域组织协调能力、组织创新能力、生态平衡发展能力	李盛刚、畅向丽（2006）
区域创新能力、区域竞争力	罗晓梅（2007）
区域自然资源环境承载力、区域社会发展能力、经济聚集能力	高新才、王科（2008）
农民个体自生能力、农户家庭自主发展能力、村庄整体自主发展能力	陈军民（2008）
经济能力、组织能力	孔鹏、李英梅（2009）
现行进化能力、隐性进化能力	杨彬（2010）
自我经济发展能力、自我社会发展能力、自我区域组织协调能力、组织创新能力、生态平衡发展能力	邵建平（2012）
经济发展能力、党的执政能力、科学文化建设能力、生态发展能力、文化发展能力、民族宗教工作能力	张佳丽、贺新元（2010）
自然资源环境承载力、社会发展能力、经济聚集能力	刘期彬（2011）
政府自我发展能力、企业自我发展能力、家庭自我发展能力、区域创新与学习能力	郑长德（2011）； 赵铁（2018）
要素聚集能力、产业发展能力、科技进步能力、制度创新能力、政府调控能力	向焕琦（2011）
创新开发能力、要素聚集能力、资源利用能力、协调发展能力	孙根紧（2012）
自我经济发展能力、自我社会发展能力、自我区域组织协调能力、组织创新能力和生态平衡发展能力	王晓娟（2012）
经济发展能力、社会发展能力、生态平衡发展能力	张凤太（2013）

续表

区域自我发展能力构成要素	研究者
自我经济发展能力、自我社会发展能力、自我区域组织协调能力、自我组织创新能力和生态平衡发展	王芳（2012）
市场能力、经济能力	张鹏（2012）
功能、资源、权利、知识	王斌（2012）；吴海洋（2013）；张霞（2013）；贾金荣（2013）；姜安印（2012）
权利、资源、知识、功能	白家瀛，李振友（2015）
经济发展能力、社会发展能力、区域组织协调能力、组织创新能力、生态平衡发展能力	张艳（2013）
社会发展能力、生态环境的可持续发展能力、经济集聚能力	李翔（2013）
区域集聚经济要素能力、区域提升人力资本能力、区域加快科技进步能力、区域吸引制度变迁能力	蔡建军（2013）
自我认知和学习能力、改善自身经济利益能力、与外部世界有效沟通能力、适应环境变化和应对变革能力、增收脱贫能力	韩斌（2014）
农民知识吸收交流能力、生产技能身体素质、经营管理抵御市场风险能力、非农就业能力	胡宏斌（2012）
区域资源的存量能力、利用能力和创新能力	程广斌（2014）
物质资源和人力资源的凝聚能力、科技进步能力、科学决策能力	薛剑符（2014）
地区自我经济发展能力、自我社会发展能力、自我区域组织协调能力、科技创新能力、生态平衡发展能力和人力资源竞争力等能力	王晓娟（2012）
产业能力、市场能力、空间能力、软实力	戴昭鑫（2016）
区域要素集聚能力、区域要素利用能力、区域政府调控能力	丁妍（2015）
政府自我发展能力、企业的自我发展能力、家庭的自我发展能力、区域学习与创新能力	王永莉、梁城城（2015）
创新培育能力、要素集聚能力、资源利用能力、协调发展能力	丁立（2017）
资源环境承载力、社会发展力、经济聚集力	徐孝勇、寸家菊（2016）
生产能力、交换能力、分配能力和消费能力	陶泓（2014）
要素集聚能力、人力资本提升能力、科技创新能力、协调发展能力	童翔（2017）
产业能力、市场能力、空间能力、软实力	黄蕾（2018）
经济发展能力、社会发展能力、组织协调能力、组织创新能力、生态平衡发展能力	张鹏飞（2016）

（4）“区域自我发展能力”影响因素。

一部分学者提到了“区域自我发展能力”生成过程中的影响因素。周亚成、兰彩萍（2003）认为区域自我发展能力受到自然环境、产业结构发展模式、人口劳动力素质、观念、机制的影响。王科（2008）认为贫困地区的自我发展能力受自然条件、历史因素、经济发展水平、政策导向、宗教信仰、社会文化等多重因素的影响。杨彬（2010）认为区域作为一个复杂的系统，其自我发展能力的形成受到生态环境承载能力、地理区位、文化传统、政经制度、宗教信仰、战乱以及历史偶发事件等诸多因素的影响。闫磊（2011）将区域经济资源分为自然资本、物质资本、人力资本和社会资本，认为区域自我发展能力水平的高低取决于区域主体对资源的“联结”能力和匹配效率。向焕琦（2011）认为西部地区自我发展能力取决于区域内部的经济权利禀赋，具体包括物质资本和劳动力权利、人力资本权利和制度变迁权利。孙根紧（2012）认为，区域自我发展能力的形成受到自然条件、自然资源、区位条件、物质资本、人力资本、科学技术、制度安排、偶然性历史事件等因素影响。朱凯、姚驿虹（2012）认为区域自我发展能力的形成受到要素禀赋和知识技术创新能力的影响。陈作成（2013）认为区域自我发展能力与城镇化、工业化、农业现代化，即“三化”相关。李豫新等（2013）等认为区域自我发展能力的影响因素有工业化、城镇化、农业现代化、外商直接投资、市场化程度、政府干预经济强度等（见表2－3）。

表2－3 区域自我发展能力影响因素研究

区域自我发展能力影响因素	研究者
自然资本、物质资本、人力资本、社会资本	闫磊（2011）
物质资本和劳动力权利、人力资本权利、制度变迁权利	向焕奇（2011）
自然条件、历史因素、经济发展水平、政策导向、宗教信仰、社会文化	王科（2008）
生态环境承载力、地理区位、文化传统、政经制度、宗教信仰、战乱及历史偶发因素	杨彬（2010）
自然条件、自然资源、区位条件、物质资本、人力资本、科学技术、制度安排、偶然性历史事件	孙根紧（2012）
自然环境、产业结构发展模式、人口劳动力素质、观念、机制	周亚成、兰彩萍（2003）
要素禀赋、知识技术创新能力	朱凯、姚驿虹（2012）
城镇化、工业化、农业现代化	陈作成（2013）

续表

区域自我发展能力影响因素	研究者
区域经济发展的历史基础、发展潜力、要素集聚程度、发展支撑条件	傅忠贤（2014）
区域地理位置、自然环境、资源禀赋；上一级政府提供的有别于其他区域的政策和制度环境；历时偶然条件	蔡之兵（2014）

（5）“区域自我发展能力”定量评价。

随着定量分析方法的发展及统计学、计量经济学软件的应用普及，许多学者尝试在区域自我发展能力测定中，由区域自我发展能力的构成要素出发，通过构建经济系统评价指标，对某一特定地区的自我发展能力进行定量评价。概括起来，评价指标的构建大致有三种方法，即单一指数法、复合指数法和综合评价指标体系法。

单一指数法：采用单一指数，例如：采用“地区自我发展能力指数”衡量一个特定地区自我发展能力水平（侯景新、尹卫红，2004；周彦、吴一丁，2007）。

复合指数法：采用构建的复合式指数，测算某一地区的自我发展能力综合水平。郑长德（2011）构建了区域自我发展能力指数，该指数将区域自我发展能力设定为政府自我发展能力指数、企业自我发展指数、家庭自我发展能力和区域学习与创新能力指数4个指数的几何平均数。王蕾等（2015）将区域自我发展能力设定为政府自我发展能力指数、企业自我发展指数、家庭自我发展能力指数之和的三次方根。陈作成（2013）、李豫新（2013）运用指数功效函数改进模型测定区域自我发展能力总指数，建立面板数据模型，将城市化、工业化、农业现代化作为解释变量，将区域、政府、企业、家庭能力等分指数与总指数作为被解释变量，进行回归分析，测定地区自我发展能力的影响因素。

综合评价指标体系法：构建分级（分层）指标体系，采用适当的方法逐级（逐层）测定自我发展能力水平，最后测算出区域自我发展能力综合水平。王科（2008）构建了包括自然资本、社会资本、人力资本和经济资本4个子系统，33个评价指标的贫困地区自我发展能力评价指标体系。闫磊（2011）分别构建了优化开发区、重点开发区、限制开发区和禁止开发区4种功能性区域的自我发展能力三级指标评价体系。程广斌（2014）采用层次分析法（AHP法），构建1个目标层、3个准则层、39个指标层的评价体系，评价区域自我发展能力。向焕奇（2011）采用多元回归方法，将经济权利禀赋的构成要素（物质资本和劳动力权利、人力资本权利、制度变迁权利）与区域自我发展能力之间相关性进行检验，发现存在显著的正相关性。孙根紧（2012）在“区域自我发展能力”一级指标下设立创新开发能力、要素聚集能力、资源利用能力、协调发展能力4个二级指标，又下设76个三级指标，运用主成分分析法和聚类分析法，测算全国各地区区域自我发展能力水平，并将西部12个省份的能力水平进行聚类分析。林勇（2012）以人力资本、制度因素和技术进步权利因素为投入量，经济总量、经济增长和经济结构为产出量，基于改进的DEA数据包络分析法对西部地区各省（市、区）的经济权利禀赋投入产出进行了效率评价分析。冷志明（2013）对评价连片特困区自我发展能力设计了一套评价体系，他从产业自我发展能力、市场自我发展能力、空间自我发展能力和自我发展软实力四个维度测度贫困地区自我发展能力，并最终生成了62个具体指标。汪海霞（2014）从自然、社会、人力、经济四大资本角度，建立由若干指标构成的4个子系统，采用主成分分析法，得出新疆各个贫困县（市）自我发展能力的综合得分、各子系统得分及排名。汤伟娜等（2015）从资金支持力、人力资源竞争力和技术创新力三个维度构建了一套衡量西部地区工业企业自我发展能力评价的指标，并结合此评价指标计算出西部地区12个省份工业企业自我发展能力综合得分。关靖云等（2015）把区域自我发展能力分为区域的生产能力、市场能力、空间能力、软实力支持4个维度，采用均方差法，由指标层到系统层逐一测算出指标得分及其权重，最终测算出新疆各县域不同时间节点自我发展能力。蔡之兵（2014）定性分析了区域发展能力与区域自我发展能力之间的结构关系。王永莉等（2015）实证分析了区域自我发展能力对经济增长的影响。王永莉等（2015）实证分析了碳生产力对区域自我发展能力的影响。徐孝勇、曾恒源（2019）运用BP神经网络模型和Arc GIS软件测算出14个特困区2015～2017年县域自我发展能力并分析其时空演变趋势，通过标准差分类法和聚类分析法识别出459个（4类）乡村振兴重点帮扶县（见表2－4）。

表2－4　区域自我发展能力评价方法研究

区域自我发展能力评价方法		研究者
单一指数法	地区自我发展能力指数＝地区实际积累率/地区资金利用系数	侯景新、尹卫红（2004）
	地区自我发展能力指数＝地区实际积累率/地区资金利用系数	周彦、吴一丁（2007）
复合指数法	区域自我发展能力指数为政府自我发展能力指数、企业自我发展指数、家庭自我发展能力和区域学习与创新能力指数4个指数乘积的四次方根	郑长德（2011）
	第一步，运用指数功效函数改进模型测定区域自我发展能力总指数；第二步，建立面板数据模型，将城市化、工业化、农业现代化作为解释变量，将区域、政府、企业、家庭能力等分指数与总指数作为被解释变量，进行回归分析，测定地区自我发展能力的影响因素	陈作成（2013）；李豫新（2013）

续表

区域自我发展能力评价方法		研究者
多元指标体系综合评价法	人力资本、制度因素和技术进步权利因素为投入量，经济总量、经济增长和经济结构为产出量的 DEA 数据包络分析法	林勇（2012）
	自然资本、社会资本、人力资本和经济资本 4 个子系统，33 个评价指标	王科（2008）
	个人进化能力、政府进化能力、企业进化能力和区组织进化能力 4 个一级指标，包括 9 个二级评价指标，若干三级评价指标	杨彬（2010）
	生产能力、经营能力、就业能力、知识吸收能力和知识交流能力 5 个子系统，19 个评价指标	赵雪雁、巴建军（2009）
	区域产业发展能力、区内企业竞争力、区域生态可持续能力、地方政府调控能力和区域金融服务能力 5 个子系统，19 个二级评价指标，若干三级评价指标	成学真、陈小林（2010）
	物质资本和劳动力权利、人力资本权利、制度变迁权利与区域自我发展能力之间相关性检验（多元回归）	向焕奇（2011）
	物质资本、生态资本、人力资本、知识资本和社会资本 5 大指数，产业发展、经济发展、环境承载能力、社会保障等 15 个评价领域，45 个核心指标	王斌（2012）
	创新开发能力、要素聚集能力、资源利用能力、协调发展能力 4 个二级指标 76 个基础性指标	孙根紧（2012）
	优先开发区自我发展能力：区域生产经营能力、土地综合利用能力、区域创新能力、空间结构优化能力和生态环境承载能力 5 个一级指标，27 个二级指标，117 个三级指标；重点开发区：区域生产经营能力、土地综合利用能力、区域创新能力、空间结构优化能力和生态环境承载能力 5 个一级指标，22 个二级指标，95 个三级指标；限制开发区：生态环境承载能力、土地综合利用能力和区域生产经营能力 3 个一级指标，14 个二级指标，67 个三级指标；禁止开发区：生态环境承载能 1 个一级指标，7 个二级指标，36 个三级指标	闫磊（2011）
	构建“综合发展指数”模型，集综合经济实力、基础设施建设、产业发展程度、对外开放程度、公共管理服务、环境承载能力为一体的指标体系	蔡建军（2013）
	家庭自我发展能力、企业自我发展能力、政府自我发展能力 3 个二级指标，20 个三级指标	王蕾（2014）
	AHP 法：目标层 1 个、准则层 3 个、指标层 39 个	程广斌（2014）
	根据德尔菲法确定了包括经济系统、人力系统、社会系统、自然环境系统 4 个一级指标以及 27 个二级指标的评价指标体系，运用主成分分析法评价特定地区自我发展能力	潘建军（2018）

续表

区域自我发展能力评价方法		研究者
多元指标体系综合评价法	从产业能力（IC）、市场能力（MC）、空间能力（SC）和软实力（SP）4个维度构建自我发展能力测算的4个二级指标，28个三级指标体系	安彬等（2017）
	将区域自我发展能力分解为政府自我发展能力、企业自我发展能力、家庭自我发展能力和区域创新与学习能力4个二级指标和15个三级指标	王永莉、梁城城（2016）
	采用Topsis改进的因子分析法、聚类分析法、DEA数据包络分析法等计量方法对特定区域特定时段自我发展能力和信息化水平及其对经济增长的贡献进行定性和定量分析	封莎（2018）
	运用层次分析法构建了包括7个准则层29个指标层的自我发展能力评价指标体系，运用德尔菲法确定指标权重进行测算和评价	廖珊等（2018）
	构建包含人力资本生产能力、社会发展能力、资源环境承载能力3个二级指标，7个三级指标，24个四级指标的指标体系，运用BP神经网络模型进行测度，识别出459个乡村振兴重点帮扶县	徐孝勇、曾恒源（2019）

（6）“区域自我发展能力”生成路径。

随着“区域自我发展能力”理论的探索及实践层面的研究深入，有关区域自我发展能力生成路径的研究也日益深入。高新才等（2008）认为区域自我发展能力生成的路径应当是，生态补偿机制的健全、公共服务均等化及特色产业培育等。向焕奇（2011）认为区域自我发展能力生成的路径应当是，经济权利禀赋改善、加速资本积累、提高经济效率、降低制度运行成本、优化资源配置等。周民良（2012）认为区域自我发展能力生成的路径应当是，中央财政支持比重下降、地方投资环境培育、可持续竞争力的产业集群的形成等。孙根紧（2012）认为区域自我发展能力生成的路径应当是，劳动力素质的提升、企业家精神的塑造、技术进步、产业结构与空间布局合理化、经济增长极培育、政府职能转变、对外开放、政策支持与区域援助、生态环境保护等。朱占荣（2013）认为区域自我发展能力生成应当是，教育、基础设施的投入建设等内生路径与生态补偿、财政转移支付、扶贫帮扶、救助政策等外生路径相结合。汪海霞（2014）指出要素集聚是区域自我发展能力的实现基础，要素分工与匹配是区域自我发展能力的实现动力，区域自我发展能力的主题是发展。侯仲凯（2015）指出，对口支援是提升少数民族自我发展能力的路径（见表2－5）。

表 2-5 区域自我发展能力生成路径研究

区域自我发展能力生成路径	研究者
农业自我积累；改善工农贸易条件；处理好闲暇替代和消费替代	周振华（1992）
政府行政职能；企业创新；家庭人力资本	郑长德（2011）
区域主体产业分工；国家空间优化	闫磊（2011）
低碳经济；农村生态环境建设	南人凤（2011）
资本积累；实物产业创新；人力技术创新；社会组织创新	梁双陆（2011）
他组织；自组织；外力转化为内力；增量盘活存量	张瑞华等（2008）
经济权利禀赋改善；加速资本积累；提高经济效率；降低制度运行成本；优化资源配置	向焕奇（2011）
外部竞争；内部矛盾；个体学习；企业成长；组织变革；政府转型	杨彬（2010）
主体“头脑觉醒”；专业化分工；职业家园建设；产权制度建设	罗晓梅（2007）
产业结构优化；所有制结构转型	李慧、鲁茂（2008）
信息服务	李林（2008）
经济能力—投入机制；组织能力—参与机制	孔朋、李英梅（2009）
参与经济全球化能力；企业自生能力	李庆春（2007）
政府管理竞争力	王晓娟（2010）
企业自我发展能力	胡卫华（2011）
土地制度创新和农村产权制度改革；金融制度安排和服务创新；户籍制度改革；市场体制完善	张毅、杨俊（2012）
微观经济能力；宏观市场能力	张鹏（2012）
中央财政支持比重下降；地方投资环境培育；可持续竞争力的产业集群	周民良（2012）
劳动力素质；企业家精神；技术进步；产业结构与空间布局；经济增长极；政府职能；对外开放；政策支持与区域援助；生态环境保护	孙根紧（2012）
加强基础设施建设；培育资源发展优势产业和特色经济；实施可持续发展战略；提高人口素质；整合民族文化；扩大改革开放；开拓市场	田官平（2001）
国家总体规划；加大投入力度；大力发展教育；普及科学技术	徐君（2003）
发展优势产业；培养新型农民；积极发展各类农民专业技术经济合作组织；加大投入	杨杰文（2011）
地区积累能力；经济效益	周彦等（2007）
物资资本和劳动力权利；人力资本权利；技术进步权利和制度变迁权利	蔡建军（2013）
增加财政投入；增强造血功能；发展教育；比较优势战略	郭运良（2014）

续表

区域自我发展能力生成路径	研究者
技术创新；工业发展；产业升级	高新才（2012）
内生路径：特色产业、劳务产业、教育、基础设施；外生路径：生态补偿、财政转移支付、扶贫帮扶、救助政策	朱占荣（2013）
政府职能；产业规划；区域合作；投资环境；人才培养	赵路（2012）
生态补偿机制；公共服务均等化；特色产业	高新才（2008）
物质资本；生态资本；人力资本；知识资本；社会资本	王斌（2012）；吴海洋（2013）；张霞（2013）；贾金荣（2013）；张佳丽（2010）；杜青华（2011）
提升资源环境承载能力；生产要素集聚能力；商品服务输出能力；基础设施匹配能力；地域文化涵养能力；政策制度牵引能力	傅忠贤（2014）
实现农业生产要素优化配置；提高农民整合土地、农产品和劳动力优势的综合能力；加强农村社会均等化；农村市场秩序正常化的全面建设	何代欣（2011）
发展通道经济	莫晨宇（2013）
差别化金融政策；土地政策；产业政策；税收政策；基础设施建设政策；资金拨付政策；城市化政策；生态保护政策	张周平（2011）
甄别空间差异条件，强化土地综合治理；高效合理利用资源，推进生态文明建设；明确主体战略定位，建立长效补偿机制；加快转变政府职能，激发市场发展活力；积极创新体制机制，扩大有效投资力度；积极调整产业结构，培育特色优势产业；有效推动区域合作，构建对外开放格局；大力发展劳务经济，拓宽农民增收渠道；高度重视人力本位，加强区域人才培养；加大基础设施建设，增强区域辐射能力；完善社会保障体系，促进公共服务均等化	郭建缨（2017）

（7）特定区域自我发展能力研究。

许多学者选择某一特定区域作为研究对象，分析研究自我发展能力问题。研究对象主要集中在欠发达地区、贫困地区、农村地区、民族地区等特殊区域。向焕奇（2011）、鱼小强（2002）、李慧等（2008）、梁双陆（2011）、朱凯等（2012）、林勇等（2012）、孙根紧（2012）、张霞（2013）以西部地区作为研究对象，马顺福（1998）、陈军民（2008）、梅兰（2008）、张毅等（2012）、贾金荣（2013）、朱占荣（2013）、胡宏斌（2012）、汪海霞（2014）、宋轶（2015）以贫困地区为研究对象，李盛刚（2006）、杨科（2009）、霍燕等（2014）、孔朋等（2009）、蓝红星（2011）以农村地区为研究对象，郑长德（2011）、王永莉等（2015）以民族地区为研究对象。另外，周彦等（2007）、关靖云等（2015）

对新疆地区，薛剑符等（2014）、吕翠苹等（2015）、刘洋（2015）对西藏地区，张凤太（2013）对贵州地区，杜青华等（2011）、张爱儒等（2015）对青海地区，韩斌（2014）对云南地区，宋轶（2015）对四川民族地区，马明等（2016）对山西省县域经济自我发展能力进行了研究分析（见表2－6）。

表2－6 特定地区自我发展能力研究

特定地区	研究者
西部	向焕奇（2011）；鱼小强（2002）；李慧、鲁茂（2008）；梁双陆（2011）；朱凯、王娜（2012）；林勇等（2012）；孙根紧（2012）；张霞（2013）；李泉（2011）；刘爽（2001）；王晓娟（2010）；杨宪明、梁双陆（2007）；张艳（2013）；张周平（2011）；王欢（2015）；汤伟娜、汪海霞（2015）；梁城城、王永莉（2015）；王蕾、汪海霞（2015）
甘肃	王科（2008）；杨彬（2010）；闫磊（2011）；赵雪雁、巴建军（2009）；吴海洋（2013）；宇涛、郭亚妮（2012）
新疆	周彦、吴一丁（2007）；王芳（2012）；周亚成、兰彩萍（2003）；牛云峰（2012）；李翔（2013）；王蕾等（2014）；孙岿（2012）；杨福成（2014）；关靖云等（2015）；孙鲁云、谭斌（2018）
西藏	刘期彬（2011）；郭运良（2014）；王文令（2012）；张剑（2014）；王永莉（2013）；薛剑符等（2014）；张佳丽、贺新元（2010）；李海红等（2014）；刘洋、李海红（2015）；吕翠苹、秦君玲（2015）；李中锋（2016）
贵州	付宝全、刘宝伟（2008）；李华红（2011）；饶华敏（2013）；张凤太（2013）；申鹏、胡晓云（2018）；梅兰（2008）；申鹏等（2019）
青海	张周平（2011）；杜青华等（2011）；张爱儒、高新才（2015）
云南	韩斌（2014）；胡宏斌（2012）
广西	周明钧（2014）；梁振芳（2010）；张林等（2012）
四川	傅忠贤（2014）；徐君（2003）；刘昕华（2017）；张伟（2017）；孙根紧、丁志帆（2017）
陕西	赵路（2012）
山西	马明、高宇璇（2016）
辽宁	邢青（2016）
湖南	廖珊等（2018）
宁夏	潘建军（2018）
黑龙江	焦利娟（2019）
中部地区	田官平等（2001）；李庆春（2007）；杨杰文（2011）；罗康隆等（2012）；丁立（2017）
贫困地区	马顺福（1998）；陈军民（2008）；梅兰（2008）；张毅等（2012）；贾金荣（2013）；朱占荣（2013）；胡宏斌（2012）；杨杰文（2011）；张家俊（2016）；徐孝勇、封莎（2017）；封莎（2018）；郝雄磊（2019）；李创（2019）

续表

特定地区	研究者
农村地区	李盛刚（2006）；杨科（2009）；霍燕等（2014）；孔朋等（2009）；蓝红星（2011）；南人凤（2011）；徐孝勇、寸家菊（2016）
民族地区	郑长德（2011）；赵铁（2018）
金砖五国	陶泓（2015）

（三）文献评述

梳理分析国内外既有研究成果发现，已经达成以下共识：

（1）区域自我发展能力研究的主题应该是“发展”，而不是单纯的能力。

（2）无论是区域微观主体还是宏观主体，相对于“外部力量”而言，“自我发展能力”是其发展的基础和根本。

（3）区域自我发展能力是一个综合性概念，在不同视角下，对于不同的区域主体，其构成要素和影响因素不同。

（4）区域自我发展能力具有可塑性。也就是说，一个地区的自我发展能力可以通过政策引导扶持，区域内部激励来培育，实现不断提升。

当前研究仍存在一些问题和不足，具有可进一步探讨、发展或突破的空间：

（1）理论研究滞后于发展实践。

大部分学者从实践层面，研究如何培育地区自我发展能力，对于地区自我发展能力的理论模型研究比较少。对地区自我发展能力概念进行界定的已有文献立足于不同的视角，分歧较大。因此，目前国内关于区域自我发展能力问题的研究从其概念界定到理论研究至今未达成普遍共识，有关区域自我发展能力问题研究的重心一般倾向于对策建议与实践层面，在区域自我发展能力的理论构建上，至今仍没有取得实质性进展。

（2）研究主题的内涵有待明确。

现有研究区域自我发展能力的学者大都受到传统经济理论的影响，有明显的路径依赖现象。虽然达成了区域自我发展能力研究的主题应该是“发展”这一共识，但是就“发展”的内涵更多停留在“经济增长”层面，呈现出“发展=经济发展=经济增长=物质财富积累”的倾向。具体表现在：一是概念的界定突出了区域经济增长的能力；二是概念界定虽是“发展”的，但是构成要素、评价指标等内涵却是“增长”的，混淆成为有关“区域经济增长”的研究。西部地区的发展是否该重蹈发达国家或东部发达地区传统的发展模式？该如何认识自我发展能力中的“发展”内涵？在国家区域功能界定框架下，西部地区实现现代化有没有新的模式或路径可以借鉴？很显然，以“要素论”为主的区域自我发展能力的理论研究，已经不能满足新的发展观视角下的区域发展实践。

（3）区域发展“主体能力”研究欠缺。

区域自我发展能力研究应当突出区域开发的主体性。世界各地的开发史证明，国家主导或者政府包办式的开发，不利于开发主体性的发挥。不论什么样的开发政策，如果没有包括当地居民在内的当地发展主体的积极参与，是不可能持续的。对于区域开发而言，真正的开发主体应该是当地居民，他们最熟悉自己的资源、技术和文化，最具有创业的动力。强调区域发展主体的自我发展能力，是由以往中央政府“自上而下”的国家主导开发模式向“自下而上”的地域主导、民间主导模式转变的内在要求。

既有研究成果中，有诸多研究者均以区域发展主体能力为视角，很自然地包含了对个人、企业、市场、政府等主体能力的讨论。但是就这一视角的深层意义，即对区域开发由国家主导向地域主导转变的重要作用关注得较少。此外，有不少研究尝试建立由微观到宏观、主体到区域的发展能力模型，但在这些发展主体能力之间的逻辑联系与协同性方面的研究鲜见。

（4）定量评价指标体系的构建有待规范。

一个地区的自我发展能力水平可以通过选择科学合理的衡量指标来进行测算，而且所选取的自我发展能力衡量指标因衡量对象的不同而有所选择。但是已有文献中的评价指标或指标体系仍存在不足之处：要么不能确切地体现研究对象自我发展能力的真实水平，要么不具有操作性。客观评价某一特定地区自我发展能力水平是针对性地采取措施，增强其自我发展能力的必要前提。科学、合理，具有操作性的区域自我发展能力评价指标体系的研究，具有广阔的研究空间。

（5）民族地区自我发展能力问题亟待关注。

目前从企业或个人等微观主体角度研究能力理论的学者较多，但是从区域或地区出发研究区域自我发展能力的学者较少。现有的研究区域分布也主要集中在西部地区、贫困地区和农村地区。关于少数民族地区与少数民族的自我发展能力研究，只是散见于某个民族省区或某个民族自治州（县）等地区研究，以少数民族聚居的民族八省区作为整体区域的研究文献鲜见。怎样界定区域自我发展能力含义？其概念内涵包括哪些元素？区域自我发展能力本质是什么？具有哪些特征和构成要素？区域自我发展能力生成机制是什么？生成主体包括哪些？生成动力和生成条件有哪些？受哪些因素影响？如何评价西部民族地区自我发展能力水平？针对能力短板，应采取哪些对策进行提升？上述问题的研究，具有显著的理论意义和实践意义。

第三章　区域自我发展能力理论分析框架

一、区域自我发展能力内涵

（一）区域自我发展能力概念

概念是逻辑思维活动的结果和产物，同时又是思维活动借以进行的单元。明确界定区域自我发展能力概念是创建区域自我发展能力生成机制，勾勒完整的理论分析框架的基本前提。区域自我发展能力概念内涵丰厚，至少应当包括含义、特征及构成要素三个元素。

1. 区域自我发展能力与相关概念的区别

（1）“自力更生”。

自力更生是指某一特定的社会主体在不依赖于外援条件下，发挥自己的主观能动性争取获得预期目标的一种奋斗精神。在我国特定的历史时期，“自力更生、艰苦奋斗”更强调社会主体完全依靠自身力量实现其发展。然而，区域自我发展能力与争取外援并不是矛盾的，恰恰相反，如何争取最大限度的外援内化为自我发展的有利因素，是区域自我发展能力提升的必然要求。

（2）“自主发展”。

在区域自我发展能力这一概念中，强调的是“自我”而非“自主”。因为，一国某一特定地区的发展，是在国家区域发展总体战略和区域功能下合理定位，服从国家宏观规划的前提下追求发展，所以称“自主”是不合适的。

2. “区域自我发展能力”的科学界定

区域自我发展能力是本书着力研究并试图科学界定的一个概念。从区域发展角度看，区域的发展可以是主要依靠外部力量（外源）推动的发展，也可以是主要依靠内在因素（内源）推动的发展。

本书认为，区域自我发展是与“外源式”发展相对应的一个概念。基于区域发展动力视角，区域自我发展能力是指一个特定区域内各经济主体，在开放的环境下，充分利用外部资源的同时，主要依靠内部动力，发挥自己的内在禀赋、内部潜力和内部创造力，依托居民素质技能、企业创新能力、产业竞争能力、政府调控能力的耦合促生，实现区域经济、社会、文化、环境持续健康发展的能力。

（二）区域自我发展能力本质

区域自我发展能力的本质在于，区域空间内的人，不断适应周围环境的变化，最终实现全面发展。区域自我发展能力把人视为发展的手段与目的的统一，尊重人的权利、尊重人的价值、尊重人的自由、尊重人的能力。换句话说，以区域内的人为出发点，分析和解决与人相关的一切问题。

民族地区传统的发展思路是，从增加民族地区人口的收入为出发点。在这种思路指导下的经济发展，实际上是在重复着其他地区传统的发展思路，很难发挥落后地区的“后发优势”，更难赶上和超过其他地区的经济发展水平。决定经济发展最根本的因素就是人的全面发展，这是人的主体性和利益性必然得出的结论。经济发展是标，人的发展是本。

（三）区域自我发展能力特征

一个客体或一组客体特性的抽象结果表现为事物特征，用来刻画和描述概念。区域自我发展能力具有自生性、内生性、协同性、综合性、动态性、阶段性和可塑性等特征。自生性刻画了区域自我发展要依靠区域主体的主观能动性和自身造血功能。内生性是指区域自我发展能力源于区域主体知识、技术的积累和创新。协同性描述了区域主体能力相互协同、相互联动，耦合促生区域自我发展能力的机制。综合性是指区域自我发展能力由居民素质技能、企业创新能力、产业竞争能力、政府调控能力综合构成。动态性刻画了区域自我发展能力生成的动态积累过程。阶段性特征描述了区域自我发展能力水平与区域发展阶段的对应关系。可塑性刻画了区域整合利用外生动力的同时充分激发内生动力，塑造培育自我发展能力的可能性。

（四）区域自我发展能力构成要素

构成一个客观事物存在并维持其运动的最小单位就是要素。解析区域自我发展能力构成要素是探究能力系统产生、变化、发展动因的必要环节。区域经济系统运行是微观—中观—宏观子系统交互作用的过程。因此，区域自我发展能力应由居民素质技能、企业创新能力、产业竞争能力、政府调控能力等多元主体多元能力构成，它们相互协同、相互联动，耦合促生区域自我发展能力。

目前，已有区域自我发展能力构成要素的研究基本上可以分为两种类型，即“多元主体一元能力”和“一元主体多元能力”。本书认为，由于区域是由多主体构成的多维复杂系统，因此区域自我发展能力的构成要素应为“多元主体多元能力”，包括：居民素质技能、企业创新能力、产业竞争能力、政府调控能力。

1. 居民素质技能

居民素质技能的提高是生成区域自我发展能力的前提条件。居民素质技能包括：身体素质、技术素质、精神文化素质三个层面或环节，其中，身体素质是基础，技术素质是主体，精神文化素质是主导。劳动者的技术素质包括技术和经营管理的能力。随着社会分工和产业发展，劳动者技术素质的层次也越来越突出。只有个人技术素质的提高，才有企业的创新与产业的发展，而后者又促进了技能素质的提高。技术素质的提高，又为新行业、新产业的出现和发展提供了基本条件。技术素质提高，带动身体素质和精神文化素质的提高。民族地区经济的发展水平尚处于较低的阶段，这决定了民族人口素质的状况也处于较低的发展水平。从我国少数民族地区个人素质而言，不论是身体素质、技术素质还是精神文化素质都存在许多与现代化大生产不相适应之处。较低的少数民族地区劳动者素质又阻碍和制约了民族经济的进一步发展①。

2. 企业创新能力

企业创新能力是生成区域自我发展能力的基本手段。创新是企业转型产品升级的动力，亦是区域经济发展方式转变、区域产业结构优化升级的关键。区域要获得持续发展必须走依靠自身能力、合理利用外力、逐渐培育自身市场竞争能力和自主创新能力的“内生式”自我发展道路。

3. 产业竞争能力

区域产业发展能力是生成区域自我发展能力的根本途径。已有的成果对自我发展能力的理论和实践研究做出了贡献，但鲜有从产业角度去研究自我发展能力。

产业发展在区域经济中具有重要地位。区域产业发展包括区域产业结构的升级、区域产业组织的优化、主导产业科学选择与合理定位等。如果说第一轮西部大开发解决了西部地区经济社会发展的支撑能力问题的话，那么第二轮西部大开发就应该把产业发展放在核心位置。开发重点是加快发展优势特色产业和推进产业集群。

---

① 王玉芬．内生拓展——中国少数民族经济发展的理念、根据、条件、战略［M］．北京：中央民族大学出版社，2006：112.

4. 政府调控能力

地方政府调控能力是生成区域自我发展能力的重要保障。在任何经济中政府本身是最重要的制度①。政府制度创新处于核心地位，通常是交易成本最低的创新形式。政府作为制度的化身是一种最为关键的生产性资源，它是制度载体和基本的存在形式，其制度供给的低效或不足直接关系到国家的兴衰。

民族地区的经济发展与当地政府的制度创新能力密不可分。地方政府是国家宏观经济政策的执行者，是当地社会经济活动的主要组织者，也是制度创新的推动者和实施者。制约西部民族地区经济发展的重要约束条件是各级地方政府制度创新能力不足。

二、区域自我发展能力生成机制

机制是事物各部分（要素）之间的结构关系及协调运行方式。区域自我发展能力生成是一个漫长而复杂的过程，不可能一蹴而就，经由生成动力、生成条件和影响因素相互协调运作，形成有机整体。

（一）区域自我发展能力生成主体

贾高建（2001）认为一切发展都必须有特定的事物作为自己的主体。脱离了主体的“发展”是没有实质意义的。区域自我发展的目的是人，最终是要实现人的发展。而人自身又是人类实现发展的最主要工具，发展依赖于人将客体世界“主体化”的能力。区域自我发展能力生成的主体包括：个人、企业、政府。

（二）区域自我发展能力生成动力

约瑟夫·熊彼特指出发展不是从外部强加的，而是从内部自行发生变化。习近平总书记在深度贫困地区脱贫攻坚座谈会上指出扶贫要同“扶志”相结合。没有贫困地区和贫困群众脱贫致富的内在动力，仅靠外部帮扶，帮扶再多，也不能从根本上解决问题。居民、企业、政府等区域主体源自内在的脱贫致富强烈愿望和自发内生动力是区域自我发展能力生成的根本动力。中央政府扶持、对口支援、东西部扶贫协作等区域协调发展战略措施构成了区域自我发展能力生成的外生动力。内生动力和外生动力共同推进区域自我发展能力生成。内生动力是外生

① 林毅夫．自生能力、经济发展与转型：理论与实践［M］．北京：北京大学出版社，2004：10.

动力发挥强大作用的内在基础。

区域自我发展能力同其他事物一样，其生成与发展同样需要动力推动或拉动，动力是某一地方形成自我发展能力，实现自我发展的本质原因。本书从内部动力和外部动力两个层面，阐述区域自我发展能力生成的动力。

1. *内部动力*

当代语境中的“发展”，它最初的概念是指社会发展，更确切地说，它最初是指西欧市民社会自我发展①的过程，也就是说，“发展”原意是指内发式的发展。19世纪苏格兰社会改良家斯迈尔斯在《自助论》一书中指出，国家富强的源泉来自于个人对勤奋和正直品行的追求，“外部对人的影响是有限的，人的发展，其动力总是从内部产生”②。亚当·斯密架构下的自由市场经济发现了内发的经济活动秩序。首先，作为内发的经济活动秩序，它是指在没有特定外界的干预下，自主地构筑市场运行过程。“看不见的手”是市场经济自我发展的形象描述。虽然市场经济是一个开放的演化过程，但外界输入的不是决定事务内部结构和功能的具体指令。其次，作为内发的经济活动秩序，它“展现文明盛衰的自我组织过程”，它揭示了一个真理：“发展”是“人类对于环境认识的变化，以及适应于这种变化的一种文明替代的选择”。最后，作为内生的、自发的经济活动秩序，它把社会进步作为关注点。斯密提出了适合于近代资本主义社会的、新的伦理学原理，他把一个和谐世界的思想扩展到了经济学领域，并指出，财富增大与道德世界的和谐以及良好的秩序密切相关，公共利益基础上的私利，是幸福的条件③。约瑟夫·熊彼特在20世纪也把“发展”界定为“内发式发展”。在《经济发展理论》中，他指出，“发展”并不是从外部强加于它的，而是从内部自行发生的变化④。而法国经济学家佩鲁在熊彼特“发展观”的基础上，把经济发展与社会相连，他指出“发展”一方面形成“增长极”，另一方面发展的效果向社会扩散，通过社会整合实现其发展效果⑤。可是，市民社会理性的自我发展，在其发展过程中却向国家理性以及权力体系转换，“发展”从“内发式”向“外发式”转换⑥。在历史学派的视野中，黑格尔的“发展”被理解为落后国家赶超发达国家的过程。法国经济学家佩鲁的“增长极”被引向单纯的经济发展。

从“发展”的原意出发，本书认为，推动某一地区发展的根本动力是内在的，进而区域自我发展能力生成的决定力量应该是内部动力。这一内部动力就

---

① 哲学家黑格尔把摧毁封建社会身份和等级制以及在市场经济发展过程中摆脱地缘、血缘束缚的市民社会的自我发展称为“发展”。

② Samuel Smiles. Salf – Help ［M］. London：J. Murray，Let ed，1956：2.

③ Adam Smith. 道德情操论 ［M］. 水田洋訳译. 筑摩書房，1973：58 – 59.

④ ［美］约瑟夫·熊彼特，经济发展理论 ［M］. 何晨等译. 北京：商务印书馆，1990：70.

⑤⑥ ［日］西川潤. 人間のために経済学 ［M］. 東京：岩波書店：2006：102.

是：区域人民日益增长的美好生活需要，对更高更好的生活质量的不懈追求。

马克思说过："人民奋斗所争取的一切都与他们的利益有关。"对整个人类社会而言，历史就是人们在为自身利益同第一自然和第二自然作斗争的过程。现代西方经济学认为，相对于有限的资源而言，人的欲望总是无穷无尽的。马斯洛指出，人的需求具有层次递进的特征。人们在满足了基本的生理需求（衣食）后便产生了第二个层次的需求，即安全需求（住房、交通工具），继而又出现人际交往的需求、受到尊重的需求以及实现人生价值的需求等。占有较多稀缺资源并有效配置能力的人，往往可以满足更高层次的需求。由此，人类社会内部产生了如何有效配置稀缺性资源的问题。欲望的无限性决定人们对更高质量生活的无限追求，这种追求内在推动区域内部人们为实现自身利益而去获取自我发展能力，以保证自身生活质量的不断提高。因此，可以说，区域内部人们对高质量生活的追求是该地区培育自我发展能力，实现自我发展的内在动力源。

综上所述，区域内主体对更高更好的生活质量的不懈追求是自我发展能力生成的内部动力。因此，需要以区域微观行为主体作为切入点分析区域自我发展能力生成的内部动力。区域内部微观行为主体包括家庭、企业、政府等，所以分析它们在区域自我发展能力生成过程中发挥的作用时，要明确在区域经济社会发展中所扮演的角色。

家庭在区域经济发展中不仅是消费者，而且也是重要生产资料——劳动力的供给者。劳动力素质的高低，直接影响着区域经济的生产效率，进一步影响着区域内部资本积累和再生产的循环是否能够顺利进行。劳动力素质又直接取决于个人的健康状况、预期寿命等，反之，具有高素质的劳动力往往能在市场经济中获取更大回报，从而可以拥有更高的社会地位和高水平的经济生活，具有较高的效用水平。因此，家庭为获取这种较高的效用，会为提高劳动力素质做出努力。劳动力整体素质的提高，则进一步推动了区域自我发展能力的形成。因此，以家庭为单位的居民素质技能的提升是区域自我发展能力生成的内部动力之一。

企业是区域经济发展中最重要的组成单元之一。盈利性是企业的本质特征，确保技术的领先是其盈利性的基本保障，而技术地位的领先又来源于企业自身的技术创新。反之，企业不断地进行技术创新，获得超额利润，增大了资本积累和扩大再生产的可能性。区域内部所有企业，都在技术创新中获得超额利润，大规模地进行扩大再生产，则会表现出区域性经济扩张，这种源自区域系统内部的经济发展就是区域自我发展。因此，区域内部企业技术创新也是区域自我发展能力生成的内部动力之一。

地方政府不断转变政府职能，提供优质公共服务，为本土经济发展创造良好的环境，有利于促进有竞争力的企业涌入，不断扩大区域内部资本积累和企业创新，也有利于区域内部居民素质技能的提高和产业经济结构的优化升级，有利于区域自我发展能力的提升。因此，地方政府服务建设同样是区域自我发展能力生成的主要内部动力之一。

从区域层面，只有各个主体的发展动力耦合协同，才能真正形成自我发展能力生成的驱动力，任何一个微观主体释放的发展动力不足，都将阻碍区域自我发展能力生成。区域主体发展的内在动力是区域自我发展能力生成的核心。

2. 外部动力

“效率”与“公平”的优先顺序一直是官方与学者争议的问题。发展经济学认为，在经济发展的初期实行以“效率”优先的非平衡发展战略是必要的，也是有意义的。平衡增长与非平衡增长是从不同角度、不同时期、不同阶段考虑问题的；不平衡增长是从资源有效配置的角度，考虑经济发展的初期，如何把有限的资源分配到最有生产潜力的部门，即联系效应最大的产业中，通过这些产业的优化发展，来解决经济发展的瓶颈问题，并通过它们的发展来带动其他产业的发展。但是经济发展进入高级阶段时，从工业化和快速发展经济的角度来看，国民经济各部门的发展需要作一定的协调，使其保持一定的均衡，因而平衡发展就成为必然。在经济发展的高级阶段，引起平衡增长可能性的正是过去不平衡增长的经历。不平衡增长目的是要实现更高层次和更高水平增长，只不过平衡增长是目标，不平衡增长是手段。新中国成立以来，中央政府在权衡我国区域发展中“效率”和“公平”优先顺序的基础上，先后实施了区域平衡发展战略、区域不平衡发展战略、区域协调发展战略和区域统筹发展战略。当前，西部民族地区整体发展水平落后，处于“一个中国、四个世界”中（胡鞍钢，2004）的“第四世界”，严重制约了国民经济的持续健康发展，协调区域发展势在必行。协调区域发展战略的实施凸显了国家在新时期、新的发展背景下对“公平”的注重。

区域自我发展能力生成的外部动力是由区域外部主体促成的，是国家区域协调发展的战略需要，将对区域自我发展能力的生成起加速或减缓作用。但是外部动力需要通过内部动力来发挥作用。在一个国家内部，促进区域自我发展能力生成的外部动力来自两个方面：一是国家中央政府的扶持政策；二是其他区域的援助政策。就西部民族地区而言，培育和提升自我发展能力已经成为当今的时代任务。国家实施西部大开发战略，推动西部地区经济社会发展，利用直接投资和政策倾斜等宏观调控手段构建西部地区产业体系，改善西部地区公共服务状况，提高人民生活水平，这些都在一定程度上促进了地区自我发展能力的生成。与此同时，科学设计激励机制，安排中东部地区对西部地区进行援助建设，改善西部地区的基础设施状况，进行直接投资带动当地经济发展，有效推动了当地自我发展能力的生成。

综上所述，区域各族人民群众对更美好生活的向往和追求，是区域自我发展能力生成的内部动力。在国家区域统筹协调发展战略部署下，中央政府扶持政策和其他地区对口支援是区域自我发展能力生成的外部动力。内部动力和外部动力是共同驱动自我发展能力生成的强大动能。

3. 动力转化机制

将区域自我发展能力生成的内部动力和外部动力转化为推动区域实现自我发展现实效力的基本机制或手段是：市场竞争和政府调控。

在经济学领域中，竞争是指经济行为主体在市场上为实现自身的经济利益而不断进行的角逐过程，是市场经济的本质特征和核心内容。在区域经济学中，市场上的竞争关系就表现为区域之间为争夺区域利益而进行的斗争。区域作为宏观行为主体，在市场竞争中面临着双重作用力：市场机会的吸引力和竞争对手的压力。在市场经济中，竞争在区域经济发展中起着基础性的协调作用。在资源存在稀缺性的情况下，竞争成为资源配置最有效率的手段。区域内部各行为主体，在市场竞争机制下为自身利益而不断提高自身对资源的配置能力，这些能力综合体现为一个地区对资源的配置能力，又由于这种能力来源于区域系统内部，因而就构成了区域自我发展能力。因此，市场竞争是区域自我发展能力生成的内部动力转化为现实能力的基本机制。

传统的西方经济学认为，当市场出现失灵时，就需要政府来进行补救。例如，传统微观经济学提出用税收、补贴、价格管制、反托拉斯法等微观经济政策来应对效率低下和分配不公等市场的微观失灵。传统的宏观经济学则提出用财政政策、货币政策、收入政策等宏观经济政策来对付经济停滞和通货膨胀等市场的宏观失灵。中央政府的宏观调控是不同于市场机制的另外一种制度安排，以人的主观能动性来影响经济发展。在政策的激励下，区域内部的微观主体会改变自己在没有这项激励条件下的行为，这有助于区域自我发展能力的生成和不断提升。

（三）区域自我发展能力生成条件

如果说，区域自我发展能力构成要素是“种子”的话，区域自我发展能力生成条件就是“气候”和“土壤”①，本书基于区域自我发展能力的概念和构成要素提出区域自我发展能力生成的条件就是区域六大资本，即物质资本、生态资本、人力资本、知识资本、金融资本和社会资本。

1. 物质资本

物质资本包括企业生产过程中的各种设备及要素。从整个社会的角度，物质

① 吴海洋．甘肃河西地区区域自我发展能力研究［D］．兰州大学博士学位论文，2011：16.

资本被界定为基础设施和固定资产两部分。一个地区经济增长的物质基础和条件就是物质资本。新古典经济增长理论认为，资本积累是推动经济增长的源泉。物质资本是其他五大资本的物质基础。

2. 生态资本

能够带来经济和社会效益的生态资源和生态环境是生态资本。其中，生态资源包括：环境资源和自然资源；生态环境包括环境质量、环境自净能力、生态潜力等内容。生态资本是一种新型的未来资本。解决环境与发展的两难矛盾，不能停留在过去道德层面和哲学范畴的规劝，只有实现生态环境资本化，才能从根本上解决生态环境问题。

3. 人力资本

人力资本是指为了增加未来效用或实现价值增值，通过有意识的投资活动而取得的、具有异质性和边际收益递增性的、依附于人身上的技能、学识、健康状况和水平的总和。内生增长理论强调人力资本对经济增长的贡献。

4. 知识资本

知识资本是各种知识资源的总称。具体包括两个方面：一是指具备和使用这些手段、方法的人，二是指能够实现价值增值的手段和方法。在知识经济快速发展的今天，知识资本被比作人力资本的核心和高级人力资本的智力资本。

5. 金融资本

金融资产是实物资产的对称，指单位或个人所拥有的以价值形态存在的资产；是一种索取实物资产的无形的权利；是一切可以在有组织的金融市场上进行交易、具有现实价格和未来估价的金融工具的总称。通常指企业的库存现金、银行存款、其他货币资金、应收账款、应收票据、贷款、其他应收款、股权投资、债权投资和衍生金融工具形成的资产等。

6. 社会资本

社会资本是指个体或团体之间的关联——社会网络、互惠性规范和由此产生的信任，是人们在社会结构中所处的位置给他们带来的资源。从其基本内涵看，社会资本是相对于经济资本和人力资本的概念，它是指社会主体（包括个人、群体、社会甚至国家）间紧密联系的状态及其特征，其表现形式有社会网络、规范、信任、权威、行动的共识以及社会道德等方面。社会资本存在于社会结构之中，是无形的，它通过人与人之间的合作进而提高社会的效率和社会整合度。

生态资本、金融资本和物质资本是区域自我发展能力得以生成的物质条件，是区域自我发展能力的基础，可视为必要条件；人力资本、知识资本、社会资本是在某种程度上通过人的全面发展体现出来的，可视为区域自我发展能力得以生成的充分条件。

（四）区域自我发展能力生成影响因素

1. 文化传统

亨廷顿曾经有这样的观点：世界上的人之所以是这样的生存状态，是这样的人，而并不同于别的人，这个“鸿沟”是由文化掘成的①。本书认为，社会文化对于一个区域自我发展能力的培育和提升具有重要的影响。可将文化对于区域自我发展能力的影响机制概括为：社会文化—人的心理特质—人的实践活动—自我（特色）发展能力。社会文化通过影响社会心理，影响人们的实践活动，进而影响着具有特色的自我发展能力培育。在全球化时代，一个地区基于独特的历史文化等非经济因素进行有特色的区域建设，越来越成为极其有效的发展资源②。

杨小柳（2010）认为，对区域文化考察的手段的外部力量十分有限，缺乏对地方性文化逻辑的探寻③。传统的经济学研究，偏重于生产要素的优化配置，忽略了在文化背景下形成的人格特点对经济行为的影响。西方主流经济学以经济人假设为前提，认为不断追求个人利益的最大化是人的一切行为目的。我国东部地区的发展以新古典经济学为理论指导，追求快速的经济增长和绩效至上。而中国的少数民族多数处于贫困落后地区，各民族有着自己独特的文化背景，在步入社会主义市场经济建设之前，是一个相对独立的空间，他们关注的主要问题是集体内部的稳定和延续。

各民族传统文化具有多元性特点，风俗习惯在一定程度上规范着人们的行为活动。例如，出于对山神的敬畏居住于西南山区的少数民族主动保护森林，有效维持当地的生态平衡。国内有学者将西部少数民族的一些传统风俗习惯解读为“市场化意识淡薄”。本书认为，这是在传统的发展观思想下产生的一种偏见或认识误区。21 世纪的发展观已由“外发式”转向“内发式”发展，由“经济人”假设向“地球环境人”假设转变。少数民族劳动者在历史以来的生产方式与自然环境的相处过程中形成的“天人合一”、崇尚“人与生态和谐共处”的习俗，与新的发展观理念相吻合，值得传承与大力弘扬，而不应否定与摒弃。

2. 区域功能

区域功能是一种空间单元划分，它基于区域差异之上。由此可以将国土面积划分为不同的类型区，用以体现不同类型区域的特殊功能。由于区域差异的原

① 罗晓梅，何关银，陈纯柱．从生存方式变革看待发展——西部生存方式变革与自我发展能力研究［M］．重庆：重庆出版社，2007：395.

② ［日］西川润．内发式发展的理论与政策［J］．林燕平译．宁夏社会科学，2009（5）：23－28.

③ 杨小柳．参与式扶贫的中国实践和学术反思——基于西南少数民族贫困地区的调查［J］．思想战线，2010（3）：103.

因，人们可以从不同的角度规定区域功能。

本书认为，区域功能对于区域自我发展能力生成的影响机制可以概括为：区域承载力—区域功能—发展模式—自我发展能力培育模式。区域的功能由其承载力决定，区域的承载力不同，区域主体功能就不同，发展模式和自我发展能力培育模式也不同。

在充分考虑了区域的多样性后，我国在“十一五”规划中提出了主体功能区规划，并对区域发展的特殊性给予了必要的关注，突出了在整个国土范围内同时实现经济增长、社会发展和生态保护三个方面的协调，突出了空间资源的互补性特征。特定区域的主体功能决定了区域自我发展的类型和区域自我发展能力的培育方式。这源于主体功能与区域自我发展能力相匹配原理。

3. 自治权利

民族区域自治制度是我国的一项基本政治制度。1984 年，我国政府颁布和实施了《中华人民共和国民族区域自治法》。首先，该法赋予少数民族地区人民享有自主管理本地区、本民族事务的政治权利。其次，该法赋予少数民族地区人民享有自主发展本地方经济事务的权利。最后，该法赋予少数民族地区人民享有自主管理和发展地方教育、科学、文化和卫生的权利。

对于区域自我发展能力的生成，赋予地方自主发展本地经济事务的权利具有重要的影响作用。众所周知，要素禀赋是经济增长的重要影响因素，而区域经济的要素禀赋又受其拥有的经济权利所制约。从某种角度讲，“经济权利”等价于“发展机会”。欠发达地区经济落后或者地区自我发展能力相对持续低落主要是由于经济权利缺失致使经济权利禀赋的数量和结构无法满足经济实力提升的要求。

4. 偶然事件

西部民族地区多处于边疆偏远地区，其特殊的地质地貌也决定了其自然灾害的频发。地震、海啸、洪水、山体滑坡、冰冻灾害等偶然性自然灾害也会对一个地区自我发展能力的产生和水平状态产生影响。例如：青海玉树地震、云南楚雄等多地地震、新疆冰冻灾害、贵州山体滑坡等均对当地的生产生活造成了较为严重的影响。自然灾害事件的发生过程往往很短暂，但其影响却是深远的，甚至可能是毁灭性的。但是，各个方面的外部力量在拯救这一地区过程中，会加强对这些地区的能力培育。

社会文化通过影响社会公众心理进而影响区域主体实践活动，最终影响区域自我发展能力培育模式。区域主体功能取决于区域环境承载力，而区域主体功能决定区域自我发展能力生成路径。区域要素禀赋的使用和处置在一定程度上受区域经济权利制约，后进地区经济权利缺失导致其自我发展能力不强。自然灾害中断或推迟区域自我发展能力生成进度，而政府、企业、个人救灾援助对重塑区域自我发展能力具有积极推动作用。

区域自我发展能力生成机制如图 3－1 所示。

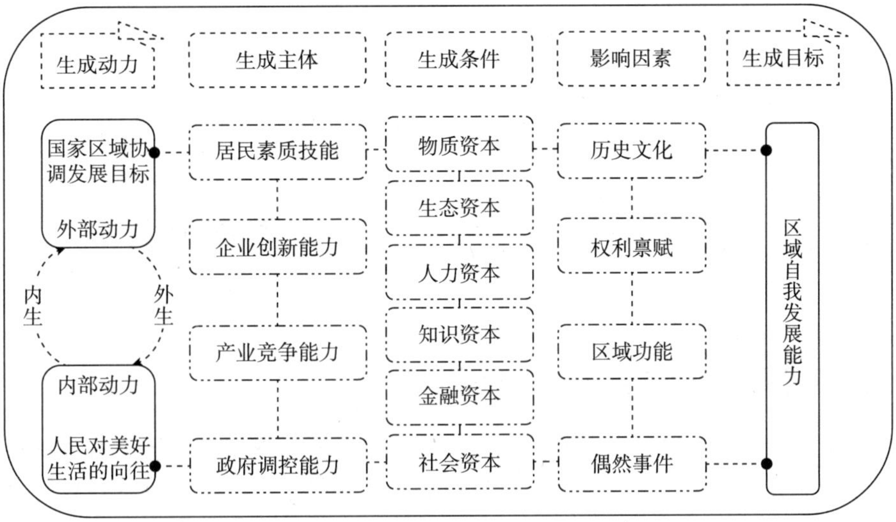

图 3－1 区域自我发展能力生成机制

第四章　区域自我发展能力评价

一、区域自我发展能力评价方法构建

（一）评价指标体系构建的指导思路

客观、准确地评价分析区域自我发展能力的关键步骤是设计一套科学合理的评价指标体系。区域自我发展能力概念特征显著，而且提升区域自我发展能力研究涉及多个社会科学领域，因此对西部民族地区自我发展能力进行定量评价是一项系统而又复杂的工程。

目前，区域自我发展能力评价方法日渐成熟，采用的方法也从早期的单一指数法，向复合指数法、多指标综合评价体系法等转变。本书认为，区域是个复合系统，反映区域自我发展能力水平及系统变化，不可能用少数几个指标就能完成，多层次、多指标、综合性评价指标体系的采用既必要，又可行。指标体系设置应当体现新发展观和新发展理念，不应仅仅局限于经济增长能力层面，更应注重区域社会、文化、生态发展的现有能力和潜在能力。不应仅仅局限于外来要素和内在要素的数量和配置能力层面，更应注重区域外来要素与内部资源融合创新的能力。设计构建一套以新发展观和新发展理念为指导，以区域自我发展能力理论分析框架为基础，实践操作性较强的区域自我发展能力评价指标体系，是客观衡量和比较西部民族地区自我发展能力水平，提供决策依据的重要环节。构建区域自我发展能力评价指标体系，应当注意以下三点要求：

（1）区域自我发展能力概念应以新的发展观和新发展理念为指导，与传统的区域经济增长能力相比，其内涵更加广泛，更加丰厚。不仅包含经济增长能力，还应包含人的全面发展能力、人与自然和谐发展能力。

（2）区域“特色”是培育区域自我发展能力的重要因素。区域自我发展能力评价指标设计，应当考量区域独特的历史文化背景与特色优势产业发展潜力。

（3）区域是由各个发展主体构成的复杂系统，其自我发展能力评价应当注重区域主体地位，将区域自我发展能力解构为居民、企业（产业）、政府等区域主体能力。

（二）评价指标体系构建原则

在不影响结论真实性的前提下，区域自我发展能力评价指标体系就是把某一特定地区自我发展推动的因素及其内在关联进行简化处理，以便覆盖尽可能多的信息，运用一些具有代表性的评价指标，形成具有可操作性的结论及决策依据。区域自我发展能力内涵丰富，并且具有自生性、内生性、协同性、综合性、动态性、阶段性、可塑性等特点。区域自我发展能力指标体系的构建需要从多主体、多领域、多个指标组成一个有机整体，而且应遵循和把握以下六个重点原则。

1. 系统性原则

区域自我发展能力是一个由居民素质技能、企业创新能力、产业竞争能力、政府调控能力构成的复合系统。评价指标体系的构建应遵循系统论思想，体现区域发展各主体间的有机联系，处理好部分与整体之间的关系。

2. 全面性原则

区域自我发展能力涉及区域内个人、企业、产业和政府等各主体。因此，在评价领域的设计和核心指标的选取方面，应遵循全面性原则，尽可能全面、完整地反映和度量区域各主体能力及区域自我发展能力的真实水平。

3. 科学性原则

进行定量分析时，相关环节所采用的方法要符合统计学等学科的科学要求。评价结果应经得起现实的检验，所建立的指标体系应符合区域自身定位及发展要求。

4. 可测性原则

由于社会统计工作发展滞后及统计口径不同，定量分析所能获得的数据往往非常有限。选取具体指标时应尽量采用统计年鉴等可靠、权威的数据来源，如有数据缺失，可借助统计软件功能弥补。

5. 可比性原则

可比性是指评价指标体系能够对全国不同地区的自我发展能力状况进行相互比较。一个地区的自我发展能力只从过去和现在来预测未来发展趋势是不完全的，需要从与其他地区的比较当中才能得出全面正确的结论。

6. 代表性原则

在选择指标时，应尽可能选择相对独立的、具有代表性的指标，指标体系力求简洁，从而在完备性的基础上增加评价的准确性和科学性。

二、评价指标体系设置

（一）评价指标体系设置依据与框架

本书在借鉴已有区域自我发展能力测度与评价研究的基础上，根据区域自我发展能力的概念、本质、特征、构成要素，围绕自我发展能力生成的主体、动力、条件、影响因素，按照系统性、科学性、全面性、可测性、可比性、代表性等原则，设置了一套三级指标评价体系。各级指标设置的依据与框架如下。

1. 一级指标设置

区域自我发展能力总指数反映区域自我发展能力的综合水平。一级指标由若干二级指标构成。

2. 二级指标设置

一个地区的自我发展能力由居民素质技能、企业创新能力、产业竞争能力、政府调控能力 4 个要素构成，因此，将上述 4 个要素设置为二级指标，构成评价指标体系的主体框架。

3. 三级指标设置

根据区域自我发展能力生成的条件和影响因素，在二级指标下设置 65 个三级指标。

居民素质技能是区域自我发展能力生成的前提条件。居民素质技能包括个人身体素质、个人技术素质、个人精神文化素质三个层面。其中，身体素质是基础，技术素质是主体，精神文化素质是主导。本书在居民素质技能二级指标下设置 15 个三级指标。

企业创新能力是区域自我发展能力生成的基本手段。按照企业能力理论，微观个体的认知能力是有限的，只有通过知识的累积才能克服这一局限性。本书在企业创新能力二级指标下设置 15 个三级指标。

产业竞争能力是区域自我发展能力生成的根本途径。产业竞争能力的评价指标包括状态指标和过程指标。状态指标是指那些反映产业竞争能力或竞争结果的静态指标。过程指标是指那些反映产业竞争力提高过程的动态指标。区域自我发展能力的提升是一个动态的、不断演进的过程，因此，本书在评价区域产业竞争能力时，选取了能够反映产业竞争能力变化趋势的动态指标。在产业竞争能力二级指标下设 19 个三级指标。

政府调控能力是区域自我发展能力生成的重要保障。在任何经济中政府本身是最重要的制度。地方政府提高政府履行职责的能力和治理水平，为区域自我发展提供所需的硬件设施和法律制度、文化软环境、区域财政能力和提供公共产品。本书在政府调控能力二级指标下设置16个三级指标。

区域自我发展能力评价指标体系如表4－1所示。

表4－1　区域自我发展能力评价指标体系

一级指标	二级指标	三级指标
区域自我发展能力（RSC）	居民素质技能（RQS）	义务教育普及率（R_1）、每十万人平均高校在校生数（R_2）、人均拥有公共图书馆藏量（R_3）、有限广播电视用户数占家庭总户数的比重（R_4）、每千人医疗卫生机构床位（R_5）、每千人卫生技术人员（R_6）、城市居民最低生活保障支出（R_7）、农村居民最低生活保障支出（R_8）、人均GDP（R_9）、城镇居民人均可支配收入（R_{10}）、农村居民人均纯收入（R_{11}）、人均公园绿地面积（R_{12}）、人均城市道路面积（R_{13}）、城市污水日处理能力（R_{14}）、城市生活垃圾无公害处理能力（R_{15}）
	企业创新能力（EIC）	规模以上工业企业R&D人员全时当量（E_1）、规模以上工业企业R&D经费（E_2）、规模以上工业企业R&D项目数（E_3）、高技术产业技术改造经费支出（E_4）、规模以上工业企业利润总额（E_5）、规模以上工业企业新产品开发项目数（E_6）、规模以上工业企业有效发明专利数（E_7）、规模以上工业企业R&D人员（E_8）、高新技术产业有研发机构的企业数（E_9）、国内三种专利申请受权数（E_{10}）、同时实现四种创新企业在全部企业中占比（E_{11}）、每百人拥有平均电话用户（E_{12}）、每百人拥有平均互联网上网人数（E_{13}）、地区科技馆数量（E_{14}）、科技馆当年参观人数（E_{15}）
	产业竞争能力（ICC）	高技术企业数（I_1）、高技术产业从业人员平均人数（I_2）、高技术产业就业人数占总就业人数的比例（I_3）、高技术产业新产品开发项目数（I_4）、高技术产业专利申请数（I_5）、高技术产业利润总额（I_6）、高技术产业有效发明专利数（I_7）、地区研究与试验发展（R&D）经费投入强度（I_8）、规模以上文化制造业企业单位数（I_9）、规模以上文化及相关产业法人单位数（I_{10}）、规模以上文化服务业年末从业人员（I_{11}）、博物馆机构数（I_{12}）、每万人拥有公共图书馆建筑面积（I_{13}）、人均拥有公共图书馆藏量（I_{14}）、参加讲座人次（I_{15}）、文化馆（站）数（I_{16}）、文化事业费占财政支出比重（I_{17}）、第二产业增加值占GDP比重（I_{18}）、第三产业增加值占GDP比重（I_{19}）

续表

一级指标	二级指标	三级指标
区域自我发展能力（RSC）	政府调控能力（GRC）	社会组织单位数（G_1）、参加失业保险人数（G_2）、城镇基本医疗保险参保人数（G_3）、外商投资企业货物进出口总额（G_4）、外商投资企业年底注册登记企业数（G_5）、农村用电量（G_6）、邮电业务总量（G_7）、地方公共一般预算收入（G_8）、社会消费品零售总额（G_9）、年末城镇人口比重（G_{10}）、基层医疗卫生机构数（G_{11}）、居民人民币储蓄存款（G_{12}）、农村居民最低生活保障人数（G_{13}）、城乡居民基本养老保险参保人数（G_{14}）、城镇登记失业率（G_{15}）、每万元GDP能耗总量（G_{16}）

（二）指标含义与数据来源

居民素质技能指标含义与数据来源如表4－2所示。

表4－2　居民素质技能指标含义与数据来源

二级指标	三级指标	指标含义	数据来源
居民素质技能	义务教育普及率（%）	（小学＋初中）人口占6岁及以上人口比重，衡量地区教育发展水平	根据2017年统计数据计算
	每十万人平均高校在校生数（人）	每十万人口中高等学校在校生人数，衡量地区教育发展情况	《中国统计年鉴》（2017）
	人均拥有公共图书馆藏量（册）	每人平均公共图书馆藏书数量，衡量地区文化发展水平	《中国统计年鉴》（2017）
	有限广播电视用户数占家庭总户数的比重（%）	安装有限广播电视用户占家庭总户数的比重，衡量地区文化传媒发展水平	《中国统计年鉴》（2017）
	每千人医疗卫生机构床位（张）	每千人口医疗卫生机构床位，衡量地区医疗卫生设施水平	《中国统计年鉴》（2017）
	每千人卫生技术人员（人）	每千人口卫生专业人员数，衡量地区医疗卫生技术水平	《中国统计年鉴》（2017）
	城市最低生活保障支出（元/人·月）	当地政府或集体给予家庭平均收入在当地规定的最低生活保障线以下的城市居民的支出，衡量社会保障与救助情况	《中国统计年鉴》（2017）
	农村最低生活保障支出（元/人·年）	当地政府或集体给予家庭平均收入在当地规定的最低生活保障线以下的农村居民的支出，衡量社会保障与救助情况	《中国统计年鉴》（2017）

续表

二级指标	三级指标	指标含义	数据来源
居民素质技能	人均 GDP（元）	按地区年末常住人口平均的地区国内生产总值，衡量地区富裕程度和生活水平	《中国统计年鉴》（2017）
	城镇居民可支配收入（元）	城镇居民可用于最终消费支出和储蓄的总和，衡量城镇居民消费与储蓄能力	《中国统计年鉴》（2017）
	农村居民可支配收入（元）	农村居民可用于最终消费支出和储蓄的总和，衡量农村居民消费与储蓄能力	《中国统计年鉴》（2017）
	人均公园绿地面积（平方米）	报告期末用作园林和绿化的各种人均绿地面积，衡量城市市政建设水平	《中国统计年鉴》（2017）
	人均城市道路面积（平方米）	道路面积与道路相通的桥梁、隧道面积，衡量城市市政建设水平	《中国统计年鉴》（2017）
	城市污水日处理能力（万立方米）	污水处理厂每昼夜处理污水量的设计能力，衡量城市市政设施水平	《中国统计年鉴》（2017）
	城市生活垃圾无公害处理能力（吨/日）	垃圾处理厂每昼夜处理生活垃圾量的设计能力，衡量市容环境和卫生情况	《中国统计年鉴》（2017）

企业创新能力指标含义与数据来源如表 4－3 所示。

表 4－3 企业创新能力指标含义与数据来源

二级指标	三级指标	指标含义	数据来源
企业创新能力	规模以上工业企业 R&D 人员全时当量（人年）	年主营业务收入在 2000 万元以上的工业企业研发人员的数量，衡量企业创新管理能力	《中国科技统计年鉴》（2017）
	规模以上工业企业 R&D 经费（万元）	年主营业务收入在 2000 万元以上的工业企业研发经费支出，衡量企业创新资源投入能力	《中国科技统计年鉴》（2017）
	规模以上工业企业 R&D 项目数（项）	年主营业务收入在 2000 万元以上的工业企业研发项目数，衡量企业知识创造获取能力	《中国科技统计年鉴》（2017）
	高技术产业技术改造经费支出（万元）	国民经济行业中 R&D 投入强度相对较高的制造业行业技术改造经费支出，衡量企业知识创造获取能力	《中国科技统计年鉴》（2017）
	规模以上工业企业利润总额	年主营业务收入在 2000 万元以上的工业企业年利税，衡量规模以上工业企业绩效	《中国科技统计年鉴》（2017）
	规模以上工业企业新产品开发项目数（项）	年主营业务收入在 2000 万元以上的工业企业新产品开发项目数，衡量企业创新能力基础	《中国科技统计年鉴》（2017）

续表

二级指标	三级指标	指标含义	数据来源
企业创新能力	规模以上工业企业有效发明专利数（项）	年主营业务收入在2000万元以上的工业企业发明、实用新型、外观设计三种发明创造的有效数，衡量企业创新能力基础	《中国科技统计年鉴》（2017）
	规模以上工业企业R&D人员	年主营业务收入在2000万元以上的工业企业研发人员数，衡量企业知识创造获取能力	《中国科技统计年鉴》（2017）
	高新技术产业有研发机构的企业数（个）	国民经济行业中R&D投入强度相对较高的制造业行业有研发机构的企业数，衡量企业知识创造获取能力	《中国统计年鉴》（2017）
	国内三种专利申请受权数（项）	发明、实用新型、外观设计三种发明创造的申请受权数，衡量地区产业创新水平	《中国科技统计年鉴》（2017）
	同时实现四种创新企业在全部企业中占比（%）	同时实现产品创新、工艺创新、组织创新、营销创新企业在全部企业中所占比例，衡量企业知识创造获取能力	《中国科技统计年鉴》（2017）
	每百人平均电话用户（户/百人）	每百人平均电话用户数，衡量企业创新资源投入能力	《中国区域创新能力报告》（2017）
	每百人平均互联网上网人数（人/百人）	每百人平均互联网上网人数，衡量企业创新资源投入能力	《中国区域创新能力报告》（2017）
	科技馆数量（个）	报告期科技馆数量，衡量企业创新管理能力	《中国科技统计年鉴》（2017）
	科技馆当年参观人数（万人次）	报告期科技馆参观人数，衡量企业创新管理能力	《中国科技统计年鉴》（2017）

产业竞争能力指标含义与数据来源如表4-4所示。

表4-4 产业竞争能力指标含义与数据来源

二级指标	三级指标	指标含义	数据来源
产业竞争能力	高技术企业数（个）	一个地区高技术企业的数量，衡量地区创业水平	《中国科技统计年鉴》（2017）
	高技术产业从业人员平均人数（人）	国民经济行业中R&D投入强度相对较高的制造业行业从业人员平均人数，衡量高技术产业规模	《中国高技术产业统计年鉴》（2017）

续表

二级指标	三级指标	指标含义	数据来源
产业竞争能力	高技术产业就业人数占总就业人数的比例（%）	国民经济行业中 R&D 投入强度相对较高的制造业行业就业人数占比，衡量高技术产业发展规模	《中国高技术产业统计年鉴》（2017）
	高技术产业新产品开发项目数（项）	国民经济行业中 R&D 投入强度相对较高的制造业行业新产品开发项目数，衡量高技术产业创新能力	中国高技术产业统计年鉴（2017）
	高技术产业专利申请数（件）	国民经济行业中 R&D 投入强度相对较高的制造业行业申请专利数，衡量高技术产业创新水平	《中国高技术产业统计年鉴》（2017）
	高技术产业利润总额（亿元）	国民经济行业中 R&D 投入强度相对较高的制造业行业利税，衡量高技术产业绩效	中国高技术产业统计年鉴（2017）
	高技术产业有效发明专利数（件）	发明、实用新型、外观设计三种发明创造的有效数，衡量地区产业创新水平	《中国科技统计年鉴》（2017）
	地区研究与试验发展（R&D）经费投入强度（%）	R&D 经费支出与 GDP（地区生产总值）之比，衡量地区科技经费投入力度	《中国高技术产业统计年鉴》（2017）
	规模以上文化制造业企业单位数（个）	为社会公众提供文化产品和文化相关产品的生产活动的法人单位，衡量地区文化产业创新水平	《中国科技统计年鉴》（2017）
	规模以上文化及相关产业法人单位数（个）	为社会公众提供文化产品和文化相关产品的生产活动的法人单位数，衡量地区文化产业发展规模	《中国文化及相关产业统计年鉴》（2017）
	规模以上文化服务业企业年末从业人员（人）	规模以上文化服务企业年底从业人员，衡量地区文化产业发展规模	《中国文化及相关产业统计年鉴》（2017）
	博物馆机构数（个）	地区博物馆机构数，衡量地区文化遗产保护服务功能	《中国文化及相关产业统计年鉴》（2017）
	每万人拥有公共图书馆建筑面积（平方米）	地方财政支出中用于文化体育与传媒业发展的支出，衡量地方文化产业发展投入	《中国文化及相关产业统计年鉴》（2017）
	人均拥有公共图书馆藏量（册）	地区博物馆机构数，衡量地区文化遗产保护服务功能	《中国文化及相关产业统计年鉴》（2017）
	参加讲座人次（万人次）	报告期第二产业增加值占国内生产总值增加值比重，衡量地区第二产业贡献率	《中国统计年鉴》（2017）

续表

二级指标	三级指标	指标含义	数据来源
产业竞争能力	文化馆（站）数（个）	报告期第三产业增加值占国内生产总值增加值比重，衡量地区第三产业贡献率	《中国统计年鉴》（2017）
	文化事业费占财政支出比重（%）	文化事业经费支出占财政支出比重，衡量地区文化产业竞争能力	《中国文化及相关产业统计年鉴》（2017）
	第二产业增加值占GDP比重（%）	报告期第二产业增加值占国内生产总值增加值比重，衡量地区第二产业贡献率	《中国统计年鉴》（2017）
	第三产业增加值占GDP比重（%）	报告期第三产业增加值占国内生产总值增加值比重，衡量地区第三产业贡献率	《中国统计年鉴》（2017）

政府调控能力指标含义与数据来源如表4－5所示。

表4－5　政府调控能力指标含义与数据来源

二级指标	三级指标	指标含义	数据来源
政府调控能力	社会组织单位数（个）	社会团体、民办非企业单位、基金会等组织机构数，衡量社会服务情况	《中国统计年鉴》（2017）
	参加失业保险人数（万人）	报告期末按照国家法律法规和有关政策规定参加了失业保险的城镇企业、事业单位的职工及地方政府规定参加失业保险的其他人员的人数，衡量社会保障情况	《中国统计年鉴》（2017）
	基本医疗保险参保人数（万人）	参加基本医疗保险人数，衡量城镇社会保障情况	《中国统计年鉴》（2017）
	外商投资企业货物进出口总额（万美元）	外国投资者在我国境内以现金、实物、无形资产、股权等形式投资设立的企业实际进出我国国境的货物总金额，衡量利用外资情况	《中国统计年鉴》（2017）
	外商投资企业年底注册登记企业数（户）	报告期外国投资者在我国境内以现金、实物、无形资产、股权等形式投资设立的企业注册登记数，衡量利用外资情况	《中国统计年鉴》（2017）
	农村用电量（亿千瓦时）	报告期农村用电量，衡量农村发展水平	《中国统计年鉴》（2017）
	邮电业务总量（亿元）	以货币形式表现的邮电企业为社会提供各类邮电通信服务的总数量，衡量邮电业务发展变化总趋势	《中国统计年鉴》（2017）

续表

二级指标	三级指标	指标含义	数据来源
政府调控能力	地方一般公共预算收入（亿元）	国家财政参与社会产品分配所取得的收入，衡量国家实行职能的财力保证	《中国统计年鉴》（2017）
	社会消费品零售总额（亿元）	企业通过交易直接售给个人、社会团体非生产、非经营用的实物商品金额，衡量地区商品交易零售市场情况	《中国统计年鉴》（2017）
	年末城镇人口比重（%）	年末城镇人口占总人口数比重，衡量地区城市化水平	《中国统计年鉴》（2017）
	基层医疗卫生机构（个）	乡镇卫生院、社区卫生服务中心床位数，衡量基层卫生设施水平	《中国统计年鉴》（2017）
	居民人民币储蓄存款（亿元）	全部金融机构本币各项存款余额，衡量国家积聚大量建设资金和调节货币流通能力	《中国社会统计年鉴》（2017）
	农村居民最低生活保障人数（万人）	在建立农村最低生活保障制度的地区，报告期末得到当地政府或集体给予最低生活保障的农业人口家庭人数，衡量农村社会救助情况	《中国统计年鉴》（2017）
	城乡居民基本养老保险参保人数（万人）	报告期末，参加城乡居民养老保险的总人数，衡量政府公共管理、社会保障和社会组织情况	《中国统计年鉴》（2017）
	城镇登记失业率（%）（负向）	可持续发展驱动力指标，衡量地区就业水平	《中国统计年鉴》（2017）
	每万元GDP能耗总量（吨标准煤）（负向）	可持续发展驱动力指标，衡量能源利用效率	《中国统计年鉴》（2017）

（三）样本处理

由于各四级指标（基础指标）的量纲量级不同，所以在进行因子分析之前，需要进行无量纲化处理，本文采用标准化处理①。“城镇登记失业率”“每万元GDP能耗总量”等负向指标进行取倒数形式处理。缺失数据，利用SPSS软件“替换缺失值”功能估值或替代。

① SPSS在调用因子分析过程进行分析时，首先会自动对原始变量进行标准化。

三、评价方法

（一）因子分析法

1. 因子分析法基本思想

因子分析法由查尔斯·斯皮尔曼（Charles Spearman）提出。因子分析法利用降维的思想，由研究原始变量相关矩阵内部的依赖关系出发，把一些具有错综复杂关系的变量归结为少数几个综合因子的一种多变量统计分析方法。基本思想是根据相关性大小把原始变量分组，使同组内的变量之间的相关性较高，而不同组的变量间的相关性较低。每组变量代表一个基本结构，并用一个不可观测的综合变量表示，这个基本结构就称为公共因子。对于所研究的某一具体问题，原始变量就可以分解成两部分之和的形式，一部分是少数几个不可观测的所谓公共因子的线性函数，另一部分是与公共因子无关的特殊因子。这一过程也就是从一些错综复杂的经济现象中找出少数几个主要因子，每一个主要因子就代表经济变量间相互依赖的一种经济作用。抓住这些主要因子就可以对复杂的经济问题进行分析和解释。

2. 采用因子分析方法的原因

采用多指标（因素）分析，必然涉及各种指标权重设定问题。目前国内外提出的确定权重的方法有许多种，总体上可归为三大类：①主观赋权法，是由相关专家学者根据经验确定不同指标的权重。包括有：德尔菲（Delphi）法、层次分析法（AHP）、模糊综合评判法、专家问卷调查法等。这类方法使用时间较长，应用较为广泛，但客观性相对较差，主要是基于主观判断。②客观赋权法，是用指标之间的相关性或各指标的变异系数来确定权重。包括：因子分析法、主成分分析法、最大熵计数法、最小二乘法、变异系数法、最大离差法、熵值赋权法等。该方法在很大程度上可以避免人为因素影响，利用客观数据资料进行赋权，工作量相对较小。缺点是难以体现指标本身的相对重要性。③主客观综合集成赋权法，既反映主观权重又反映客观权重。

为了更全面、准确地反映事物的特征及其本质规律，在对某一事物进行实证研究时，人们往往把与某一研究问题相关而可能得到的指标（变量）都纳入分析过程。由于各指标均是同一事物的反映，众多变量之间有一定的相关性，从而导致信息重叠，甚至抹杀事物的本质特征。而众多因素中必然存在起支配作用的共同因素。基于上述问题，人们希望用少数几个主成分（公因子）浓缩所有有用信息，起到降维与简化的作用。

区域自我发展能力一级指标由居民素质技能、企业创新能力、产业竞争能力、政府调控能力4个二级指标构成，每个二级指标设定若干个三级指标，即基础指标。各经济主体从微观到中观，再到宏观层面反映区域自我发展能力综合水平。考虑到区域自我发展能力指标体系多层次、多指标、全方位的特点，本书认为，采用多指标综合评价方法对以发展为主题的区域自我发展能力综合水平进行评价较为合理。由于主观赋权法主要是基于主观判断，指标权重的客观性相对较差，故采用客观赋权法。基于对多指标进行降维处理的需要，采用目前应用较为广泛的主成分分析法和因子分析法。

3. 因子分析法评价步骤

（1）选取原始变量（指标）。

原始变量的选取原则，与所采用的定量分析方法关系不大，主要根据研究目的与定量评价所依据的概念或理论基础而定。

假定有 n 个区域，有 p 个指标反映某一区域特征，表示为矩阵（见表4－6）：

表4－6　原始变量矩阵

指标 样本	x_1	x_2	…	x_j	…	x_p
1	x_{11}	x_{12}	…	x_{1j}	…	x_{1p}
2	x_{21}	x_{22}	…	x_{2j}	…	x_{2p}
⋮	⋮	⋮	⋮	⋮	⋮	⋮
i	x_{i1}	x_{i2}	…	x_{ij}	…	x_{ip}
⋮	⋮	⋮	⋮	⋮	⋮	⋮
n	x_{n1}	x_{n2}	…	x_{nj}	…	x_{np}

这 p 个指标反映了 n 个地区间的差异。为了简化分析，从 p 个指标中提取出 m（$m<p$）个公因子，使 m 个公因子仍能保持原来的 p 个指标所反映的大部分信息。

（2）对原始变量（指标）进行无量纲化处理，采用标准化处理。

标准化方法（Z Scores）：把数值标准化到Z分数。公式是：

$$x'_{ij}=\frac{(x_{ij}-\bar{x}_j)}{\sigma_j} \tag{4-1}$$

若 $\sigma_j=0$，令 $x'_{ij}=0$，变换后数值的均值为0，标准差为1。

其中，$\bar{x}_j$ 为算术平均数；σ_j 为标准差。

（3）提取公因子，求取因子载荷矩阵。

公因子提取个数通常以所取 m，使累计方差贡献率达到85%以上为宜，即：

$$\sum_{i=1}^{m}\lambda_i(\sum_{i=1}^{p}\lambda_i)^{-1}\geqslant 85\%$$

第 k 个公因子的方差贡献率为：$\alpha_k=\lambda_k(\sum_{i=1}^{p}\lambda_i)^{-1}$（$\lambda_k$：第 k 个公因子的特征值）对原始变量进行标准化处理后，形成以下模型：

$$\begin{aligned}x_1&=a_{11}F_1+a_{12}F_2+\cdots+a_{1m}F_m+\varepsilon_1\\x_2&=a_{21}F_1+a_{22}F_2+\cdots+a_{2m}F_m+\varepsilon_2\\&\vdots\\x_p&=a_{p1}F_1+a_{p2}F_2+\cdots+a_{pm}F_m+\varepsilon_p\end{aligned}\tag{4-2}$$

上述模型称为因子模型。其中：x 为标准化后的新变量，$x=(x_1, x_2, \cdots x_p)'$；$F$ 为公因子，$F=(F_1, F_2, \cdots F_m)'$。

由公因子的系数组成的矩阵 A 为因子载荷矩阵，矩阵 A 中的元素 a_{ij} 为因子载荷。

$$A=\begin{bmatrix}a_{11}&a_{12}&\cdots&a_{1m}\\a_{21}&a_{22}&\cdots&a_{2m}\\\cdots&\cdots&\cdots&\cdots\\a_{p1}&a_{p2}&\cdots&a_{pm}\end{bmatrix}$$

SPSS提供了七种因子载荷矩阵求解法，分别为：Principal Components 主成分分析、Maximum Likelihood 最大似然法、Unweighted Least Squares 普通最小二乘法、Principal Axis Factoring 主轴因子法、Generalized Least Squares 广义最小二乘法、Image Factoring 映像分析法、Alpha Factoring 因子提取法。

（4）对公因子赋予实际意义，若解释性不好则进行因子旋转①。

为了掌握每一个公因子的实际意义，以便对现实问题进行分析，在得到的初始因子意义含糊不清的情况下，有必要对初始公因子进行旋转，即线性组合，以找到更具有实际意义的公因子。

SPSS采用的因子旋转方式有四种，分别为：Varimax 方差最大法、Equamax 等量最大法、Quartinax 四次方最大法、Direct Oblimin 斜交旋转。

（5）计算公因子的权重。

此处，以旋转后各因子的方差贡献率除以全部公因子总方差贡献率作为权

① 不管用何种方法确定初始因子载荷矩阵 A，它们都不是唯一的，由初始公因子 $F=(F_1, F_2, \cdots F_m)$ 的线性组合可得到无数组新的公因子。因子旋转在几何上相当于将因子空间的坐标轴旋转，通过正交或斜交旋转使新的因子载荷系数要么尽可能地接近于0，要么尽可能地远离0，以利于因子意义的解释。

重。公式是：

$$W_i = \lambda_i\left(\sum_{i=1}^{m}\lambda_i\right)^{-1} \tag{4-3}$$

（6）计算因子得分。

在因子模型中，公因子是不可观测的隐变量，且公因子的个数少于原始变量的个数，载荷矩阵 A 不可逆，因此无法直接求得用原始变量表示的公因子精确线性组合。解决的方法是，通过回归分析法计算出 F 的估计值。公式是：

$$F_j = \beta_{j1}x_1 + \beta_{j2}x_2 + \cdots + \beta_{jp}x_p，(j=1，2，\cdots，m) \tag{4-4}$$

SPSS 软件中，通过因子载荷矩阵计算因子得分的方法有三种：Regreession 回归法、Bartlett 法、Anderson – Rubin 法。

（7）计算综合评价值。公式是：

$$F = W_1F_1 + W_2F_2 + \cdots + W_mF_m \tag{4-5}$$

（二）聚类分析法

1. 聚类分析法及其思想

在社会、经济、人口研究中，存在着大量分类研究、构造分类模式的问题。过去人们主要靠经验和专业知识做定性分类处理，致使许多分类带有主观性和任意性，不能很好地揭示客观事物内在的本质差别和联系，特别是对于多因素、多指标的分类问题，定性分析更难以实现准确分类。为了克服定性分类时存在的不足，统计学逐渐被引入分类学中。聚类（分类）是多元统计方法的一种类型，聚类分析将个体或对象分类，使得同一类中的对象之间的相似性比与其他类的对象的相似性更强。目的在于使类间对象的同质性最大化和类与类间对象的异质性最大化。是指按照某种准则（方法）对一组变量或样本进行分类。这样做的目的是将数量繁多的变量或样本简化并归为少数几类，再通过分析这些少数几个类型之间的联系与区别，提炼出一些规律，以便解决问题。聚类分析可以用类对样品进行分类，也可以用来对变量进行分类。对样品的分类称为 Q 型聚类分析、对变量的分类称为 R 型聚类分析。

2. 聚类分析法（层次聚类）评价步骤

聚类分析方法，有迭代聚类法（Iterative Cluster Pro – cedures）、层次聚类法（Hierarchical Cluster Procedures）、快速聚类法（K – Means Cluster Procedures）等。层次聚类（系统聚类）法是这些方法中最常用的，包括“原始数据处理”“相似性测度”“求新类相似性”等步骤。

（1）原始数据的测量尺度。

对于聚类所使用的原始数据，按测量尺度不同一般分为三类：间隔尺度、有序尺度、名义尺度。

（2）原始数据的无量纲化。

通过数据变换，进行无量纲化变换。

（3）原始数据的无量级化。

主要数据变换方法有：标准化方法（Z Scores）、正负1范围法（Range -1 to 1）、正规化方法（Range 0 to 1）、最大值方法（Maximum Magnitude of 1）、均值化方法（Mean of 1）、标准差方法（Standard Deviation to 1）、中心化方法、对数化方法。

（4）相似性测度方法。

相似性测度是指，确定样本之间相似程度的方法，主要分为距离测度和相关测度两类。相关测度方法有：夹角余弦（Cosine）、相关系数（Pearson Correlation）。距离测度方法有：定制距离（Customized Distance）、兰氏距离（Lance Distance）、明考夫斯基距离（Mincowski Distance）、切比雪夫距离（Chebychev Distance）、欧式距离（Euclidean Distance）、绝对值距离（Block Distance）、马氏距离（Mahalanobis Distance）、平方欧式距离（Squared Euclidean Distance）。

（5）求新类相似性的方法。

假定p类与q类合并，合并后的新类叫作r类，则r类与i类的相似性（距离）为：组间连接法（Between - Groups Linkage）、组内连接法（Within - Groups Linkage）、最短距离法（Nearest Neighbor）、最长距离法（Furthest Neighbor）、重心聚类法（Centroid Clustering）、中位数法（Median Clustering）、离差平方和法（Ward's Method）。

四、中国区域自我发展能力评价

（一）中国区域自我发展能力评价

依据因子分析法，整理录入《中国统计年鉴（2017）》《中国科技统计年鉴（2017）》《中国高新技术产业统计年鉴（2017）》《中国文化及相关产业统计年鉴（2017）》《中国社会统计年鉴（2017）》《中国区域创新能力报告（2016）》等统计年鉴、统计报告相关数据，利用SPSS21.0软件提取居民素质技能（RQS）、企业创新能力（EIC）、产业竞争能力（ICC）、政府调控能力（GRC）等二级指标下设置的65个三级指标（变量）公因子，求取旋转后因子载荷矩阵，解释因子含义。

1. 居民素质技能

（1）原始数据。

依据前文所构建的理论分析框架中区域自我发展能力生成条件和影响因素及数据资料的可获得性，在居民素质技能（RQS）二级指标下选取了能够反映区域教育文化水平及收入保障程度、居民居住环境质量、市政设施建设水平、健康医疗保障水平的15个三级指标。分别为R1：义务教育普及率；R2：每十万人平均高校在校生数；R3：人均拥有公共图书馆藏量；R4：有限广播电视用户数占家庭总户数的比重；R5：每千人医疗卫生机构床位；R6：每千人卫生技术人员；R7：城市居民最低生活保障支出；R8：农村居民最低生活保障支出；R9：人均GDP；R10：城镇居民人均可支配收入；R11：农村居民人均纯收入；R12：人均公园绿地面积；R13：人均城市道路面积；R14：城市污水日处理能力；R15：城市生活垃圾无公害处理能力（见附表1－1）。

（2）提取公因子，求取因子载荷矩阵并旋转。

将居民素质技能（RQS）下设置的15个三级指标相应的原始数据导入到SPSS软件，按照主成分分析法，依据特征根大于1的原则提取4个公因子。前四个公因子的方差百分比分别为54.596%、15.063%、8.705%、7.952%，其累计方差贡献率为86.315%，说明前4个因子解释了全部方差的86.315%，即包含原始变量的信息总量达到86.315%。以前4个因子代表原有15个指标评价区域居民素质技能已经有足够把握。居民素质技能（RQS）指标因子解释的总方差如表4－7所示。

表4－7 居民素质技能（RQS）指标因子解释的总方差

成分	初始特征值			提取平方和载入			旋转平方和载入		
	合计	方差百分比（%）	累计方差贡献率（%）	合计	方差百分比（%）	累计方差贡献率（%）	合计	方差百分比（%）	累计方差贡献率（%）
1	8.189	54.596	54.596	8.189	54.596	54.596	7.517	50.115	50.115
2	2.259	15.063	69.659	2.259	15.063	69.659	2.501	16.673	66.788
3	1.306	8.705	78.364	1.306	8.705	78.364	1.616	10.774	77.562
4	1.193	7.952	86.315	1.193	7.952	86.315	1.313	8.754	86.315
5	0.617	4.114	90.429						
6	0.440	2.933	93.362						
7	0.293	1.952	95.314						
8	0.269	1.795	97.110						
9	0.130	0.864	97.974						
10	0.100	0.669	98.643						

续表

成分	初始特征值			提取平方和载入			旋转平方和载入		
	合计	方差百分比（%）	累计方差贡献率（%）	合计	方差百分比（%）	累计方差贡献率（%）	合计	方差百分比（%）	累计方差贡献率（%）
11	0.071	0.472	99.115						
12	0.056	0.376	99.491						
13	0.033	0.219	99.710						
14	0.026	0.173	99.883						
15	0.017	0.117	100.000						

为了便于分析，采用 Varimax 方差最大化正交旋转后，将各列载荷系数按数大小进行排列。输出结果如表 4-8 所示。

表 4-8 居民素质技能（RQS）指标旋转后因子载荷矩阵[a]

指标	公因子			
	F_1	F_2	F_3	F_4
R_8	0.970	0.050	-0.080	-0.021
R_7	0.936	0.048	-0.137	-0.183
R_9	0.903	0.313	0.036	-0.066
R_{10}	0.886	0.345	-0.129	0.005
R_1	-0.878	0.054	0.094	0.006
R_{11}	0.846	0.405	-0.154	-0.111
R_4	0.826	0.472	-0.005	-0.112
R_2	0.788	0.043	0.060	0.164
R_6	0.751	0.061	0.148	0.511
R_3	0.741	0.145	-0.397	-0.066
R_{14}	0.157	0.960	0.080	0.005
R_{15}	0.180	0.955	0.160	0.019
R_{12}	0.064	0.133	0.894	0.099
R_{13}	-0.335	0.106	0.720	-0.284
R_5	-0.152	-0.001	-0.086	0.931

注：提取方法为主成分分析法。旋转法为具有 Kaiser 标准化的正交旋转法。a 表示旋转在 6 次迭代后收敛。

由表4－8的结果，原始变量 R_1 可由各因子表示为：

$$R_1 = (-0.878) \times F_1 + 0.054 \times F_2 + 0.094 \times F_3 + 0.006 \times F_4 \quad (4-6)$$

原始变量 R_2 可由各因子表示为：

$$R_2 = 0.788 \times F_1 + (0.043) \times F_2 + 0.060 \times F_3 + 0.164 \times F_4 \quad (4-7)$$

…

其余以此类推。

（3）因子含义解释。

居民素质技能（RQS）指标旋转后因子载荷矩阵显示：公因子 F_{11} 在 R_8、R_7、R_9、R_{10}、R_1、R_{11}、R_4、R_2、R_6、R_3 上载荷值较大。R_1、R_2 反映区域教育发展程度，R_6 反映区域人口健康素质，R_3、R_4 反映区域文化素质水平，R_9、R_{10}、R_{11} 反映区域居民收入和富裕程度，R_7、R_8 反映区域社会保障与救助情况，因而 F_{11} 为反映区域教育文化水平及收入保障程度的公因子；公因子 F_{12} 在 R_{14}、R_{15} 上载荷值较大。R_{14}、R_{15} 反映区域市容环境，因而 F_{12} 为反映区域居住环境质量的公因子；公因子 F_{13} 在 R_{12}、R_{13} 上载荷值较大。R_{12}、R_{13} 反映区域市政设施水平，因而 F_{13} 为反映区域市政设施建设水平的公因子；公因子 F_{14} 在 R_5 上载荷值较大。R_5 反映区域医疗卫生设施水平，因而 F_{14} 为反映区域健康医疗保障水平的公因子。

（4）计算因子得分。

采用 Regreession 回归法，求出公因子用原始变量线性表示的线性组合系数估计值，得到各公因子 F_1、F_2、F_3、F_4 的值。以旋转后各因子的方差百分比除以4个公因子总方差贡献率作为权重，进行加权汇总，得出各地区居民素质技能（RQS）综合得分 F，即

$$F = \frac{(50.115 \times F_1 + 16.673 \times F_2 + 10.774 \times F_3 + 8.754 \times F_4)}{86.315} \quad (4-8)$$

由式（4－8）可知，区域教育文化及收入保障程度越高，居民居住环境与市政设施越完善，区域健康医疗保障水平越发达，区域居民素质技能（RQS）综合得分就越高。2016年我国31个省份居民素质技能因子得分及综合因子得分情况如表4－9所示。

表4－9　2016年中国31个省份居民素质技能（RQS）因子得分及综合因子得分

省份	F_1	F_2	F_3	F_4	F
北京	3.55585	－0.75234	0.89278	1.48538	2.345
天津	1.96979	－0.88511	－0.20746	－1.90866	0.895
河北	－0.71547	0.24545	0.45514	－0.754	－0.433
山西	－0.37729	－0.60556	－0.25248	－0.05097	－0.374

续表

省份	F_1	F_2	F_3	F_4	F
内蒙古	0.39372	-0.85631	2.24011	0.05553	0.331
辽宁	-0.20061	0.63694	-0.8864	1.37048	0.021
吉林	-0.14132	-0.35234	0.04981	0.30867	-0.117
黑龙江	-0.5322	0.21818	-0.58442	0.47512	-0.314
上海	2.49075	0.48412	-2.98816	-0.30272	1.331
江苏	0.34166	2.39838	1.03761	-0.15234	0.725
浙江	0.93914	1.59349	-0.05637	-0.25433	0.843
安徽	-0.5336	-0.07625	0.64428	-1.48397	-0.423
福建	0.06266	0.1231	-0.22792	-1.10226	-0.063
江西	-0.31925	-0.5071	0.33261	-1.22961	-0.37
山东	-0.06392	1.16982	1.85317	0.04403	0.355
河南	-0.90176	0.48891	-0.90284	0.30886	-0.548
湖北	-0.26037	0.38306	-0.36687	1.02755	-0.04
湖南	-0.63364	0.55015	-0.82898	0.86306	-0.309
广东	-0.03037	3.01965	0.46986	-0.98219	0.465
广西	-0.66762	0.08954	-0.2231	-0.73645	-0.497
海南	-0.18891	-0.89755	0.13694	-1.05846	-0.36
重庆	-0.01629	-0.64742	0.536	1.26508	0.047
四川	-0.75997	0.3902	-0.48453	1.20366	-0.351
贵州	-0.63175	-0.6508	-0.00333	0.77153	-0.442
云南	-0.87403	-0.39734	-0.5655	-0.28083	-0.705
西藏	-0.41296	-1.22532	-1.13258	-1.90595	-0.765
陕西	0.08641	-0.46254	0.29982	1.30814	0.125
甘肃	-0.6107	-0.94498	0.06553	-0.33494	-0.575
青海	-0.60315	-0.86865	-1.13273	0.60771	-0.591
宁夏	0.16332	-1.16562	1.81442	-0.038	0.079
新疆	-0.52809	-0.49579	0.01557	1.48088	-0.283

（5）结果分析。

依据各地区居民素质技能（RQS）各公因子得分，对2016年我国31个省份居民素质技能（RQS）水平进行评价。

区域教育文化水平及收入保障程度公因子 F_1 上得分最高的前五个省份依次

是北京、上海、天津、浙江、内蒙古，其中北京得分为3.56，上海得分2.49，天津得分1.97，浙江得分0.94，内蒙古得分0.39；区域居住环境质量公因子 F_2 上得分最高的前五个省份依次是广东、江苏、浙江、山东、辽宁，其中广东得分为3.02，江苏得分2.40，浙江得分1.59，山东得分1.17，辽宁得分0.64；区域市政设施建设水平公因子 F_3 上得分最高的前五个省份依次是内蒙古、山东、宁夏、江苏、北京，其中内蒙古得分为2.24，山东得分1.85，宁夏得分1.81，江苏得分1.04，北京得分0.89；区域健康医疗保障水平公因子 F_4 上得分最高的前五个省份依次是北京、新疆、辽宁、陕西、重庆，其中北京得分为1.49，新疆得分为1.48，辽宁得分为1.37，陕西得分为1.31，重庆得分为1.27；居民素质技能（RQS）综合因子 F 上得分最高的前五个省份依次是北京、上海、天津、浙江、江苏，其中北京的得分为2.35，上海得分为1.33，天津得分为0.90，浙江得分为0.84，江苏得分为0.73（见表4-9）。

2016年中国31个省份居民素质技能（RQS）综合因子得分及排序如表4-10和图4-1所示。

表4-10　2016年中国31个省份居民素质技能（RQS）综合因子得分及排序

省份	居民素质技能	排名	省份	居民素质技能	排名
北京	2.345	1	湖北	-0.04	13
天津	0.895	3	湖南	-0.309	17
河北	-0.433	24	广东	0.465	6
山西	-0.374	22	广西	-0.497	26
内蒙古	0.331	8	海南	-0.36	20
辽宁	0.021	12	重庆	0.047	11
吉林	-0.117	15	四川	-0.351	19
黑龙江	-0.314	16	贵州	-0.442	25
上海	1.331	2	云南	-0.705	30
江苏	0.725	5	西藏	-0.765	31
浙江	0.843	4	陕西	0.125	9
安徽	-0.423	23	甘肃	-0.575	28
福建	-0.063	14	青海	-0.591	29
江西	-0.37	21	宁夏	0.079	10
山东	0.355	7	新疆	-0.283	16
河南	-0.548	27			

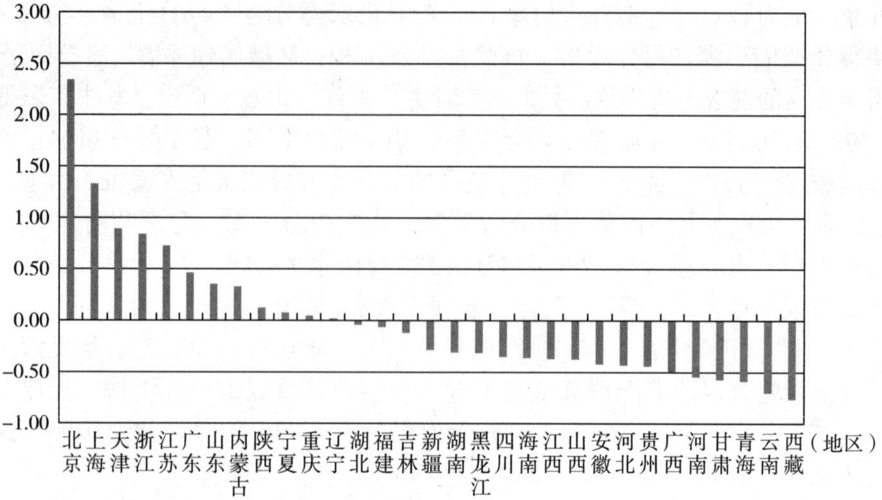

图4-1　2016年中国31个省份居民素质技能（RQS）综合因子得分及排序

2. 企业创新能力

（1）原始数据。

依据前文构建的理论分析框架中区域自我发展能力生成条件和影响因素及数据资料的可获得性，在企业创新能力（EIC）二级指标下选取能够反映企业创新能力基础水平、企业知识创造与获取能力、企业研发创新实力的15个三级指标。分别为E_1：规模以上工业企业R&D人员全时当量；E_2：规模以上工业企业R&D经费；E_3：规模以上工业企业R&D项目数；E_4：高技术产业技术改造经费支出；E_5：规模以上工业企业利润总额；E_6：规模以上工业企业新产品开发项目数；E_7：规模以上工业企业有效发明专利数；E_8：规模以上工业企业R&D人员；E_9：高新技术产业有研发机构的企业数；E_{10}：国内三种专利申请受权数；E_{11}：同时实现四种创新企业在全部企业中占比；E_{12}：每百人拥有平均电话用户；E_{13}：每百人拥有平均互联网上网人数；E_{14}：地区科技馆数量；E_{15}：科普图书出版总册书（见附表1-2）。

（2）提取公因子，求取因子载荷矩阵并旋转。

将企业创新能力下设置的15个三级指标原始数据导入到SPSS软件，按照主成分分析法，依据特征根大于1的原则提取3个公因子。前4个公因子的方差百分比分别为65.808%、14.151%、6.752%、4.096%，其累计方差贡献率为90.807%，说明前四个因子解释了全部方差的90.807%，即包含原始变量的信息总量达到90.807%。以前四个因子代表原有的15个指标评价区域的企业创新能力已经有足够把握。企业创新能力（EIC）指标因子解释的总方差如表4-11所示。

表 4－11 企业创新能力（EIC）指标因子解释的总方差

成分	初始特征值			提取平方和载入			旋转平方和载入		
	合计	方差百分比（%）	累计方差贡献率（%）	合计	方差百分比（%）	累计方差贡献率（%）	合计	方差百分比（%）	累计方差贡献率（%）
1	9.871	65.808	65.808	9.871	65.808	65.808	8.655	57.698	57.698
2	2.123	14.151	79.959	2.123	14.151	79.959	2.900	19.333	77.030
3	1.013	6.752	86.711	1.013	6.752	86.711	1.452	9.681	86.711
4	0.614	4.096	90.807						
5	0.524	3.492	94.299						
6	0.423	2.820	97.120						
7	0.200	1.330	98.450						
8	0.109	0.728	99.177						
9	0.050	0.333	99.511						
10	0.042	0.278	99.789						
11	0.017	0.116	99.905						
12	0.007	0.049	99.955						
13	0.006	0.038	99.992						
14	0.001	0.005	99.998						
15	0.000	0.002	100.000						

为了便于分析，采用 Varimax 方差最大化正交旋转后，将各列载荷系数按数值大小进行排列。输出结果如表 4－12 所示。

表 4－12 企业创新能力（EIC）指标旋转后因子载荷矩阵[a]

指标	公因子		
	F_1	F_2	F_3
E_8	0.960	0.170	0.188
E_2	0.954	0.191	0.090
E_1	0.948	0.201	0.213
E_5	0.928	0.100	0.055
E_9	0.918	0.122	0.171
E_6	0.890	0.243	0.352
E_3	0.888	0.209	0.351
E_7	0.859	0.232	0.027

续表

指标	公因子		
	F_1	F_2	F_3
E_{10}	0.856	0.367	0.330
E_4	0.820	0.098	-0.123
E_{12}	0.150	0.940	0.133
E_{13}	0.251	0.892	0.002
E_{15}	-0.073	0.671	0.628
E_{14}	0.464	0.580	-0.208
E_{11}	0.436	-0.046	0.710

注：提取方法为主成分分析法。旋转法为具有 Kaiser 标准化的正交旋转法。a 表示旋转在 6 次迭代后收敛。

由表 4-12 的结果，原始变量 E_1 可由各因子表示为：

$$E_1 = 0.948 \times F_1 + 0.201 \times F_2 + 0.213 \times F_3 \quad (4-9)$$

原始变量 E_2 可由各因子表示为：

$$E_2 = 0.954 \times F_1 + 0.191 \times F_2 + 0.090 \times F_3 \quad (4-10)$$

…

其余以此类推。

（3）因子含义解释。

企业创新能力（EIC）指标旋转后因子载荷矩阵显示：公因子 F_{21} 在 E_8、E_2、E_1、E_5、E_9、E_6、E_3、E_7、E_{10}、E_4 上载荷值较大。E_8、E_1、E_9、E_3 反映企业研发实力，E_2、E_5、E_4 反映企业研发投入能力，E_6、E_7、E_{10} 反映企业新产品开发能力，因而 F_{21} 为反映企业创新能力基础水平的公因子；公因子 F_{22} 在 E_{12}、E_{13}、E_{15}、E_{14} 上载荷值较大。E_{12}、E_{13} 反映区域信息资源建设水平，E_{15}、E_{14} 反映区域创新环境基础，因而 F_{22} 为反映企业知识创造与获取能力的公因子；公因子 F_{23} 在 E_{11} 上载荷值较大。E_{11} 反映企业研发创新实力，因而 F_{23} 为反映企业研发创新实力的公因子。

（4）计算因子得分。

采用 Regreession 回归法，求出公因子用原始变量线性表示的线性组合系数的估计值，得到各公因子 F_1、F_2、F_3 的值。以旋转后各因子的方差百分比除以 3 个公因子总方差贡献率作为权重，进行加权汇总，得出各地区企业创新能力（EIC）的综合得分 F，即：

$$F = \frac{(57.698 \times F_1 + 19.333 \times F_2 + 9.681 \times F_3)}{86.711} \quad (4-11)$$

由式（4－11）可知，企业创新能力基础水平越高，企业知识创造与获取能力越强，企业研发创新实力越雄厚，区域企业创新能力（EIC）综合得分就越高。2016 年中国 31 个省份企业创新能力（EIC）因子得分及综合因子得分如表 4－13 所示。

表 4－13　2016 年中国 31 个省份企业创新能力（EIC）因子得分及综合因子得分

省份	F_1	F_2	F_3	F
北京	－1. 05888	3. 43972	0. 84036	－0. 17683
天津	－0. 29489	－0. 04925	1. 00499	－0. 15358
河北	－0. 13665	－0. 05639	－0. 34167	－0. 13952
山西	－0. 52134	－0. 1301	－0. 6367	－0. 46647
内蒙古	－0. 64514	0. 50614	－0. 56199	－0. 45078
辽宁	－0. 33218	0. 70752	－0. 97477	－0. 21254
吉林	－0. 46448	－0. 12029	－0. 62384	－0. 42072
黑龙江	－0. 42781	－0. 22381	－0. 88049	－0. 42977
上海	－0. 34034	2. 03501	0. 02817	0. 076
江苏	3. 32485	－0. 60276	0. 31275	2. 44933
浙江	0. 75734	1. 45139	3. 61938	1. 09347
安徽	0. 20013	－1. 34184	1. 76362	0. 07023
福建	0. 53383	1. 12315	－1. 81691	0. 44696
江西	－0. 26985	－1. 12351	0. 91046	－0. 31726
山东	1. 64279	－0. 34218	－1. 077	1. 10706
河南	0. 15662	－0. 50981	0. 16691	0. 04866
湖北	0. 26444	0. 27327	－0. 9898	0. 16822
湖南	0. 18388	－0. 82671	0. 10555	0. 01285
广东	3. 06198	1. 1204	－0. 57891	2. 46161
广西	－0. 39311	－0. 79447	－0. 19855	－0. 44346
海南	－0. 6963	－0. 14059	－0. 08147	－0. 55774
重庆	－0. 28223	－0. 3885	0. 48816	－0. 23959
四川	0. 07132	－0. 60509	－0. 189	－0. 05934
贵州	－0. 4776	－0. 77363	0. 19277	－0. 47371
云南	－0. 46112	－1. 05413	0. 93761	－0. 44898
西藏	－0. 64169	－0. 57776	－0. 27175	－0. 60245
陕西	－0. 2349	－0. 17675	－0. 12457	－0. 21682
甘肃	－0. 5399	－0. 75269	0. 02561	－0. 53059

续表

省份	F_1	F_2	F_3	F
青海	-0.68921	-0.13591	-0.28322	-0.5673
宁夏	-0.67367	-0.25544	0.19973	-0.53741
新疆	-0.61587	0.32502	-0.96541	-0.48954

（5）结果分析。

依据各地区在企业创新能力（EIC）各公因子上的得分，可对2016年我国31个省份企业创新能力水平进行评价。企业创新能力基础水平公因子 F_1 上得分最高的前五个省份依次是江苏、广东、山东、浙江、福建，其中江苏得分3.32，广东得分3.06，山东得分1.64，浙江得分0.76，福建得分0.53；企业知识创造与获取能力公因子 F_2 上得分最高的前五个省份依次是北京、上海、浙江、福建、广东，其中北京得分为3.44，上海得分2.04，浙江得分1.45，福建得分1.12，广东得分1.12；企业研发创新实力公因子 F_3 上得分最高的前五个省份依次是浙江、安徽、天津、云南、江西，其中浙江得分为3.62，安徽得分1.76，天津得分1.00，云南得分0.94，江西得分0.91；企业创新能力（EIC）综合因子上得分最高的前五个省份依次是广东、江苏、山东、浙江、福建，其中广东得分为2.46，江苏得分2.45，山东得分1.11，浙江得分1.09，福建得分0.45（见表4-13）。

2016年中国31个省份企业创新能力（EIC）综合因子得分及排序如表4-14和图4-2所示。

表4-14　2016年中国31个省份企业创新能力（EIC）综合因子得分及排序

省份	企业创新能力	排名	省份	企业创新能力	排名
北京	-0.17683	14	湖北	0.16822	6
天津	-0.15358	13	湖南	0.01285	10
河北	-0.13952	12	广东	2.46161	1
山西	-0.46647	24	广西	-0.44346	21
内蒙古	-0.45078	23	海南	-0.55774	29
辽宁	-0.21254	15	重庆	-0.23959	17
吉林	-0.42072	19	四川	-0.05934	11
黑龙江	-0.42977	20	贵州	-0.47371	25
上海	0.076	7	云南	-0.44898	22
江苏	2.44933	2	西藏	-0.60245	31
浙江	1.09347	4	陕西	-0.21682	16
安徽	0.07023	8	甘肃	-0.53059	27
福建	0.44696	5	青海	-0.5673	30

续表

省份	企业创新能力	排名	省份	企业创新能力	排名
江西	-0.31726	18	宁夏	-0.53741	28
山东	1.10706	3	新疆	-0.48954	26
河南	0.04866	9			

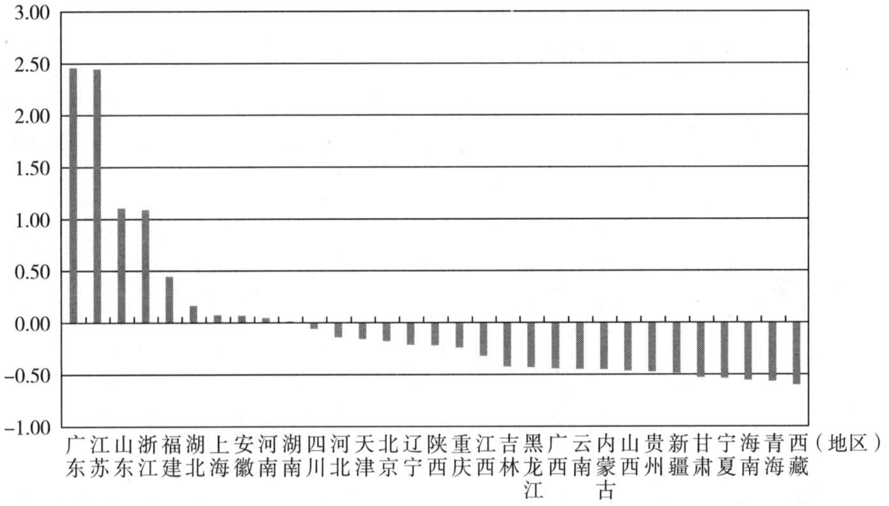

图4-2　2016年中国31个省份企业创新能力（EIC）综合因子得分及排序

3. 产业竞争能力

（1）原始数据及指标解释。

依据前文所构建的理论分析框架中区域自我发展能力生成的条件和影响因素及数据资料的可获得性，选取了对于产业竞争能力（ICC）提升具有重要影响的19个三级指标。分别为I_1：高技术企业数；I_2：高技术产业从业人员平均人数；I_3：高技术产业就业人数占总就业人数的比例；I_4：高技术产业新产品开发项目数；I_5：高技术产业专利申请数；I_6：高技术产业利润总额；I_7：高技术产业有效发明专利数；I_8：地区研究与试验发展（R&D）经费投入强度；I_9：规模以上文化制造业企业单位数；I_{10}：规模以上文化及相关产业法人单位数；I_{11}：规模以上文化服务业年末从业人员；I_{12}：博物馆机构数；I_{13}：每万人拥有公共图书馆建筑面积；I_{14}：人均拥有公共图书馆藏量；I_{15}：参加讲座人次；I_{16}：文化馆（站）数；I_{17}：文化事业费占财政支出比重；I_{18}：第二产业增加值占GDP比重；I_{19}：第三产业增加值占GDP比重（见附表1-3）。

（2）提取公因子，求取因子载荷矩阵并旋转。

将产业竞争能力（ICC）指标下设置的19个三级指标原始数据导入到SPSS软件，按照主成分分析法，依据特征根大于1的原则，提取4个公因子。第一到第四个公因子的方差百分比分别为52.872%、21.103%、7.725%、6.139%，其累计方差贡献率为87.839%，说明前4个因子解释了全部方差的87.839%，即包含原始变量的信息总量达到87.839%。以前4个因子代表原有的19个指标评价区域产业竞争能力已经有足够的把握。产业竞争能力（ICC）指标因子解释的总方差如表4-15所示。

表4-15　产业竞争能力（ICC）指标因子解释的总方差

成分	初始特征值			提取平方和载入			旋转平方和载入		
	合计	方差百分比（%）	累计方差贡献率（%）	合计	方差百分比（%）	累计方差贡献率（%）	合计	方差百分比（%）	累计方差贡献率（%）
1	10.046	52.872	52.872	10.046	52.872	52.872	9.030	47.526	47.526
2	4.010	21.103	73.975	4.010	21.103	73.975	2.707	14.246	61.772
3	1.468	7.725	81.700	1.468	7.725	81.700	2.644	13.917	75.689
4	1.166	6.139	87.839	1.166	6.139	87.839	2.309	12.150	87.839
5	0.704	3.703	91.542						
6	0.444	2.338	93.880						
7	0.326	1.715	95.595						
8	0.244	1.287	96.882						
9	0.200	1.050	97.933						
10	0.166	0.875	98.807						
11	0.108	0.571	99.378						
12	0.045	0.235	99.613						
13	0.033	0.173	99.787						
14	0.021	0.110	99.897						
15	0.013	0.071	99.967						
16	0.003	0.015	99.982						
17	0.002	0.011	99.993						
18	0.001	0.004	99.997						
19	0.001	0.003	100.000						

注：提取方法为主成分分析法。

为了便于分析，采用Varimax方差最大化正交旋转后，将各列载荷系数按数值大小进行排列。输出结果如表4-16所示。

表 4－16　产业竞争能力（ICC）指标旋转后因子载荷矩阵[a]

指标	公因子			
	F_1	F_2	F_3	F_4
I_2	0.986	0.015	0.004	0.084
I_5	0.980	0.057	0.034	0.035
I_1	0.964	0.010	0.066	0.228
I_4	0.957	0.080	0.158	0.166
I_6	0.935	0.038	0.078	0.238
I_7	0.933	0.074	-0.039	-0.151
I_3	0.883	0.099	0.124	0.183
I_9	0.868	-0.098	0.064	0.377
I_{10}	0.847	0.169	0.131	0.405
I_{15}	0.695	-0.045	-0.080	0.626
I_{11}	0.692	0.570	0.243	0.234
I_{19}	0.069	0.901	0.340	-0.152
I_{18}	0.153	-0.847	0.038	0.287
I_8	0.324	0.729	0.333	0.270
I_{13}	0.120	0.065	0.892	-0.196
I_{17}	0.059	0.106	0.808	0.008
I_{14}	0.081	0.452	0.731	-0.039
I_{12}	0.364	-0.106	-0.086	0.825
I_{16}	0.089	-0.153	-0.535	0.675

注：提取方法为主成分分析法。旋转法为具有 Kaiser 标准化的正交旋转法。a 表示旋转在 5 次迭代后收敛。

由表 4－16 的结果，原始变量 I_1 可由各因子表示为：

$$I_1 = 0.964 \times F_1 + 0.010 \times F_2 + 0.066 \times F_3 + 0.228 \times F_4 \quad (4-12)$$

原始变量 I_2 可由各因子表示为：

$$I_2 = 0.986 \times F_1 + 0.015 \times F_2 + 0.004 \times F_3 + 0.084 \times F_4 \quad (4-13)$$

…

其余以此类推。

（3）因子含义解释。

产业竞争能力（ICC）旋转后的因子载荷矩阵显示：公因子 F_{31} 在 I_2、I_5、I_1、I_4、I_6、I_7、I_3、I_9、I_{10}、I_{15}、I_{11} 上载荷值较大。I_2、I_1、I_3 反映高技术产业发展规

模，I_5、I_4、I_7 反映高技术产业创新水平，I_6 反映高技术产业绩效，I_9、I_{10}、I_{15}、I_{11}反映文化服务产业发展规模，因而 F_{31} 为反映区域高技术产业和文化产业发展竞争力的公因子；公因子 F_{32} 在 I_{19}、I_{18}、I_8 上载荷值较大。I_{18}、I_{19} 反映第二产业、第三产业绩效，I_8 反映产业研发投入强度，因而 F_{32} 为反映非农产业贡献率的公因子；公因子 F_{33} 在 I_{13}、I_{17}、I_{14} 上载荷值较大。I_{13}、I_{14} 反映区域公共文化服务功能，I_{17} 反映文化产业发展投入，因而 F_{33} 为反映区域公共文化服务功能的公因子；公因子 F_{34} 在 I_{12}、I_{16} 上载荷值较大。I_{12}、I_{16} 反映传统文化保护服务功能，因而 F_{34} 为反映区域传统文化保护服务功能的公因子。

（4）计算因子得分。

采用 Regreession 回归法，求出公因子用原始变量线性表示的线性组合系数的估计值，得到各公因子 F_1、F_2、F_3、F_4 的值。以旋转后各因子的方差百分比除以 4 个公因子总方差贡献率作为权重，进行加权汇总，得出各地区产业竞争能力（ICC）的综合得分 F，即

$$F = \frac{(47.526 \times F_1 + 14.246 \times F_2 + 13.917 \times F_3 + 12.150 \times F_4)}{87.839} \tag{4-14}$$

由式（4－14）可知，区域高技术产业和文化产业发展竞争力越强，非农产业贡献率越高，公共文化服务与传统文化保护服务功能越完善，区域产业竞争力（ICC）综合得分就越高。2016 年中国 31 个省份产业竞争力（ICC）因子得分及综合因子得分如表 4－17 所示。

表 4－17　2016 年中国 31 个省份产业竞争能力（ICC）因子得分及综合因子得分

省份	F_1	F_2	F_3	F_4	F
北京	-0.12316	4.01271	0.22891	-0.21952	0.8947
天津	-0.01444	0.3226	0.97482	-0.90801	0.09109
河北	-0.21943	-0.37025	-1.18646	0.26935	-0.30655
山西	-0.56906	0.0034	0.41769	-0.07522	-0.31023
内蒙古	-0.6025	-1.12958	1.13904	-0.26315	-0.55225
辽宁	-0.35537	0.30148	0.02738	-0.31034	-0.16076
吉林	-0.28525	-0.8058	0.12062	-0.61913	-0.39795
黑龙江	-0.58299	0.86388	-0.99263	-0.18676	-0.24372
上海	-0.13489	2.17171	2.36355	0.1655	0.65998
江苏	2.22124	0.04959	0.74289	1.04409	1.48723
浙江	0.40008	-0.60821	2.68161	1.73727	0.45195
安徽	0.09627	-0.41798	-0.80248	0.3074	-0.09156
福建	0.09708	-0.73591	0.46624	0.19641	-0.06364

续表

省份	F_1	F_2	F_3	F_4	F
江西	0.01645	-0.50936	-0.92483	0.05201	-0.19017
山东	0.48946	-0.1709	-0.10479	2.10059	0.39115
河南	0.05209	-0.23895	-1.13513	1.27437	-0.03682
湖北	-0.08008	-0.30411	0.1865	0.47526	-0.07164
湖南	-0.0496	0.17363	-1.03014	0.80626	-0.02239
广东	4.59802	-0.07406	-0.65807	-1.46807	2.58937
广西	-0.34072	-0.76647	-0.23636	-0.09305	-0.41652
海南	-0.39612	0.84648	-0.60576	-1.70198	-0.20729
重庆	-0.1672	-0.23189	0.13582	-0.30878	-0.16599
四川	-0.32442	0.34373	-0.89451	2.34175	-0.0277
贵州	-0.31099	-0.05625	-1.20685	-0.63362	-0.35113
云南	-0.47686	0.03831	-0.67452	-0.16072	-0.34838
西藏	-0.45757	-0.35411	0.361	-1.49017	-0.43289
陕西	-0.46253	-0.43686	-0.0754	0.90781	-0.32655
甘肃	-0.54745	0.52167	-1.00131	-0.29211	-0.31267
青海	-0.44144	-1.09451	0.52771	-1.16532	-0.5637
宁夏	-0.49493	-1.14405	1.57901	-1.15415	-0.51456
新疆	-0.53369	-0.19995	-0.42355	-0.62797	-0.45041

（5）结果分析。

依据各地区产业竞争能力（ICC）各公因子得分，可对2016年我国31个省份产业竞争能力水平进行评价。区域高技术产业和文化产业发展竞争力公因子 F_1 上得分最高的前五个省份依次是广东、江苏、山东、浙江、福建，其中广东得分为4.60，江苏得分2.22，山东得分0.49，浙江得分0.40，福建得分0.10；区域非农产业贡献率公因子 F_2 上得分最高的前五个省份依次是北京、上海、黑龙江、海南、甘肃，其中，北京得分为4.01，上海得分2.17，黑龙江得分0.86，海南得分0.85，甘肃得分0.52；区域公共文化服务功能的公因子 F_3 上得分最高的前五个省份依次是浙江、上海、宁夏、内蒙古、天津，其中浙江得分为2.68，上海得分2.36，宁夏得分1.58，内蒙古得分1.14，天津得分0.97；区域传统文化保护服务功能的公因子 F_4 上得分最高的前五个省份依次是四川、山东、浙江、河南、江苏，其中四川得分为2.34，山东得分2.10，浙江得分1.74，河南得分1.27，江苏得分1.04；产业竞争能力（ICC）综合因子 F 上得分最高的前五个省份依次是广东、江苏、北京、上海、浙江，其中广东得分为2.59，江苏得分1.49，北京得分0.89，上海得分0.66，浙江得分0.45（见表4-17）。

2016年中国31个省份产业竞争能力（ICC）综合因子得分及排序如表4-18和图4-3所示。

表4-18　2016年中国31个省份产业竞争能力（ICC）综合因子得分及排序

省份	产业竞争能力	排名	省份	产业竞争能力	排名
北京	0.8947	3	湖北	-0.07164	12
天津	0.09109	7	湖南	-0.02239	8
河北	-0.30655	19	广东	2.58937	1
山西	-0.31023	20	广西	-0.41652	26
内蒙古	-0.55225	30	海南	-0.20729	17
辽宁	-0.16076	14	重庆	-0.16599	15
吉林	-0.39795	25	四川	-0.0277	9
黑龙江	-0.24372	18	贵州	-0.35113	24
上海	0.65998	4	云南	-0.34838	23
江苏	1.48723	2	西藏	-0.43289	27
浙江	0.45195	5	陕西	-0.32655	22
安徽	-0.09156	13	甘肃	-0.31267	21
福建	-0.06364	11	青海	-0.5637	31
江西	-0.19017	16	宁夏	-0.51456	39
山东	0.39115	6	新疆	-0.45041	28
河南	-0.03682	10			

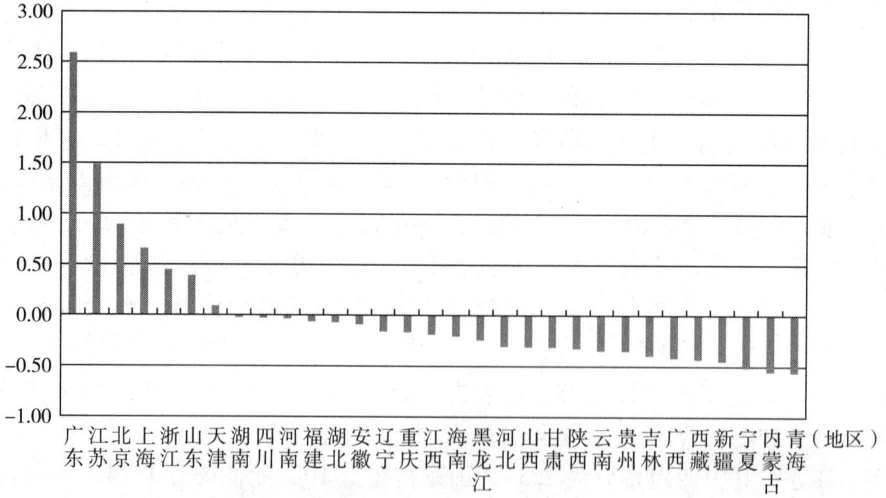

图4-3　2016年中国31个省份产业竞争能力（ICC）综合因子得分及排序

4. 政府调控能力

（1）原始数据。

依据前文构建的理论分析框架中区域自我发展能力生成的条件和影响因素及数据资料的可获得性，选取了对政府调控能力提升具有重要影响的16个三级指标。分别为 G_1：社会组织单位数；G_2：参加失业保险人数；G_3：城镇基本医疗保险参保人数；G_4：外商投资企业货物进出口总额；G_5：外商投资企业年底注册登记企业数；G_6：农村用电量；G_7：邮电业务总量；G_8：地方公共一般预算收入；G_9：社会消费品零售总额；G_{10}：年末城镇人口比重；G_{11}：基层医疗卫生机构；G_{12}：居民人民币储蓄存款；G_{13}：农村居民最低生活保障人数；G_{14}：城乡居民基本养老保险参保人数；G_{15}：城镇登记失业率；G_{16}：每万元GDP能耗总量（见附表1-4）。

（2）提取公因子，求取因子载荷矩阵并旋转。

将政府调控能力指标下设置的16个三级指标原始数据导入SPSS软件，按照主成分分析法，依据特征根大于1的原则，提取3个公因子。前3个公因子的方差百分比分别为57.318%、19.555%、6.762%，其累计方差贡献率为83.635%，说明前3个因子解释了全部方差的83.635%，即包含的原始变量的信息总量达到了83.635%。以前3个因子代表原有的16个指标评价区域政府调控能力已经有足够的把握。政府调控能力（GRC）指标因子解释的总方差如表4-19所示。

表4-19　政府调控能力（GRC）指标因子解释的总方差

成分	初始特征值			提取平方和载入			旋转平方和载入		
	合计	方差百分比（%）	累计方差贡献率（%）	合计	方差百分比（%）	累计方差贡献率（%）	合计	方差百分比（%）	累计方差贡献率（%）
1	9.171	57.318	57.318	9.171	57.318	57.318	8.895	55.596	55.596
2	3.129	19.555	76.873	3.129	19.555	76.873	3.369	21.054	76.651
3	1.082	6.762	83.635	1.082	6.762	83.635	1.117	6.984	83.635
4	0.842	5.262	88.897						
5	0.564	3.523	92.420						
6	0.375	2.346	94.767						
7	0.285	1.783	96.550						
8	0.179	1.118	97.667						
9	0.118	0.736	98.404						
10	0.104	0.648	99.052						
11	0.065	0.409	99.461						

续表

成分	初始特征值			提取平方和载入			旋转平方和载入		
	合计	方差百分比（%）	累计方差贡献率(%)	合计	方差百分比（%）	累计方差贡献率(%)	合计	方差百分比（%）	累计方差贡献率(%)
12	0.030	0.188	99.649						
13	0.021	0.133	99.782						
14	0.020	0.127	99.909						
15	0.010	0.064	99.973						
16	0.004	0.027	100.000						

注：提取方法为主成分分析法。

为了便于分析，采用 Varimax 方差最大化正交旋转后，将各列载荷系数按数值大小进行排列。输出结果如表 4－20 所示。

表 4－20　政府调控能力（GRC）指标旋转后因子载荷矩阵[a]

指标	公因子		
	F_1	F_2	F_3
G_8	0.979	0.079	－0.018
G_2	0.962	0.125	－0.132
G_5	0.938	－0.161	－0.044
G_{12}	0.923	0.327	0.023
G_4	0.917	－0.128	－0.065
G_7	0.904	0.005	－0.194
G_9	0.887	0.390	0.064
G_6	0.885	0.039	0.031
G_1	0.770	0.456	－0.034
G_3	0.753	0.465	0.107
G_{10}	0.606	－0.567	0.292
G_{16}	－0.593	0.014	－0.089
G_{14}	0.258	0.895	0.125
G_{11}	0.254	0.878	0.235
G_{13}	－0.165	0.844	－0.078
G_{15}	－0.118	0.124	0.932

注：提取方法为主成分分析法。旋转法为具有 Kaiser 标准化的正交旋转法。a 表示旋转在 4 次迭代后收敛。

由表4－20的结果，原始变量 G_1 可由各因子表示为：

$$G_1 = 0.770 \times F_1 + 0.456 \times F_2 - 0.034 \times F_3 \quad (4-15)$$

原始变量 G_2 可由各因子表示为：

$$G_2 = 0.962 \times F_1 + 0.125 \times F_2 - 0.132 \times F_3 \quad (4-16)$$

…

其余以此类推。

（3）因子含义解释。

政府调控能力（GRC）旋转后因子载荷矩阵显示：公因子 F_{41} 在 G_2、G_1、G_3、G_5、G_4、G_{10}、G_{16}、G_6、G_7、G_8、G_{12}、G_9 上的载荷值较大。G_2、G_1、G_3 反映社会保障与服务水平，G_5、G_4 反映外资利用情况，G_{10}反映城市化水平，G_{16}反映经济增长绩效，以上指标综合反映政府制度保障能力。G_6 反映农村发展水平，G_7 反映邮电业务发展变化总趋势，G_8 反映国家执行职能的财力保证，G_{12}反映区域资金充裕度，G_9 反映区域商品交易市场规模，以上指标综合反映政府发展支撑能力。因而 F_{41}为反映政府制度保障能力与发展支撑能力的公因子；公因子 F_{42} 在 G_{14}、G_{11}、G_{13}上的载荷值较大。G_{11}反映基层医疗卫生设施条件，G_{14}、G_{13}反映城乡社会保障与救助情况，因而 F_{42}为反映政府协调发展能力的公因子；公因子 F_{43}在 G_{15}上的载荷值较大。G_{15}衡量区域就业水平，属于可持续发展驱动力指标。因而 F_{43}为反映可持续发展能力的公因子。

（4）计算因子得分。

采用 Regreession 回归法，求出公因子用原始变量线性表示的线性组合系数的估计值，得到各公因子 F_1、F_2、F_3 的值。以旋转后各因子的方差百分比除以3个公因子总方差贡献率作为权重，进行加权汇总，得出各地区政府调控能力的综合得分 F，即

$$F = \frac{(55.596 \times F_1 + 21.054 \times F_2 + 6.984 \times F_3)}{83.635} \quad (4-17)$$

由式（4－17）可知，区域政府制度保障能力、发展支撑能力、协调发展能力及可持续发展能力越强，区域政府调控能力（GRC）综合得分就越高。2016年中国31个省份政府调控能力（GRC）因子得分及综合因子得分如表4－21所示。

表4－21　2016年中国31个省份政府调控能力（GRC）因子得分及综合因子得分

省份	F_1	F_2	F_3	F
北京	0.7011	－1.50524	－1.67745	－0.05295
天津	－0.02622	－1.66503	1.05719	－0.34829

续表

省份	F_1	F_2	F_3	F
河北	0.07723	1.39491	0.96181	0.4828
山西	-0.52722	0.05649	0.36165	-0.30605
内蒙古	-0.5011	-0.48257	0.61589	-0.40316
辽宁	0.17318	-0.39038	1.12841	0.11108
吉林	-0.45372	-0.5513	0.35291	-0.41092
黑龙江	-0.43413	-0.44209	1.29564	-0.29168
上海	1.42333	-2.12331	1.5872	0.54418
江苏	2.20642	0.05078	-0.29441	1.45491
浙江	1.37543	-0.20943	-0.54406	0.81616
安徽	-0.21209	0.41739	-0.1167	-0.04566
福建	0.20338	-0.56765	1.01485	0.07705
江西	-0.38008	0.20714	0.20139	-0.1837
山东	1.01492	1.83147	0.73695	1.19725
河南	-0.01079	1.87234	-0.37222	0.43308
湖北	-0.01366	0.30591	-0.92529	-0.00933
湖南	-0.22181	1.23812	1.23307	0.2672
广东	3.46966	0.26024	-1.4745	2.24882
广西	-0.54376	0.57107	-0.68248	-0.2747
海南	-0.6092	-1.06945	-1.04157	-0.76116
重庆	-0.1978	-0.54123	0.79248	-0.20156
四川	0.03225	1.81945	1.10493	0.57173
贵州	-0.85714	0.5328	-0.56161	-0.48255
云南	-0.72805	0.92465	-0.18301	-0.26648
西藏	-1.0562	-0.56698	-1.52194	-0.97192
陕西	-0.32531	0.03101	0.15946	-0.19513
甘肃	-0.84554	0.56032	-1.88465	-0.5784
青海	-0.99736	-0.82021	-0.49752	-0.91102
宁夏	-0.91493	-0.96319	0.61325	-0.79946
新疆	-0.82078	-0.17602	-1.43968	-0.71014

(5）结果分析。

依据各地区政府调控能力（GRC）各公因子得分，可对2016年我国31个省份政府调控水平进行评价。政府制度保障能力与发展支撑能力的公因子 F_1 上得分最高的前五个省份依次是广东、江苏、上海、浙江、山东，其中广东得分为3.47，江苏得分2.21，上海得分1.42，浙江得分1.38，山东得分1.01；政府协调发展能力的公因子 F_2 上得分最高的前五个省份依次是河南、山东、四川、河北、湖南，其中河南得分为1.87，山东得分1.83，四川得分1.82，河北得分1.39，湖南得分1.24；可持续发展能力的公因子 F_3 上得分最高的前五个省份依次是上海、黑龙江、湖南、辽宁、四川，其中上海得分为1.59，黑龙江得分1.30，湖南得分1.23，辽宁得分1.13，四川得分1.10；政府调控能力综合因子 F 上得分最高的前五个省份依次是广东、江苏、山东、浙江、四川，其中广东得分为2.25，江苏得分1.45，山东得分1.20，浙江得分0.82，四川得分0.57（见表4－21）。

2016年中国31个省份政府调控能力（GRC）综合因子得分及排序如表4－22和图4－4所示。

表4－22　2016年中国31个省份政府调控能力（GRC）综合因子得分及排序

省份	政府调控能力	排名	省份	政府调控能力	排名
北京	－0.05295	14	湖北	－0.00933	12
天津	－0.34829	22	湖南	0.2672	9
河北	0.4828	7	广东	2.24882	1
山西	－0.30605	21	广西	－0.2747	19
内蒙古	－0.40316	23	海南	－0.76116	28
辽宁	0.11108	10	重庆	－0.20156	17
吉林	－0.41092	24	四川	0.57173	5
黑龙江	－0.29168	20	贵州	－0.48255	25
上海	0.54418	6	云南	－0.26648	18
江苏	1.45491	2	西藏	－0.97192	31
浙江	0.81616	4	陕西	－0.19513	16
安徽	－0.04566	13	甘肃	－0.5784	26
福建	0.07705	11	青海	－0.91102	30
江西	－0.1837	15	宁夏	－0.79946	29
山东	1.19725	3	新疆	－0.71014	27
河南	0.43308	8			

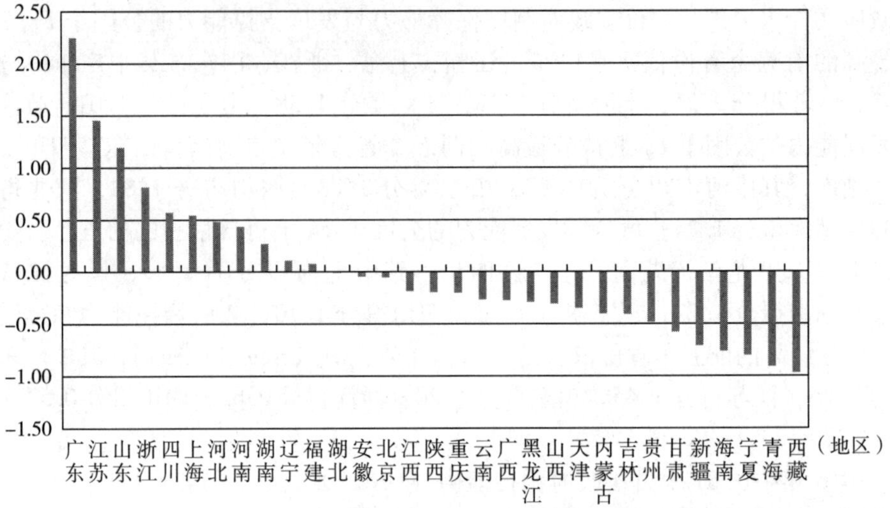

图4-4　2016年中国31个省份政府调控能力（GRC）综合因子得分及排序

5. 区域自我发展能力

常规多指标数学合成方法主要有线性加权法和非线性加权法。本书认为，居民素质技能、企业创新能力、产业竞争能力、政府调控能力作为区域自我发展能力（RSC）的构成要素，其贡献相同，权重相当。因此，计算区域自我发展能力总指数，采用线性加权法，赋予居民素质技能、企业创新能力、产业竞争能力、政府调控能力等二级指标相等权重，运用线性模型 $u = \sum_{i=1}^{4} m_i w_i$ 进行一级指标总指数合成（其中 u 为总指数，m_i 为4个二级指标 w_i 相应的权重系数），计算民族地区自我发展能力（RSC）得分及排名（见表4-23）。区域自我发展能力（RSC）总指数得分最高的前五个省份是广东、江苏、浙江、山东、北京，其中广东得分为1.941，江苏得分1.529，浙江得分0.801，山东得分0.763，北京得分0.752。

2016年中国31个省份区域自我发展能力（RSC）构成要素得分及排序如表4-24和图4-5所示。

表4-23　2016年中国31个省份区域自我发展能力（RSC）得分及排序

省份	区域自我发展能力	排名	省份	区域自我发展能力	排名
北京	0.75248	5	湖北	0.01181	10
天津	0.12106	7	湖南	-0.01284	11
河北	-0.09907	14	广东	1.9412	1
山西	-0.36419	22	广西	-0.40792	23
内蒙古	-0.2688	19	海南	-0.47155	27

续表

省份	区域自我发展能力	排名	省份	区域自我发展能力	排名
辽宁	-0.06031	13	重庆	-0.14004	16
吉林	-0.33665	21	四川	0.03342	9
黑龙江	-0.31979	20	贵州	-0.43735	24
上海	0.65279	6	云南	-0.44221	25
江苏	1.52912	2	西藏	-0.69307	31
浙江	0.80115	3	陕西	-0.15338	17
安徽	-0.1225	15	甘肃	-0.49916	29
福建	0.09934	8	青海	-0.65826	30
江西	-0.26528	18	宁夏	-0.44311	26
山东	0.76261	4	新疆	-0.48327	28
河南	-0.02577	12			

表4-24　2016年中国31个省份区域自我发展能力（RSC）构成要素得分及排序

省份	居民素质技能		企业创新能力		产业竞争能力		政府调控能力		区域自我发展能力	
	得分	排名	得分	排名	得分	排名	得分	排名	得分	排名
北京	2.345	1	-0.177	14	0.895	3	-0.053	14	0.752	5
天津	0.895	3	-0.154	13	0.091	7	-0.348	22	0.121	7
河北	-0.433	24	-0.140	12	-0.307	19	0.483	7	-0.099	14
山西	-0.374	22	-0.466	24	-0.310	20	-0.306	21	-0.364	22
内蒙古	0.331	8	-0.451	23	-0.552	30	-0.403	23	-0.269	19
辽宁	0.021	12	-0.213	15	-0.161	14	0.111	10	-0.060	13
吉林	-0.117	15	-0.421	19	-0.398	25	-0.411	24	-0.337	21
黑龙江	-0.314	16	-0.430	20	-0.244	18	-0.292	20	-0.320	20
上海	1.331	2	0.076	7	0.660	4	0.544	6	0.653	6
江苏	0.725	5	2.449	2	1.487	2	1.455	2	1.529	2
浙江	0.843	4	1.093	4	0.452	5	0.816	4	0.801	3
安徽	-0.423	23	0.070	8	-0.092	13	-0.046	13	-0.123	15
福建	-0.063	14	0.447	5	-0.064	11	0.077	11	0.099	8
江西	-0.37	21	-0.317	18	-0.190	16	-0.184	15	-0.265	18
山东	0.355	7	1.107	3	0.391	6	1.197	3	0.763	4
河南	-0.548	27	0.049	9	-0.037	10	0.433	8	-0.026	12

续表

省份	居民素质技能		企业创新能力		产业竞争能力		政府调控能力		区域自我发展能力	
	得分	排名	得分	排名	得分	排名	得分	排名	得分	排名
湖北	-0.04	13	0.168	6	-0.072	12	-0.009	12	0.012	10
湖南	-0.309	17	0.013	10	-0.022	8	0.267	9	-0.013	11
广东	0.465	6	2.462	1	2.589	1	2.249	1	1.941	1
广西	-0.497	26	-0.443	21	-0.417	26	-0.275	19	-0.408	23
海南	-0.36	20	-0.558	29	-0.207	17	-0.761	28	-0.472	27
重庆	0.047	11	-0.240	17	-0.166	15	-0.202	17	-0.140	16
四川	-0.351	19	-0.059	11	-0.028	9	0.572	5	0.033	9
贵州	-0.442	25	-0.474	25	-0.351	24	-0.483	25	-0.437	24
云南	-0.705	30	-0.449	22	-0.348	23	-0.266	18	-0.442	25
西藏	-0.765	31	-0.602	31	-0.433	27	-0.972	31	-0.693	31
陕西	0.125	9	-0.217	16	-0.327	22	-0.195	16	-0.153	17
甘肃	-0.575	28	-0.531	27	-0.313	21	-0.578	26	-0.499	29
青海	-0.591	29	-0.567	30	-0.564	31	-0.911	30	-0.658	30
宁夏	0.079	10	-0.537	28	-0.515	39	-0.799	29	-0.443	26
新疆	-0.283	16	-0.490	26	-0.450	28	-0.710	27	-0.483	28

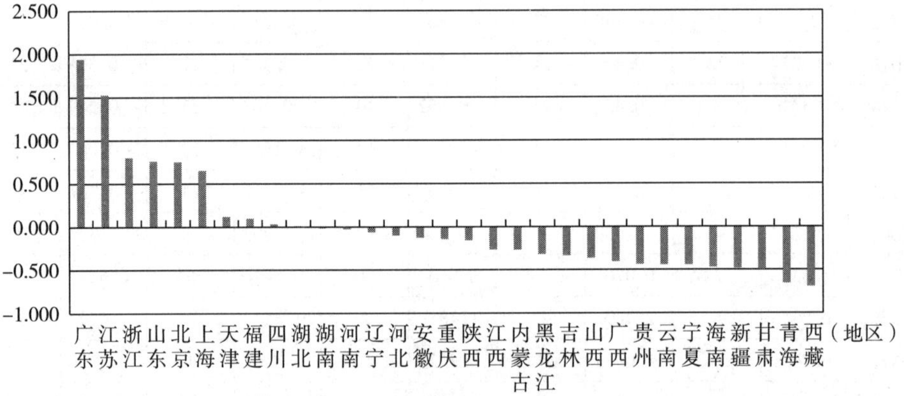

图 4-5　2016 年中国 31 个省份区域自我发展能力（RSC）得分及排序

（二）西部民族地区概况

西部民族地区，即西藏自治区、新疆维吾尔自治区、内蒙古自治区、广西壮族自治区、宁夏回族自治区5个民族自治区与云南省、贵州省、青海省3个多民族省份，俗称“5+3”。

内蒙古自治区简称“内蒙古”，是中华人民共和国省级行政区，首府呼和浩特。内蒙古自治区地处中国北部，地理上位于北纬37°24′~53°23′，东经97°12′~126°04′，东北部与黑龙江、吉林、辽宁、河北交界，南部与山西、陕西、宁夏相邻，西南部与甘肃毗连，北部与俄罗斯、蒙古接壤。内蒙古自治区地势由东北向西南斜伸，呈狭长形，全区基本属一个高原形的地貌区，全区涵盖高原、山地、丘陵、平原、沙漠、河流、湖泊等地貌，气候以温带大陆性气候为主，地跨黄河、额尔古纳河、嫩江、西辽河四大水系。截至2019年末，内蒙古总面积118.3万平方千米，辖9个地级市、3个盟，共有23个市辖区、11个县级市、17个县、49个旗、3个自治旗；常住人口2539.6万。

新疆维吾尔自治区简称“新”，首府乌鲁木齐，位于中国西北边陲，是中国五个少数民族自治区之一。面积166万平方千米，是中国陆地面积最大的省级行政区，占中国国土总面积1/6。常住人口2486.76万（2018年末）。新疆地处亚欧大陆腹地，陆地边境线长5600多千米，周边与俄罗斯、哈萨克斯坦、吉尔吉斯斯坦、塔吉克斯坦、巴基斯坦、蒙古、印度、阿富汗八国接壤，在历史上是古丝绸之路的重要通道，现在是第二座“亚欧大陆桥”的必经之地，战略位置十分重要。新疆现有55个民族成分，主要居住有汉、维吾尔、哈萨克、回、蒙古、柯尔克孜、锡伯、塔吉克、乌孜别克、满、达斡尔、塔塔尔、俄罗斯等民族。

西藏自治区简称“藏”。首府拉萨，位于中华人民共和国西南边陲，是中国五个少数民族自治区之一。西藏位于青藏高原西南部，地处北纬26°50′~36°53′，东经78°25′~99°06′，平均海拔在4000米以上，素有“世界屋脊”之称。土地面积为120218947.91公顷，约占全国总面积的1/8，在全国各省、市、自治区中仅次于新疆。2018年末常住人口343.82万。西藏北邻新疆，东接四川，东北紧靠青海，东南连接云南；周边与缅甸、印度、不丹、尼泊尔、克什米尔等国家及地区接壤，陆地国界线4000多公里，是中国西南边陲的重要门户。

宁夏回族自治区简称“宁”，是中国5个自治区之一，首府银川。位于中国西北内陆地区，界于北纬35°14′~39°14′，东经104°17′~109°39′，东邻陕西，西、北接内蒙古，南连甘肃，宁夏回族自治区总面积6.64万平方千米。宁夏地形从西南向东北逐渐倾斜，丘陵沟壑林立，地形分为三大板块：北部引黄灌区、中部干旱带、南部山区。宁夏地处黄河水系，地势南高北低，呈阶梯状下降，全区属温带大陆性干旱、半干旱气候。截至2018年末，宁夏回族自治区下辖5个地级市，9个市辖区、2个县级市、11个县；常住人口688.11万。

广西壮族自治区简称“桂”，是中华人民共和国省级行政区，首府南宁位于中国华南地区，广西界于北纬 20°54′~26°24′，东经 104°28′~112°04′，东界广东，南临北部湾并与海南隔海相望，西与云南毗邻，东北接湖南，西北靠贵州，西南与越南接壤，广西陆地面积 23.76 万平方千米，海域面积约 4 万平方千米。广西地处中国地势第二阶梯中的云贵高原东南边缘，两广丘陵西部，地势西北高、东南低，呈现西北向东南倾斜。地貌总体由山地、丘陵、台地、平原、石山、水面 6 大类构成。广西属亚热带季风气候和热带季风气候，地跨珠江、长江、红河、滨海四大水系。截至 2018 年末，广西下辖 14 个地级市，51 个县，12 个自治县，8 个县级市，40 个市辖区；户籍人口 5659 万，常住人口 4926 万。

贵州简称“黔”或“贵”，是中华人民共和国省级行政区。省会贵阳，地处中国西南内陆腹地。是中国西南地区交通枢纽，长江经济带重要组成部分。全国首个国家级大数据综合试验区，世界知名山地旅游目的地和山地旅游大省，国家生态文明试验区，内陆开放型经济试验区。界于北纬 24°37′~29°13′，东经 103°36′~109°35′，北接四川和重庆，东毗湖南、南邻广西、西连云南。贵州境内地势西高东低，自中部向北、东、南三面倾斜，全省地貌可概括分为：境内地势西高东低，自中部向北、东、南三面倾斜，地貌高原山地居多，素有“八山一水一分田”之说。全省地貌可概括分为高原山地、丘陵和盆地三种基本类型，其中 92.5%的面积为山地和丘陵。总面积 17.62 万平方千米，属亚热带季风气候，地跨长江和珠江两大水系。截至 2018 年末，贵州省辖 6 个省辖市，3 个自治州，52 个县，11 个自治县，9 个县级市，15 个市辖区，1 个特区。截至 2018 年 12 月，贵州省常住人口 3600 万。

云南省简称“云”或“滇”，位于西南地区，省会昆明。界于北纬 21°8′~29°15′，东经 97°31′~106°11′，东部与贵州、广西为邻，北部与四川相连，西北部紧依西藏，西部与缅甸接壤，南部和老挝、越南毗邻，云南省总面积 39.41 万平方千米。云南省地势呈现西北高、东南低，自北向南呈阶梯状逐级下降，属山地高原地形，山地面积占全省总面积的 88.64%。地形以元江谷地和云岭山脉南段宽谷为界，分为东西两大地形区。东部为滇东、滇中高原，是云贵高原的组成部分，表现为起伏和缓的低山和浑圆丘陵；西部高山峡谷相间，地势险峻，形成奇异、雄伟的山岳冰川地貌。云南省地跨长江、珠江、元江、澜沧江、怒江、大盈江 6 大水系。云南气候基本属于亚热带和热带季风气候，滇西北属高原山地气候。截至 2019 年 8 月，云南省下辖 8 个地级市，8 个自治州，17 个市辖区，16 个县级市，67 个县，29 个自治县，合计 129 个县级区划。177 个街道、683 个镇、400 个乡、140 个民族乡，合计 1400 个乡级区划。截至 2018 年，云南省常住人口 4829.5 万。

青海省简称“青”，是中华人民共和国省级行政区，省会西宁。位于中国西北内陆，青海界于北纬 31°36′~39°19′，东经 89°35′~103°04′，北部和东部同甘肃相接，西北部与新疆相邻，南部和西南部与西藏毗连，东南部与四川接壤。青海省地势总体呈西高东低，南北高中部低的态势，西部海拔高峻，向东倾斜，呈梯形下降，东部地区为青藏高原向黄土高原过渡地带，地形复杂，地貌多样。青海省 4/5 以上的地区为高原，东部多山，西部为高原和盆地，兼具青藏高原、内陆干旱盆地和黄土高原三种地形地貌，属高原大陆性气候，地跨黄河、长江、澜沧江、黑河 4 大水系。青海省总面积 72 万平方千米，辖 2 个地级市、6 个自治州。截至 2018 年末，青海省常住人口 603.23 万。

西部民族地区面积约 566 万平方千米，约占全国总面积的 59%。2019 年，西部民族地区人口约 19854 万，约占全国总人口的 14%。[①] 西部民族地区与蒙古、俄罗斯、塔吉克斯坦、哈萨克斯坦、吉尔吉斯斯坦、巴基斯坦、阿富汗、不丹、尼泊尔、印度、缅甸、老挝、越南 13 个国家接壤，陆地边境线长达 1.9 万余千米，约占全国陆地边境线的 91%。西部民族地区与东南亚许多国家隔海相望，有大陆海岸线 1595 千米，约占全国海岸线的 1/10。

（三）中国西部民族地区自我发展能力评价

中国区域自我发展能力评价结果表明：西部民族地区自我发展能力整体水平偏低，区域自我发展能力（RSC）得分排名中，除内蒙古处于全国中下游水平外，其余省份均处于下游甚至末尾。

西部民族地区（民族 8 省区）居民素质技能（RQS）、企业创新能力（EIC）、产业竞争能力（ICC）、政府调控能力（GRC）等区域自我发展能力结构（构成要素）呈现差异化特征。在因子分析基础上，对西部民族地区 RQS、EIC、ICC、GRC 得分进行聚类分析，结果表明：西部民族地区（八省区）可归为四个群集（见图 4-6）。

内蒙古为一个群集，广西、云南、贵州为一个群集，新疆、宁夏为一个群集，青海、西藏为一个群集。第一个群集内蒙古 RQS 得分最高，EIC、GRC 得分较高，ICC 得分较低。第二个群集广西、贵州、云南 RQS 得分偏低，EIC、ICC、GRC 得分较高。其中，广西 EIC 得分最高，云南 RQS 得分较低，但 ICC、GRC 得分最高。第三个群集新疆、宁夏 RQS 得分较高，EIC、ICC、GRC 得分偏低。第四个群集青海、西藏 RQS、ICC、EIC、GRC 得分均较低。

① http://mip.chachaba.com/peixun/zxxue/413855.html.

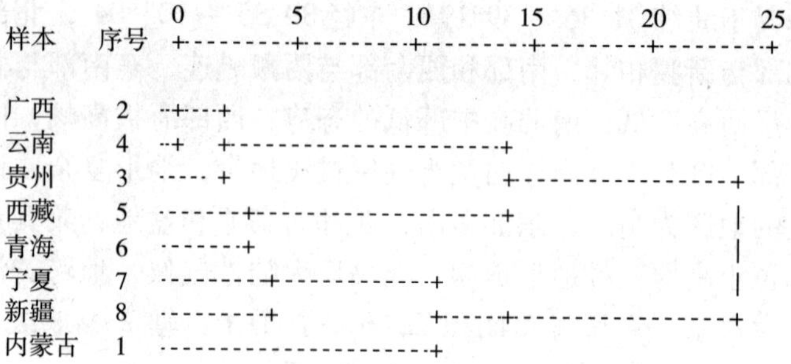

图4-6　西部民族地区 RQS、EIC、ICC、GRC 得分聚类分析树状图

第五章　西部民族地区自我发展能力结构特征分析

一、民族地区分析

2016 年西部民族地区自我发展能力结构特征（按民族地区）如图 5－1 所示。

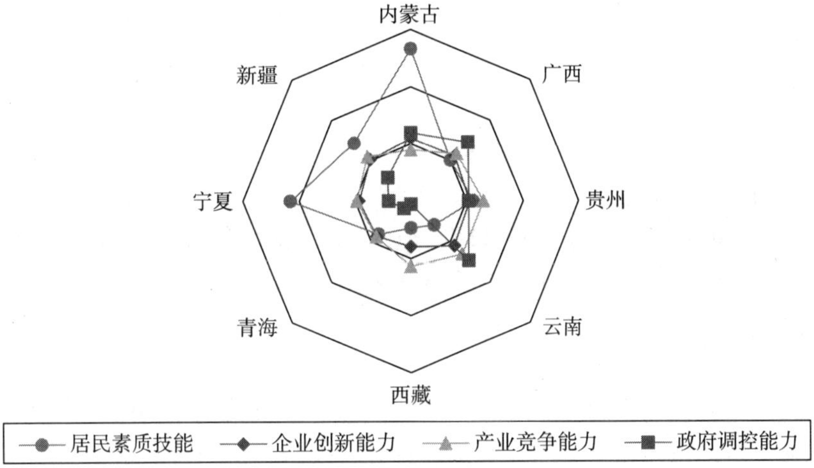

图 5－1　2016 年西部民族地区自我发展能力结构特征（按民族地区）

（一）内蒙古

内蒙古①区域自我发展能力水平在西部民族地区中名列前茅，区域自我发展

① 本书中内蒙古自治区简称内蒙古、广西壮族自治区简称广西、贵州省简称贵州、云南省简称云南、宁夏回族自治区简称宁夏、新疆维吾尔自治区简称新疆、青海省简称青海、西藏自治区简称西藏。

能力总指数得分 -0.269，全国排名第 19 位。内蒙古区域自我发展能力结构特征是：居民素质技能得分 0.33，全国排名第 8 位；企业创新能力得分 -0.45，全国排名第 23 位；产业竞争能力得分 -0.55，全国排名第 30 位；政府调控能力得分 -0.40，全国排名第 23 位。

（二）广西

广西区域自我发展能力总指数得分 -0.408，全国排名第 23 位。广西区域自我发展能力结构特征是：居民素质技能得分 -0.50，全国排名第 26 位；企业创新能力得分 -0.44，全国排名第 21 位；产业竞争能力得分 -0.42，全国排名第 26 位；政府调控能力得分 -0.27，全国排名第 19 位。

（三）贵州

贵州区域自我发展能力总指数得分 -0.437，全国排名第 24 位。贵州区域自我发展能力结构特征是：居民素质技能得分 -0.44，全国排名第 25 位；企业创新能力得分 -0.47，全国排名第 27 位；产业竞争能力得分 -0.35，全国排名第 24 位；政府调控能力得分 -0.48，全国排名第 25 位。

（四）云南

云南区域自我发展能力总指数得分 -0.442，全国排名第 25 位。云南区域自我发展能力结构特征是：居民素质技能得分 -0.71，全国排名第 30 位；企业创新能力得分 -0.45，全国排名第 22 位；产业竞争能力得分 -0.35，全国排名第 23 位；政府调控能力得分 -0.27，全国排名第 18 位。

（五）宁夏

宁夏区域自我发展能力总指数得分 -0.443，全国排名第 26 位。宁夏区域自我发展能力结构特征是：居民素质技能得分 -0.50，全国排名第 26 位；企业创新能力得分 -0.44，全国排名第 21 位；产业竞争能力得分 -0.42，全国排名第 26 位；政府调控能力得分 -0.27，全国排名第 19 位。

（六）新疆

新疆区域自我发展能力总指数得分 -0.483，全国排名第 28 位。新疆区域自我发展能力结构特征是：居民素质技能得分 -0.28，全国排名第 16 位；企业创新能力得分 -0.49，全国排名第 26 位；产业竞争能力得分 -0.45，全国排名第 28 位；政府调控能力得分 -0.71，全国排名第 27 位。

（七）青海

青海区域自我发展能力总指数得分 -0.658，全国排名第30位。青海区域自我发展能力结构特征是：居民素质技能得分 -0.59，全国排名第29位；企业创新能力得分 -0.57，全国排名第30位；产业竞争能力得分 -0.56，全国排名第31位；政府调控能力得分 -0.91，全国排名第30位。

（八）西藏

西藏区域自我发展能力总指数得分 -0.693，全国排名第31位。西藏区域自我发展能力结构特征是：居民素质技能得分 -0.77，全国排名第31位；企业创新能力得分 -0.60，全国排名第31位；产业竞争能力得分 -0.43，全国排名第27位；政府调控能力得分 -0.97，全国排名第31位。

二、能力构成分析

2016年西部民族地区自我发展能力结构特征（按能力构成）如图5-2所示。

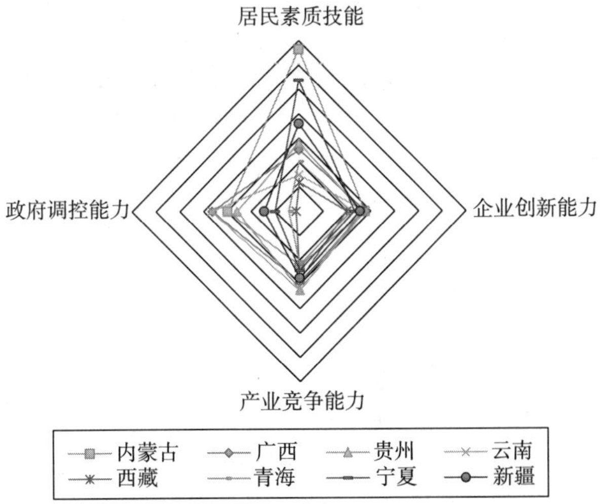

图5-2　2016年西部民族地区自我发展能力结构特征（按能力构成）

（一）居民素质技能

2016 年西部民族地区居民素质技能（RQS）综合因子得分如图 5－3 所示。

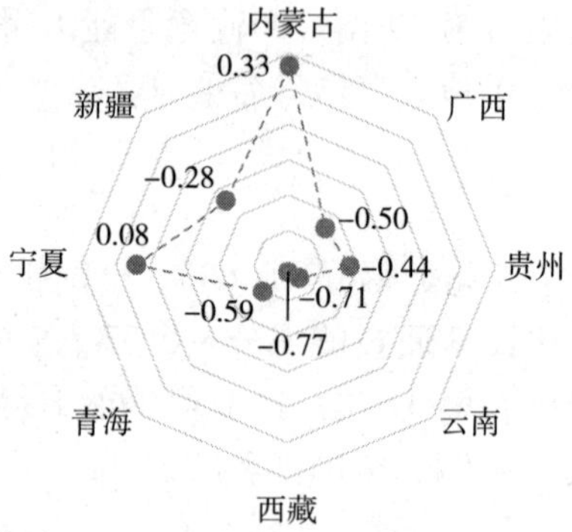

图 5－3　2016 年西部民族地区居民素质技能（RQS）综合因子得分

居民素质技能（RQS）综合因子：内蒙古排名第 8 位，得分为 0. 33；宁夏排名第 10 位，得分为 0. 08；新疆排名第 16 位，得分为－0. 28；贵州排名第 25 位，得分为－0. 44；广西排名第 26 位，得分为－0. 50；青海排名第 29 位，得分为－0. 59；云南排名第 30 位，得分为－0. 71；西藏排名第 31 位，得分为－0. 77。内蒙古、宁夏居民素质技能在全国排名靠前，新疆处于中等水平，贵州、广西、青海、云南、西藏排名靠后。

居民素质技能公因子 F_1（区域教育文化水平及收入保障程度）：内蒙古排名第 5 位，得分 0. 39；宁夏排名第 7 位，得分 0. 16；西藏排名第 19 位，得分－0. 41；青海排名第 23 位，得分－0. 60；新疆排名第 20 位，得分－0. 53；广西排名第 27 位，得分－0. 67；云南排名第 30 位，得分－0. 87；贵州排名第 25 位，得分－0. 63。内蒙古、宁夏的教育文化与收入保障水平在全国排名相对靠前；西藏、新疆处于中等水平；青海、贵州、广西、云南排名相对靠后。

居民素质技能公因子 F_2（区域居住环境质量）：广西排名第 14 位，得分 0. 09；云南排名第 17 位，得分－0. 40；新疆排名第 19 位，得分－0. 50；贵州排名第 23 位，得分－0. 65；内蒙古排名第 25 位，得分－0. 86；青海排名第 26 位，得分－0. 87；宁夏排名第 30 位，得分－1. 17；西藏排名第 31 位，得分－1. 23。广西、云南、新疆的居住环境质量在全国排名处于中等水平，贵州、内蒙古、青海、宁夏、西藏排名相对靠后。

居民素质技能公因子 F_3（区域市政设施建设水平）：内蒙古排名第 1 位，得分 2.24；宁夏排名第 3 位，得分 1.81；新疆排名第 15 位，得分 0.02；贵州排名第 16 位，得分 -0.003；广西排名第 19 位，得分 -0.23；云南排名第 24 位，得分 -0.57；西藏排名第 29 位，得分 -1.13；青海排名第 30 位，得分 -1.13。内蒙古、宁夏市政设施建设水平在全国处于前列，新疆、贵州、广西处于中等水平，云南、西藏、青海排名靠后。

居民素质技能公因子 F_4（区域健康医疗保障水平）：新疆排名第 2 位，得分 1.48；贵州排名第 9 位，得分 0.77；青海排名第 10 位，得分 0.61；内蒙古排名第 14 位，得分 0.06；宁夏排名第 16 位，得分 -0.04；云南排名第 20 位，得分 -0.28；广西排名第 23 位，得分 -0.74；西藏排名第 30 位，得分 -1.91。新疆、贵州、青海健康医疗保障水平在全国排名靠前，内蒙古、宁夏、云南处于中等水平，广西、西藏排名靠后。

（二）企业创新能力

2016 年西部民族地区企业创新能力（EIC）综合因子得分如图 5-4 所示。

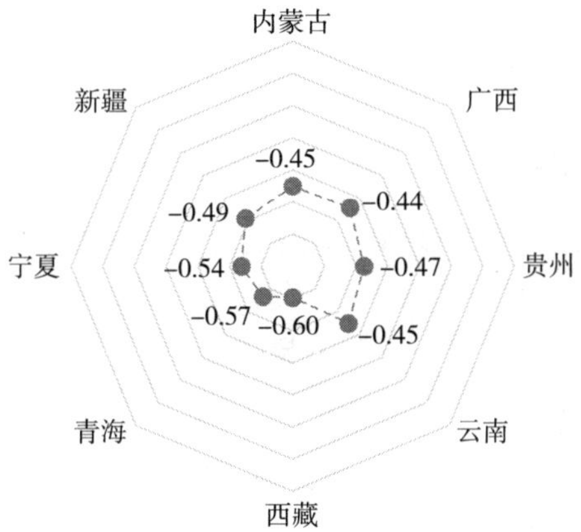

图 5-4 2016 年西部民族地区企业创新能力（EIC）综合因子得分

企业创新能力（EIC）综合因子：广西排名第 21 位，得分 -0.44；云南排名第 22 位，得分 -0.45；内蒙古排名第 23 位，得分 -0.45；新疆排名第 26 位，得分 -0.49；贵州排名第 27 位，得分 -0.47；宁夏排名第 28 位，得分 -0.54；青海排名第 30 位，得分 -0.57；西藏排名第 31 位，得分 -0.60。广西、云南、内蒙古、贵州、新疆、宁夏、青海、西藏的企业创新能力在全国排名均比较靠后。

企业创新能力公因子 F_1（企业创新能力基础水平）：广西排名第 18 位，得

分 -0.39；云南排名第20位，得分 -0.46；贵州排名第22位，得分 -0.48；新疆排名第25位，得分 -0.62；西藏排名第26位，得分 -0.64；内蒙古排名第27位，得分 -0.65；宁夏排名第28位，得分 -0.67；青海排名第29位，得分 -0.69。广西、云南企业创新能力基础在全国处于中等水平，贵州、新疆、西藏、内蒙古、宁夏、青海排名靠后。

企业创新能力公因子 F_2（企业知识创造与获取能力）：内蒙古排名第7位，得分 -0.51；新疆排名第8位，得分 -0.33；青海排名第14位，得分 -0.14；宁夏排名第18位，得分 -0.26；西藏排名第22位，得分 -0.58；贵州排名第26位，得分 -0.77；广西排名第27位，得分 -0.79；云南排名第29位，得分 -1.05。内蒙古、新疆企业知识创造与获取能力在全国排名靠前，青海、宁夏处于中等水平，西藏、贵州、广西、云南排名靠后。

企业创新能力公因子 F_3（企业研发创新实力）：云南排名第4位，得分 0.94；宁夏排名第9位，得分 0.20；贵州排名第10位，得分 0.19；广西排名第18位，得分 -0.20；青海排名第19位，得分 -0.27；西藏排名第20位，得分 -0.28；内蒙古排名第22位，得分 -0.56；新疆排名第27位，得分 -0.97。云南、宁夏、贵州企业研发创新实力在全国排名靠前，广西、青海、宁夏处于中上等水平，内蒙古、新疆排名靠后。

（三）产业竞争能力

2016年西部民族地区产业竞争能力（ICC）综合因子得分如图5-5所示。

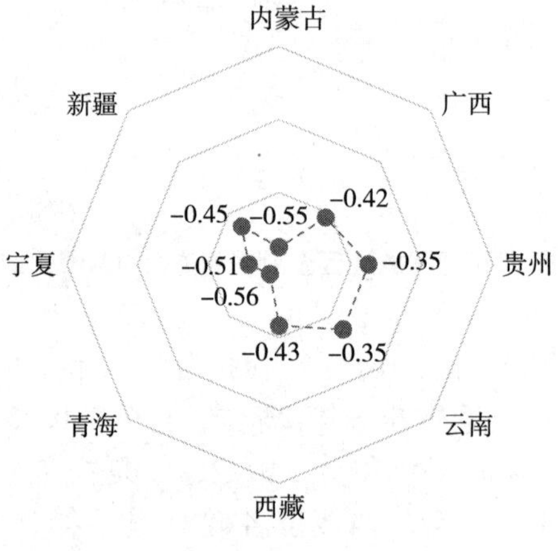

图5-5　2016年西部民族地区产业竞争能力（ICC）综合因子得分

产业竞争能力（ICC）综合因子：云南排名第23位，得分 -0.35；贵州排名第24位，得分 -0.351；广西排名第26位，得分 -0.42；西藏排名第27位，得分 -0.43；新疆排名第28位，得分 -0.45；宁夏排名第29位，得分 -0.51；内蒙古排名第30位，得分 -0.55；青海排名第31位，得分 -0.56。云南、贵州、广西、西藏、新疆、宁夏、内蒙古、青海的产业竞争力在全国排名均比较靠后。

产业竞争能力公因子 F_1（高技术产业和文化产业发展竞争力）：贵州排名第17位，得分 -0.31；广西排名第19位，得分 -0.34；青海排名第22位，得分 -0.44；西藏排名第23位，得分 -0.46；云南排名第25位，得分 -0.48；宁夏排名第26位，得分 -0.49；新疆排名第27位，得分 -0.53；内蒙古排名第31位，得分 -0.60。贵州、广西高技术产业和文化产业发展竞争力在全国处于中等水平，青海、西藏、云南、宁夏、新疆排名靠后，内蒙古处于末尾。

产业竞争能力公因子 F_2（非农产业贡献率）：云南排名第11位，得分0.04；贵州排名第13位，得分 -0.06；新疆排名第16位，得分 -0.20；西藏排名第20位，得分 -0.35；广西排名第27位，得分 -0.77；青海排名第29位，得分 -1.09；内蒙古排名第30位，得分 -1.13，宁夏排名第31位，得分 -1.14。云南、贵州、新疆、西藏非农产业贡献率全国排名处于中等水平，广西、青海、内蒙古、宁夏排名靠后。

产业竞争能力公因子 F_3（公共文化服务功能）：宁夏排名第3位，得分1.58；内蒙古排名第4位，得分1.14；青海排名第7位，得分0.53；西藏排名第10位，得分0.36；广西排名第18位，得分 -0.24；新疆排名第19位，得分 -0.42；云南排名第22位，得分 -0.67；贵州排名第31位，得分 -1.21。宁夏、内蒙古、青海、西藏的区域公共文化服务功能在全国排名靠前，广西、新疆处于中等水平，云南、贵州排名靠后。

产业竞争能力公因子 F_4（传统文化保护服务功能）：广西排名第15位，得分 -0.09；云南排名第16位，得分 -0.16；内蒙古排名第19位，得分 -0.26；新疆排名第24位，得分 -0.628；贵州排名第25位，得分 -0.634；宁夏排名第27位，得分 -1.15；青海排名第28位，得分 -1.17；西藏排名第30位，得分 -1.49。广西、云南、内蒙古传统文化保护服务功能在全国处于中等水平，新疆、贵州、宁夏、青海、西藏排名靠后。

（四）政府调控能力

2016年西部民族地区政府调控能力（GRC）综合因子得分如图5 -6所示。

政府调控能力（GRC）综合因子：云南排名第18位，得分 -0.27；广西排名第19位，得分 -0.28；内蒙古排名第23位，得分 -0.40；贵州排名第25位，得分 -0.48；新疆排名第27位，得分 -0.71；宁夏排名第29位，得分 -0.80；

青海排名第30位，得分-0.91；西藏排名第31位，得分-0.97。云南、广西的政府调控能力在全国处于中等水平，内蒙古、贵州、新疆、宁夏、青海、西藏排名靠后。

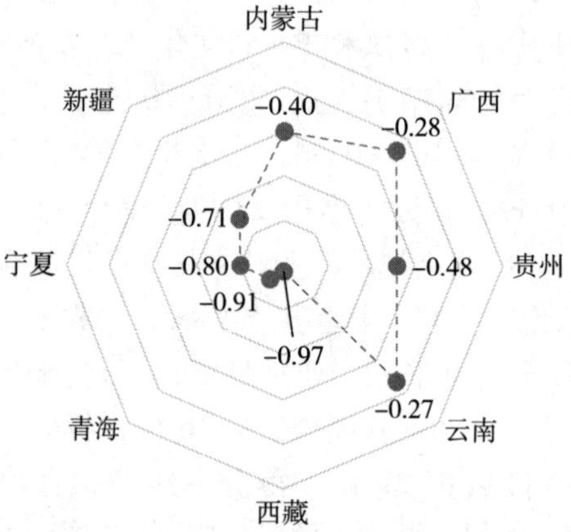

图5-6　2016年西部民族地区政府调控能力（GRC）综合因子得分

政府调控能力公因子 F_1（政府制度保障能力与发展支撑能力）：内蒙古排名第21位，得分-0.50；广西排名第24位，得分-0.54；云南排名第25位，得分-0.73；新疆排名第26位，得分-0.82；贵州排名第28位，得分-0.86；宁夏排名第29位，得分-0.91；青海排名第30位，得分-1.00；西藏排名第31位，得分-1.06。内蒙古、广西、云南、新疆、贵州，宁夏、青海、西藏的政府制度保障与发展支撑能力全国排名均比较靠后。

政府调控能力公因子 F_2（政府协调发展能力）：云南排名第6位，得分0.92；广西排名第7位，得分0.57；贵州排名第9位，得分0.53；新疆排名第17位，得分-0.18；内蒙古排名第21位，得分-0.48；西藏排名第24位，得分-0.57；青海排名第26位，得分-0.82；宁夏排名第27位，得分-0.96。云南、广西、贵州政府协调发展能力在全国排名比较靠前，新疆处于中下等水平，内蒙古、西藏、青海、宁夏排名靠后。

政府调控能力公因子 F_3（可持续发展能力）：内蒙古排名第11位，得分0.62；宁夏排名第12位，得分0.61；云南排名第18位，得分-0.18；青海排名第21位，得分-0.50；贵州排名第23位，得分-0.56；广西排名第24位，得分-0.68；新疆排名第27位，得分-1.44；西藏排名第29位，得分-1.52。内蒙古、宁夏、云南可持续发展能力在全国处于中等水平，青海、贵州、广西、新疆、西藏排名靠后。

第六章 全面提升西部民族地区自我发展能力总体思路与对策建议

一、总体思路

（一）内化外援，培育能力

新中国成立70年来，民族地区社会经济发展发生了沧桑巨变。但由于历史和现实多方面原因，目前，民族地区经济仍然是中国“东西差距”与“南北差异”中的显著“短板”和全国脱贫攻坚的坚中之坚。在中国区域均衡发展阶段（1949～1978年）和区域非均衡发展阶段（1979～1999年），西部地区和东部地区都受到国家倾斜性政策优惠，但中西部地区并没有取得像东部地区的发展速度。这一事实表明，将区域经济发展差距完全归因于政策、资金等外部因素是不科学的。唯物辩证法认为，内因是事物变化的根据，外因是事物变化的条件，外因通过内因起作用。这一原理是区域自我发展过程中处理好“外部援助”与“自我发展”的哲学依据。根据唯物辩证法，区域自我发展能力生成的内部动力是根本，具有决定作用；外部动力需要通过内部动力发挥作用，无论外部动力作用多大，也必须通过内部动力才能发挥作用。外部援助对区域发展是否起作用？起多大作用？是积极作用还是消极作用？取决于区域自身对外援的选择、吸收和内化能力。外界“输血”的作用在于增进机体“造血”功能，形成新的活力，而不能代替“造血”。

习近平总书记曾多次强调指出“脱贫要靠内生动力，要坚持输血和造血相结合，坚持民族和区域相统筹，重在培育自我发展能力”“最大限度调动当地群众的积极性，变要我发展为我要发展”“扶贫要同‘扶志’和‘扶智’相结合”“摆脱贫困首要意义在于摆脱意识和思路的贫困”“扶贫的关键在于提升贫困群体自身的脱贫能力”。民族地区争取和吸收外援，最终目的是为了增强区域自我发展能力。只有把外部要素植入地域，与内部要素融合创新，才能形成持续发展动力。新时代，区域协调发展战略和扶贫开发任务要求转变民族地区、落后地区依靠“外部援助”和“输血扶贫”传统思路，通过培育和增强区域自我发展能力和“能力扶贫”，进一步缩小区域发展差距，降低贫困率，促进区域统筹协调发展，实现共同富裕。

（二）评估劣势，重构价值

区域地缘政治因素、与经济核心区的相对位置、与海洋的相对位置是影响区位条件的3个重要因素。民族地区深处内陆，离最近海港的平均运输距离平均在1000千米以上。而在商品价格和契约费用既定的情况下，流通费用高低就成为交易成败的决定性因素①。民族地区拥有亚洲最长的陆上边境线，各少数民族分布包含了2.2万千米陆地边境线的绝大部分，总长达1.9万千米。在全国135个边境县（旗、市、市辖区）中，有民族自治地方107个。在2100万的边境总人口中，少数民族人口占48%②。民族地区与发达国家和国内地区的货物运输违反了“流通费用最低原则”，是国际贸易的非理想区位。在生态区位上，民族地区位于我国大江大河的上游，是我国生态平衡的关键源头。民族地区大多处于“生态环境脆弱带”，如少数民族集中分布的云贵高原、青藏高原、内蒙古高原，或是地势台阶的交汇区，或是干湿交替带，或是地处沙漠边缘，是两种或两种以上的物质体系、能量体系、结构体系、功能体系间形成的“界面”以及围绕该界面向外延伸的“过渡带”，具有生态脆弱、抗干扰能力弱、复原机会小等特点。《全国主体功能区规划》列出的限制开发区域共22个，其中西部12省区（市）就有17个，占了77%，绝大多数属于民族地区③。

区域自我发展能力具有可塑性，区域文化传统、主体功能、自治权利等影响因素是重塑、培育区域自我发展能力的重要因素。“价值重构”观念认为，西部民族地区地理位置、自然气候条件等区位“劣势”可以转变为加快经济发展的有利因素。例如：漫长的陆上边境线是中国联系世界的陆上门户；地形地貌的复杂性可转变为地种的丰富性；大宗能源的贫乏可转变为稀有能源的独有；特殊的

① 郑长德，罗布江村．中国少数民族地区经济发展方式转变研究［M］．北京：民族出版社，2010：207.

② 刘永佶．中国少数民族经济［M］．北京：中国经济出版社，2013：110.

③ 西部地区限制开发区：川滇森林生态及生物多样性功能区、秦巴生物多样性功能区、藏东南高原边森林生态功能区、新疆塔里木河荒漠生态功能区、新疆阿尔泰山地森林生态功能区、藏西北羌塘高原荒漠生态功能区、四川若尔盖高原湿地生态功能区、甘南黄河重要水源补给生态功能区、川滇干热河谷生态功能区、内蒙古呼伦贝尔草原沙漠化防治区、内蒙古科尔沁草原沙漠化防治区、内蒙古浑善达克沙漠化防治区、毛乌素沙漠化防治区、黄土高原丘陵沟壑沙漠化防治区、桂黔滇等喀斯特石漠化防治区。

人文因素可转变为丰富的民族文化等。西藏的“高原经济”、内蒙古东北部的“极寒经济”等都是重构区位价值的典型案例。还有未经雕琢的原始生态、冰川雪山、高原湖泊、戈壁大漠、岩溶地貌、宗教寺院、石窟艺术、古陵遗址等都具有潜在的开发价值。民族服饰、音乐艺术、饮食文化、历史宗教是现代都市人放松心情、陶冶情操、增长见识的瑰宝。西部民族地区在开发资源和富源，积极培育自我发展能力过程中应深入领会贯彻发展与环境保护的辩证统一关系，正确把握“既要绿水青山，也要金山银山”的相辅相成“双赢”关系和“宁要绿水青山，不要金山银山”的生态优先理念，树立和践行“绿水青山就是金山银山”的价值观、财富观和核心竞争力，做好“就是”这篇文章。把生态环境优势转化提升到生态农业、生态工业、生态旅游等生态经济优势、生态社会优势的更高境界上，以生态资源、历史文化“股息”为生，实现产业生态化和生态产业化，走出一条生态与经济共生共赢之路。

（三）生态优先，绿色发展

经济发展与生态环境保护是资源型地区可持续发展面临的两难困境。西部民族地区地处青藏高原、云贵高原、黄土高原和内蒙古高原，其生态系统既复杂又脆弱。据计算，青海、甘肃、陕西、西藏、云南、贵州、四川、广西、宁夏因生态破坏造成的直接经济损失为1500亿元，若按绿色GDP核算这些省区的经济没有实现发展①。据水利部门测算，全国每年因水土流失造成的经济损失相当于GDP的2.25%。素有千湖之县美称的青海省玛多县，由于生态的恶化，已有1000余个湖泊干涸或消失②。新中国70年的建设经验表明，保护生态环境和发展经济从根本上讲是相辅相成、有机统一的。2019年全国两会期间，习近平总书记首次以“四个一”系统阐释生态文明思想，要求把生态文明建设放在突出地位，融入经济建设、政治建设、文化建设、社会建设各方面和全过程。贯彻和落实新发展理念，走生态优先、绿色发展之路是当前和今后一段时期实现我国经济高质量发展的大逻辑。

培育提升西部民族地区自我发展能力，应积极探索和开辟生态脆弱地区实现经济社会与生态环境协调、可持续发展的崭新途径，坚持在发展中保护，在保护中发展。明确生态、经济、社会三大系统统筹协调发展，把生态规律优先、生态资本优先、生态效益优先作为评价经济政策、规划战略和产业发展的基本原则。遵循生态规律与经济规律、社会规律协同共进，把生态资源资本化，形成生态优势和生态竞争力，让生态产品成为生产力，走出一条经济发展与生态环境保护同

① 丁任重．西部资源开发与生态补偿机制研究［M］．成都：西南财经大学出版社，2009：285.

② 吉克跃林，郑长德．支持中国牧区加快发展的政策研究［J］．民族学刊，2013（1）：7.

步推进、产业竞争力与环境竞争力共同提升的可持续高质量发展之路，实现生态效益、经济效益、社会效益全面提高和协调发展。着力构建生态产业链，发展生态产业，促进经济发展方式向现代生态型经济转变，推动形成生态优先制度框架体系，进一步夯实绿色发展的产业体系，大力发展绿色经济和绿色产业。

（四）共享发展，惠及民生

阿马蒂亚·森指出，与社会保障和教育有关的社会服务是劳动密集型程度极高的，因此在贫穷、低工资、经济中是相对便宜的，也只需要较少的钱就能提供富国要花多得多的钱才能提供的服务①。斯里兰卡、改革前的中国、哥斯达黎加、印度、克拉克邦等经济体经验证明，通过适当的社会服务项目，尽管收入低，生活质量也是可以迅速提高的。一个国家不必等到经过相当长期的经济增长之后才开始争取教育和医疗保健的迅速扩展。劳动密集型经济增长方式可有效地创造就业机会和收入机会。为此，政府应当增强少数民族贫困人口的发展能力，为少数民族提供有效的就业机会、收入机会，改善社会福利。政府应调整各类公共服务支出结构，转向对教育、卫生、计划生育等软件投资。其目的就在于使全社会、各民族、各阶层人群获得基本公共服务，特别是缩小在教育、医疗和社会福利等社会领域的发展差距②。

长期以来，由于普遍认为民族地区与东部发达地区之间的差距就是经济发展差距，作为消除这一不平等的手段和途径，基本上以民族地区经济增长为优先，加速资源开发。有研究表明，民族地区与东部地区最大的发展差距是社会发展差距，这一差距远大于经济发展差距③。党的十九大报告明确指出，须更好地推动人的全面发展、社会全面进步，以增强全体社会成员共生于中华民族共同体这个大家庭内的幸福感、获得感和归属感。“创新、协调、绿色、开放、共享”的新发展理念，扬弃了唯 GDP 论，发展了科学发展观的思想，是以习近平同志为核心的党中央从党的宗旨延伸出来的价值选择，充分体现社会主义本质要求和发展方向。党的十九届四中全会进一步提出，带领人民创造美好生活，是我们党始终不渝的奋斗目标，必须始终把人民利益摆在至高无上的地位，让改革发展成果更多更公平惠及全体人民，朝着实现全体人民共同富裕不断迈进。

提升西部民族地区自我发展能力，在今后相当长的一段时期内，首要任务应

---

① ［印］阿马蒂亚·森．以自由看待发展［M］．任赜，于真译．北京：中国人民大学出版社，2002：37.

② ［日］速水佑次郎，神门善久．发展经济学——从贫困到富裕［M］．李周译．北京：社会科学文献出版社，2009：258.

③ 温军，胡鞍钢．民族与发展：新的现代化追赶［J］．西南民族大学学报（哲学社会科学版），2003（2）：7.

以改善民生为重点推进社会建设，引导资源向教育、医疗、就业、住房等方向倾斜，缩小城乡发展差距。大力推进以促进城乡公共服务均等化、加快城乡统筹发展的综合性民生工程，竭力消除物质贫困，增强能力扶贫，持续提高居民收入，拉动内需，促进资本形成，实现各民族共同繁荣富裕。

二、对策建议

民族地区居民素质技能（RQS）、企业创新能力（EIC）、产业竞争能力（ICC）、政府调控能力（GRC）得分表明，不同省区能力结构呈现差异化特征。民族地区 RQS、EIC、ICC、GRC 得分聚类分析结果表明，按照区域自我发展能力结构特征划分，民族地区（八省区）可归为四个群集。全面提升西部民族地区自我发展能力应基于各群集能力结构特征，针对“短板”能力制约采取合理有效的应对措施。

（一）第一类地区

内蒙古区域自我发展能力（RSQ）在民族地区排名第 1 位，全国排名第 19 位。内蒙古区域自我发展能力结构呈现的特征是：居民素质技能（RQS）得分较高，企业创新能力（EIC）、政府调控能力（GRC）得分较低，得分最低的是产业竞争能力（ICC），这是导致内蒙古区域自我发展能力整体不强的主要原因。内蒙古应以产业竞争能力为核心，全面提升区域自我发展能力。

1. 优化调整产业结构，提升产业竞争能力

内蒙古产业结构重化特征显著，高端装备制造业、高新技术产业和新兴产业占比不高。未来内蒙古产业高质量发展应当立足能源、化工、冶金、农畜产品加工等比较优势产业，紧紧抓住经济结构调整、供给侧改革、“一带一路”建设、新一轮西部大开发和东北振兴等国家重大战略调整机遇，持续推进产业结构优化升级，运用现代信息技术、人工智能等高新技术和先进适用技术改造升级传统产业，延长产业价值链，提高产品附加值。大力培育和发展清洁能源、新能源等绿色环保新兴产业，加快能源供给侧结构性改革，推动绿色发展。资源型产业是内蒙古的优势所在，更是未来发展的基础。内蒙古推动产业转型升级，资源型产业只能做强做优，不能做弱做丢，关键是“绿化”产业体系、转变发展方式，通过用能绿色化、工艺绿色化等措施，提高行业的节能减排降耗和资源综合利用水平，实现高碳产业低碳化绿色发展。大力发展光伏新能源产业、高分子新材料产

业、稀土新材料产业及循环经济项目等新兴产业。以文化大区建设为契机，充分挖掘开发本土文化资源、文化产品、文化服务，以文化的独特性和创造力增加制造业、服务业附加值，建立健全公共文化服务与传统文化保护服务功能，继续做大做强民族特色文化产业。扩大主导产业关联效应和扩散效应，促进人流、物流、资金流、信息流的融通，带动交通、餐饮、通信等相关产业繁荣发展。注重在服务领域培育支柱产业，大力发展旅游业、现代物流、现代金融、现代商贸流、创意设计、电子商务、信息产业、康养产业等现代服务业提档升级。提高非农产业产值贡献率和就业贡献率，着力推动产业高端化、智能化、绿色化、服务化、多元化，全面提升产业竞争能力。

2. 促进技术进步，提高企业创新能力

企业创新能力的培育是提升区域自我发展能力的基本手段。提升民族地区企业技术进步和技术创新能力，会大力增进单位资本和单位劳动的生产率，进而提高经济增长的效率。内蒙古必须大力提高科技创新能力，重视技术开发与技术引进，在固定资产投资快速增长的同时，努力提升单位资本的生产效率。支持大中型企业建立技术中心和研发机构，充分发挥企业创新主体作用，满足创新需求，夯实企业创新能力基础，提高企业知识创造与获取的能力。按照内蒙古自治区政府的人才建设要求，把教育培养发明型的科研领军人才队伍作为工作要点。

3. 依托科学决策，强化政府调控能力

完善政府的调节控制能力是增强区域自我发展能力的重要保障。地方政府调控为区域经济发展提供制度保障和发展支撑，以实现协调发展和可持续发展。内蒙古地方政府必须保持宏观经济调控方向和政策工具的稳定性和连续性，认真贯彻国家财政、金融、税收、价格等重大宏观调控政策方针，紧紧抓住国家西部大开发、振兴东北、“一带一路”倡议和支持边疆少数民族地区发展的机会，改善民生，提高制度保障能力和协调发展力，巩固和加强社会事业、加大环境的生态化建设及基础设施的投资，保持可持续发展能力，努力促进区域经济平稳快速发展。

4. 加快教育体制改革，加大民生建设力度

居民素质技能的提高是提升区域自我发展能力的必要前提。人力资本、知识资本、物质资本是塑造和培育居民素质技能必不可少的条件。内蒙古的区域自我发展能力之所以在西部民族地区中最高，得益于其较高的居民素质技能水平，必须进一步增强和提升居民素质技能水平。因此，需要针对民族地区教育发展特点完善教育制度建设，加大教育资源的投入，将优质的人、财、物资源投入到学前、小学、中学教育中，大力发展有民族地区特色的中等、高等职业教育，着力提高本科教育的理论及实践教学力度，提高研究生教育中的理论创新能力，提升

教育全过程的教学质量，大力支持民族教育。收入保障方面，内蒙古在经济快速增长、财政收入持续增加的背景下，应进一步保障和改善民生，逐步完善城乡居民基本公共服务体系，提高人民生活水平，切实增加城乡居民收入。采取积极的就业措施，多渠道开发就业岗位，提高产业劳动力吸纳能力，坚持发展为了人民、发展依靠人民、发展成果由人民共享。应积极加快基础设施投资主体多元化改革，着力改善市容环境，提高市政设施水平，为劳动者的生产生活提供舒适便利的环境。加大医疗体制改革力度，改善城乡医疗条件，为劳动者身心保健提供强有力的保障。

（二）第二类地区

宁夏、新疆区域自我发展能力（RSC）在民族地区排名分别为第5位、第6位，在全国排名分别为第26位、第28位。宁夏、新疆自我发展能力结构共性特征是居民素质技能（RQS）得分较高，企业竞争能力（EIC）、产业竞争能力（ICC）、政府调控能力（GRC）得分都比较低，这是导致其区域自我发展能力整体水平处于全国末尾的主要原因。

1. 突出本土特色，进一步优化产业结构

提高新疆、宁夏产业竞争能力需要充分发挥劳动力充裕优势，大力发展具有比较优势的劳动密集型产业，引进先进适宜的科技技术升级改造传统产业。积极调整产业结构和产品结构，以特色化、民族化、本土化产业为主的轻工业模式替代以采掘、原材料为主的资源依赖型、资本密集型产业模式。重点扶持宁夏、新疆羊绒加工、棉花种植、果品加工、葡萄酿酒、清真食品、红色产业等特色农牧林业经济，大力发展纺织、印染、伊斯兰文化用品等劳动密集型产业，紧紧抓住区内外产业结构优化升级、“一带一路”建设等机遇，推进煤炭及钢铁、水泥、有色金属等高耗能产业节能减排，积极布局新能源、新材料产业体系，环保、绿色产业等新兴产业链，建设和完善有民族区域特色的产业集群结构体系，在国内外分工中占有一席之地。应用高新技术、先进工艺和新装备改造提升能源化工、冶金、汽车、建材、特色农产品加工及纺织品等传统产业技术改造升级，促进产业优化升级和产品更新换代。充分利用当地资源优势，大力发展旅游业、物流业、现代金融业、商贸流通业、信息产业、节能环保业等现代服务业，挖掘提高文化产业竞争优势。

2. 促进就业，维持稳定，保证良好的发展环境

宁夏、新疆地方政府应加快政府职能转变，认真贯彻落实国家重大宏观调控政策方针，优化政府机构，提高职能部门工作效率、加快建设法治型政府、服务型政府，为区域经济和社会发展创造良好的制度环境，提高政府制度保障能力和

发展支撑能力。加大民生建设投入，优先吸纳当地劳动力，为少数民族提供更多更好的就业岗位，持续提高居民收入，提高社会福利，不断打通民生保障和经济发展相得益彰的路子。调整公共服务支出结构向对教育、医疗、卫生、住房等民生领域倾斜，使改革发展成果更多更公平惠及各族群众，提高公共服务均等化水平，缩小与发达地区间社会资源差距。加强制度保障能力和可持续发展能力，增加公共安全支出，维持社会稳定，坚持民族区域自治制度，抵御民族保守性、民族利己主义和民族本位主义，为经济和社会发展创造良好的环境，确保经济建设有序开展。高举各民族团结、互助、平等的鲜明旗帜，增进各族群众对伟大祖国、对中华民族、对中华文化、对中国共产党、对中国特色社会主义的认同，铸牢中华民族共同体意识，和衷共济，共谋繁荣发展。

3. 增强企业自主创新能力，促进经济持续增长

新疆、宁夏企业创新能力不高，应当建立健全企业创新机制，夯实企业创新能力基础。未来两区培育提高企业创新能力应当加快实施创新驱动发展战略，充分发挥企业创新主体作用，以高技术产业园区、重点实验室、研究与开发机构、工程技术研究中心、科技企业孵化器、高新技术产业化基地、科技成果转化和产业化示范基地、行业技术创新平台、科技公共服务平台等建设为重点，强化创新成果同产业对接，夯实企业创新能力基础。促进科技资源优化配置，加大信息资源建设投入，重视推广科学技术宣传展示及科普教育，营造“大众创业、万众创新”的政策环境和制度环境，提高企业知识创造与获取能力。着力培育创新型、科技型中小企业，促进产学研结合，重点培养发明型的科研领军人才队伍，提高企业科技成果转化能力和研发创新实力。重点扶持科技公共服务平台建设，着力改善信息基础设施与科普基础设施条件。

4. 加快人力资本积累，提高居民素质技能

居民素质技能是一个国家或地区生产力水平提高、科学技术推广以及社会经济发展的基础，同时也反映着社会经济的发展程度。新疆、宁夏的教育文化水平较低，劳动力整体素质不高，其地处边疆和内陆的地理环境也导致了引进外来人才困难。新疆、宁夏应大力发展当地教育事业，开发人力资源，提高人口素质。通过劳动者素质的提高，为区域发展提供强有力的人才保障。在自行培养的同时，也应通过合作培养、定向培养的方式，把人才送到内地培养，同时积极吸纳有志于边疆建设的人才到本地工作。新疆、宁夏在加快经济增长，财政收入持续增加的背景下，应进一步保障和改善民生，采取积极的就业政策，多渠道开发就业岗位，提高人民生活水平，切实增加城乡居民收入。继续加强基础设施建设，提高交通运输保障能力，着力改善市容环境，提升城乡基础设施建设规模及水准，加速医疗体制的改革进程，改进和完善地区各行政地域医疗条件。

（三）第三类地区

广西、贵州、云南区域自我发展能力（RSC）在民族地区排名分别为第2位、第3位、第4位，全国排名分别为第23位、第24位、第25位。广西、贵州、云南三省区自我发展能力结构共性特征是企业竞争能力（EIC）、产业竞争能力（ICC）、政府调控能力（GRC）得分较高，居民素质技能（RQS）得分偏低，这是导致区域自我发展能力不强的突出“短板”。

1. 加大人力资本投入，增强居民素质技能

西南民族地区、集中连片特困地区贫困程度深、扶贫成本高，是脱贫攻坚的坚中之坚。习近平总书记强调，深度贫困地区扶贫要同“扶智”相结合，不能仅仅停留在促进贫困人口眼下生存问题的解决上，而要着眼长远，从职业教育、农技推广、信息流通渠道拓展等方面培育有科技素质、有职业技能、有经营意识与能力的新型知识化农牧民，坚持造血式扶贫。三省区全面提升区域自我发展能力应当牢牢抓住教育这个关键，全面贯彻落实《教育精准扶贫行动计划》，加大教育扶贫力度，将义务教育均衡发展工作与脱贫攻坚工作同步规划、实施、考核。加大统筹力度，推动城乡义务教育一体化发展，将教育资源重点向薄弱地区和薄弱学校倾斜。千方百计改善贫困地区义务教育办学条件，加强农村寄宿制学校建设，加大贫困家庭子女受教育帮扶力度，尽快普及十二年制义务教育。以中等职业教育为重点，强化职业教育培训工作，提高居民教育文化素质技能，阻断贫困的代际传递。当地精准扶贫要进一步瞄准“智力、智商、能力、创造、创新”等长期性、基础性发展要素，提高综合素质要通过发展农村基础教育、技能培训、人才开发等，较快提高贫困人口的基本素质，使他们能够形成一定水平的自我创造能力、自我创新能力和自我调节能力。必须以共享发展理念为指导，始终坚持经济建设以人民为中心，在区域经济快速增长，财政收入持续增加的背景下，进一步推进民生建设，逐步完善城乡居民基本公共服务体系，多渠道开发就业岗位，提高产业劳动力吸纳能力，提高城乡居民收入。促进北部湾经济区发展，建成面向东盟的国际通道，形成大湄公河次区域经济合作新高地，打造面向南亚、东南亚的经济辐射中心。加快基础设施投资主体多元化改革，进一步加大基础设施建设投入力度，提高交通运输保障能力，着力改善市容环境、市政设施建设水平。进一步加大医疗体制改革力度，改善城乡健康医疗保障条件，为全面提升居民身体素质、技术素质和精神文化素质提供强有力的保障，促进居民素质技能与区域企业创新能力、产业竞争能力、政府调控能力协同匹配。

2. 坚持自主创新，完善科技创新体制

企业创新能力是提升区域自我发展能力的基本手段。广西、贵州、云南的企

业创新能力在全国均处于中等水平，需要不断地巩固和提升。加强科技创新的培育体制建设，坚持自主创新人才的培养、引进和发掘，加强和完善企业创新能力的培育，提高企业知识创造与获取能力，加快科技创新成果向现实生产力转化。促进科技资源优化配置，加大投入，提高信息基础建设水平。重视科普教育，推广科学技术宣传展示，提高科普基础建设水平。

3. 调整产业结构，发展现代农业和服务业

广西、贵州、云南的产业竞争能力均比较弱，在全国处于中下等水平，需要适应消费市场升级和调整的结构性变化，以及信息技术发展的趋势，将数字信息技术与传统工业的发展紧密结合，加快技术含量高、结构合理、环保化、有独特竞争力、附加值高的新兴产业的发展。提高非农产业产值水平和就业水平，进一步优化经济发展模式。在高度城镇化的发展环境中实现工业化就要引进农业现代化和智能化技术，提高农业现代化水平。作为资源富集且劳动力资源丰富的少数民族地区，主导产业选择和投资重点，应为谨慎发展资源密集型产业、有选择地发展资本密集型产业、积极发展知识密集型产业、优先发展劳动密集型产业。云南花卉业、白药享誉世界，广西甘蔗、芒果，云贵山区山野资源，都是立足于本地特有的自然资源的，应当运用丰富的民族文化资源和生物资源，发展民族特色经济和本土化经济，加强具有少数民族特色的文化产业发展。

4. 转变政府职能，促进社会和谐稳定

提高政府调控能力是区域自我发展能力提升的重要保障。广西、贵州、云南等地区的政府部门应顺应时代发展的要求转变政府职能、优化政府结构、理顺政府部门关系、提高职能部门工作效率、加快建设法治型政府、服务型政府的步伐。加大社会矛盾调解力度，拓宽民意民情表达渠道，健全党和政府主导的群众维权机制。营造各种所有制经济依法平等使用生产要素，公平参与竞争的体制环境，大力发展非公有制经济。积极建设生态文明，促进经济社会发展与人口、资源、环境相协调。将生态补偿、生态旅游、出售流域服务等生态保护措施变成资源开发或富源开发的一种路径，在资源开发和富源开发中把生态环境作为商品，实现生态化和产业化相辅相成的发展模式，把资源开发作为生态保护的手段，全方位开发其潜在价值，成功走出一条生态与经济的协调发展和可持续发展之路。借助本地区独有的地缘优势，适应国家战略需求，主动加强与周边国家、地区的战略对接，在配合国家整体战略顺利实施的同时，增强地区自我发展能力。

（四）第四类地区

青海、西藏区域自我发展能力（RSC）在民族地区排名分别为第7位、第8位，在全国范围内排名分别为第30位、第31位。青海、西藏自我发展能力结构

共性特征是居民素质技能（RQS）、企业创新能力（ICC）、产业竞争能力（EIC）、政府调控能力（GRC）得分均较低。西藏 RQS、EIC、GRC 得分、青海 ICC 得分在全国排名处于末尾，是民族地区自我发展能力“短板”中的“短板”。

1. 提高居民素质技能，扩大人力资本储备

青海、西藏地处边疆高原地区，自然条件、地理环境因素不利于吸引外来人才和技术。两省区应着力构建高层次人才和专业技术人才培养、引进机制，运用区域自行培养、区域间合作培养、区外定向培养等灵活多样形式加速人力资本积累，积极鼓励吸纳边疆建设志愿者到当地工作。创建农牧民职业技能培训体系，加大农牧区基础教育和职业教育投入力度，不断提高劳动者专业技术素质和教育文化素质。应进一步保障和改善民主、法治、公平、正义、安全、环境等民生建设，采取积极的就业政策，尊重贫困群体的主体性，重点发展贫困人口能够受益的特色农业、劳动密集型加工业和服务业，切实增加城乡居民收入，继续加强基础设施建设，提升城乡基础设施建设规模及水准，加速医疗体制改革进程，改进和完善地区各行政地域医疗卫生条件。

2. 培育企业创新能力，服务青藏经济发展

企业创新能力是构成区域自我发展能力的微观细胞，是提升区域自我发展能力的基本手段。西藏、青海的企业创新能力在全国处于中下水平。创新是企业规模发展壮大和产品升级换代的动力，也是改变地区经济发展方式的关键要素，更是产业结构升级的核心。通过建立健全企业创新机制，大力促进少数民族和少数民族地区科学技术发展，着力培育企业核心竞争力，服务地方经济发展。

3. 维护稳定，促进社会和谐

青海、西藏政府应按照提高效能、转变职能的要求，加快建立责任政府和服务政府。拓宽民意民情表达渠道，制定和执行促进平等的收入分配政策、就业政策和服务大众的公共政策，充分调动各族群众文化、乡情、经济技术水平和创建美好家园的动力与积极性。在生态文明、生态保护项目中积极提高贫困人口参与度和受益水平，为弱势群体、贫困人口提供广阔的发展空间，全面关注各民族的生存与发展，通过教育和人力资本投入，不断增强各族人民的自我发展能力，着力解决教育贫困、知识贫困、权利贫困和能力贫困等人的发展问题，消除区域经济发展不平衡性。坚持少数民族地区和少数民族经济同步发展，打牢中华民族共同体思想基础，不断增进各族群众对伟大祖国、对中华民族、对中华文化、对中国共产党、对中国特色社会主义的认同。积极建设生态文明，着力绿色环境的保护和发展，从高效利用资源中使经济社会及人口获得可持续发展的动力。借助地缘优势加强与周边国家、地区的战略对接，全方位开发潜在价值，创建经济、社会、人口、资源、环境相互协调的可持续发展之路。

4. 打造区域文化名片，提高产业竞争能力

青藏高原绿色、无污染的生态环境潜在价值巨大。提升青藏产业竞争能力应大力发展资源集约型、绿色环保型生态农牧业、生态林业、生态工业、生态文化旅游业等高新技术产业，促进生态产业化和产业生态化，把生态保护措施变成富源开发的新路径，破解生态保护与经济发展两难困境。在内生发展模式逐渐成为区域统筹发展重要方向的历史条件下，青藏地区毛纺、建筑、服饰、食品、民族手工业、制药等具有地域文化特色的产业将被赋予新的经济价值，释放新的市场潜力，提升产业竞争力。

参考文献

中文文献

［奥］约瑟夫·阿罗伊斯·熊彼特．经济发展理论［M］．叶华译．北京：中国社会科学出版社，2009.

［德］马克思．资本论（1－3卷）［M］．北京：人民出版社，2004.

［美］菲利普·阿吉翁，彼得·霍伊特．内生经济增长［M］．陶然，傀彬华译．北京：北京大学出版社，2004.

［美］迈克尔·波特．国家竞争优势［M］．李明轩，邱如美译．北京：华夏出版社，2002.

［日］宫本宪一．环境问题和社会经济体系——面向可持续发展社会［J］．孙亚峰译．发展研究参考，2004（7）：1－13.

［日］速水佑次郎，神门善久．发展经济学——从贫困到富裕［M］．李周译．北京：社会科学文献出版社，2009.

［日］西川润．内发式发展的理论与政策［J］．林燕平译．宁夏社会科学，2009（5）：23－28.

［印］阿马蒂亚·森．以自由看待发展［M］．任赜，于真译．北京：中国人民大学出版社，2002.

［英］阿尔弗雷德·马歇尔．经济学原理［M］．宇琦译．长沙：湖南文艺出版社，2012.

［英］亚当·斯密．国富论［M］．唐日松译．北京：华夏出版社，2005.

安彬，何家理，肖薇薇．秦巴山区自我发展能力测算及时空演变实证分析［J］．水土保持通报，2017（4）：304－314.

白家瀛，李振友．区域自我发展能力内涵考论［J］．经济师，2015（3）：192－198.

包玉山．中国少数民族经济的学科归属问题［J］．中央民族大学学报，2012（4）．

薄文广，安虤森．中国区域发展战略的演进及对地方政府的启示［J］．南开大学学报（哲学社会科学版），2013（5）：105－113.

鲍海峰，张平．西部特色优势产业内生成长模式及培育途径——以内蒙古稀土产业为例［J］．科学管理研究，2009（6）：47－50.

鲍晓华．从比较优势到竞争优势［J］．财贸经济，2001（4）：68－71.

蔡昉．市场如何配置劳动力资源［J］．今日中国论坛，2005（5）：54－57.

蔡建军．基于经济权利禀赋视角的欠发达地区自我发展能力重构研究［D］．重庆大学硕士学位论文，2013.

蔡之兵，张可云．空间布局、地方竞争与区域协调——新中国70年空间战略转变历程对构建中国特色社会主义空间科学的启示［J］．人文杂志，2019（12）：11－20.

蔡之兵，张可云．中国区域发展战略的60年历程回顾（1953－2013）［J］．甘肃社会科学，2015（2）：153－157.

蔡之兵．改革开放以来中国区域发展战略演变的十个特征［J］．区域经济评论，2018（4）：26－38.

蔡之兵．区域自我发展能力框架及对我国不同类型区域的意义研究［J］．中共成都市委党校学报，2014（6）：49－54.

曾五一，赵楠．中国区域资本配置效率及区域资本形成影响因素的实证分析［J］．数量经济技术经济研究，2007（4）：35－42.

陈宝胜，石淑花．中国扶贫政策模式变迁及其演化逻辑［J］．福建行政学院学报，2017（5）：30－39.

陈栋生．东中西协调互动论［M］．北京：经济科学出版社，2008.

陈栋生．中国西部大开发10年回顾与前瞻［J］．云南财经大学学报，2010（1）：3－8.

陈刚，张解放．区际产业转移的效应分析及相应政策建议［J］．华东经济管理，2001（2）：24－26.

陈瑾瑞．金融地理学视角下西北五省区金融创新能力研究——以陕西、甘肃、青海、宁夏、新疆为例［D］．兰州大学博士学位论文，2014.

陈军民．贫困地区农村自主发展能力研究［J］．广西农业科学，2008（3）：409－421.

陈明森．自主成长与外向推动：产业结构演进模式比较［J］．东南学术，2003（3）：51－66.

陈庆德．民族经济学［M］．昆明：云南民族出版社，1994.

陈托兄，郝文军．大力发展特色民族文化产业——基于供给侧改革的少数民族地区经济发展新路径研究［J］．渤海大学学报（哲学社会科学版），2017

(6)：122－126.

陈卫平．内发性发展理论述评［J］．山东师大学报（社会科学版），1993(6)：29－34.

陈文烈．西部大开发框架下青藏高原地区经济发展战略再思考［J］．甘肃省经济管理干部学院学报，2005（2）：19－22.

陈秀山，董继红，张帆．“十二五”期间我国区域发展格局的新走向［J］．山东经济，2011（4）：5－11.

陈秀山，杨艳．区域协调发展：回顾与展望［J］．西南民族大学学报（人文社会科学版），2010（1）：70－74.

陈秀山，张可云．区域经济理论［M］．北京，商务印书馆，2007.

陈秀山，赵霄伟．区域规划密集推出重构区域经济格局［J］．领导之友，2010（2）：5－9.

陈耀．“十三五”时期我国区域发展政策的几点思考［J］．区域经济评论，2016（1）：25－28.

陈作成，龚新蜀．西部地区自我发展能力的测度与实证分析［J］．西北人口，2013（2）：110－115.

成学真，陈小林．区域发展自生能力界定与评价指标体系构建［J］．内蒙古社会科学（汉文版），2010（1）：99－104.

程广斌，任严岩，程楠，张盼盼．西部地区自我发展能力——内容解构、评价模型与综合测评［J］．工业技术经济，2016（1）：123－129.

崔静静，王乾宇．民族地区智库引领创新驱动［J］．克拉玛依学刊，2017(1)：14－20.

戴昭鑫，胡云锋，任博，张云芝．1990—2013年丝绸之路东段城市群自我发展能力的时空格局和变化分析［J］．干旱区地理，2016（4）：909－917.

单德朋，郑长德．全面小康：西部民族地区还有多远？［J］．软科学，2012(2)：46－51.

淡其瑶．关于青藏高原发展生态经济研究［J］．知识经济，2011（20）：53－54.

邓光奇，李昌龙，丁凌之．“一带一路”背景下的中国区域现代化发展战略理论研讨会综述［J］．区域经济评论，2019（2）：147－150.

邓万春．内生或内源性发展理论［J］．学术论坛，2011（4）：44－46.

邓翔，李双强，袁满．西部大开发二十年政策效果评估——基于面板数据政策效应评估法［J］．西南民族大学学报（人文社会科学版），2020（1）：107－114.

丁春艳，黄基鑫．“一带一路”背景下的中国区域现代化发展战略理论研讨会综述［J］．民族研究，2018（4）：121－122.

丁立．中部城市群自我发展能力测算及时空演变分析［D］．山西师范大学博士学位论文，2017.

丁美霞，周民良．中国各省区创新能力的动态趋势与影响因素分析［J］．经济学家，2008（1）：63－68.

丁任重．西部资源开发与生态补偿机制研究［M］．成都：西南财经大学出版社，2009.

丁如曦，赵曦．中国西部民族地区经济发展方式的主要缺陷与新时期战略转型［J］．云南民族大学学报（哲学社会科学版），2015（3）：93－98.

丁绪辉，高新雨，高新才．青藏高原区人口与经济空间格局演变及耦合性研究：2000—2010［J］．西藏大学学报（社会科学版），2014（29）：34－42.

丁妍．基于要素流动的区域自我发展能力研究［D］．广西大学博士学位论文，2015.

杜青华，窦国林．青海东部干旱山区扶贫对策研究——基于乐都县李家乡自我发展能力视角的实证分析［J］．青海社会科学，2011（1）：47－50.

樊纲，王晓路、朱恒鹏．中国市场化指数——各地区市场化相对进程2011年报告［M］．北京：经济科学出版社，2011.

樊杰，王亚飞，梁博．中国区域发展格局演变过程与调控［J］．地理学报，2019（12）：2437－2454.

樊杰．青藏地区特色经济系统构筑及与社会、资源、环境的协调发展［J］．资源科学，2000（7）：12－21.

范媛，张一鸣，王彩娜．专家共话内蒙古高质量发展——“内蒙古加快新旧动能转换推动经济高质量发展研究”研讨会专家观点集锦［N］．中国经济时报，2018－11－21（002）：1－5.

方竹兰．中国体制转轨过程中的社会资本积累［J］．中国人民大学学报，2002（5）：47－51.

费孝通．关于少数民族地区的发展战略问题［J］．民族经济，1987（2）．

费孝通．江村经济［M］．北京：商务印书馆，2001.

费孝通．中华民族的多元一体格局［J］．北京大学学报（哲学社会科学版），1989（4）．

封莎．中国十四片集中连片特困区自我发展能力、信息化对经济增长影响的效率研究［D］．重庆师范大学博士学位论文，2018.

冯海英．西部区域经济发展差异比较研究——以青藏地区为例［J］．经济问题探索，2014（10）：186－190.

冯海英．系统论视角下青藏经济系统和谐共生策略解析［J］．青海师范大学学报（哲学社会科学版），2015（2）：12－16.

冯彦明．中国民族地区金融发展报告［M］．北京：中国金融出版社，2016.

符冠云，田智宇，丁波．典型西部省区工业化发展中的节能减排问题思考——以新疆、宁夏为例［J］．中国能源，2015（8）：16－20.

付实．西部新能源产业自我发展能力量化分析及提升路径［J］．经济体制改革，2015（3）：188－193.

傅国文．跳出比较利益的陷阱——论发展中国家贸易发展战略的理性基础与战略选择［J］．世界经济研究，1997（6）：59－63.

傅忠贤．川陕苏区自我发展能力培育与提升研究［J］．四川文理学院学报，2016（7）：93－102.

甘峰．“发展”的起源、变迁与政府转型［J］．中国特色社会主义研究，2007（3）：30－36.

甘峰．内发式发展与公共治理［M］．北京，人民出版社，2009.

高鸿业．比较成本学说不应构成我国外贸发展战略的理论基础［J］．经济问题探索，1982（4）：31－32.

高新才，王科．主体功能区视野的贫困地区发展能力培育［J］．改革，2008（5）：144－149.

高新才，闫磊．西部民族经济区特色优势产业发展问题研究［J］．地域研究与开发，2010（2）：34－39.

高新才，杨维军．论青藏高原特色经济发展［J］．西北第二民族学院学报（哲学社会科学版），2007（1）：51－57.

高言弘．民族发展经济学［M］．上海：复旦大学出版社，1990.

高永久．西北民族地区现代化与可持续发展研究［M］．兰州：兰州大学出版社，2004.

高永久．西北少数民族地区城市化建设研究［M］．兰州：兰州大学出版社，2003.

龚晓菊．从要素投入到产业植入——论我国西部开发模式的转型［J］．宏观经济研究，2012（7）：25－32.

古力娜尔·肉孜．边疆民族地区特色优势产业发展中存在的问题研究［J］．现代经济信息，2013（20）：324－325.

关靖云，瓦哈甫·哈力克，赵恒山，姚一平，赵佳丽，伏吉芮．新疆各县市自我发展能力测算及时空演变分析［J］．华中师范大学学报（自然科学版），

2015（6）：958－966.

郭建缨．滇西边境片区自我发展能力研究［D］．云南师范大学博士学位论文，2017.

郭捷，齐央宗．政策支持与技术创新绩效——基于民族地区的实证分析[J]．科研管理，2017（4）：550－557.

郭克良，蓝文权，蒙运芳．“一带一路”背景下欠发达地区转型发展研究［J］．宏观经济管理，2015（7）：40－47.

郭运良．浅议提升西藏阿里地区自我发展能力问题［J］．现代经济信息，2016（1）：345－346.

韩斌．人口较少民族自我发展能力现状与提升路径［J］．学术探索，2016（3）：45－48.

郝雄磊．连片特困地区自我发展能力提升研究——基于南疆三地州实证分析［J］．新疆社科论坛，2019（4）.

何代欣．非农业化是工业反哺农村、农民的唯一产业路径吗——中国西部大开发10年来的自我发展能力塑造与经验［J］．财贸经济，2011（4）：39－45.

何顺果．比较开发史［M］．北京，世界图书出版公司，2002.

何晓群．现代统计分析方法与应用［M］．北京：中国人民大学出版社，1998.

贺琳凯．边疆多民族地区的政治利益分化、利益表达及政治参与的内在机理及特征——以云南、广西、贵州三省部分地区为例［J］．云南行政学院学报，2011（4）：81－83.

洪银兴．从比较优势到竞争优势——兼论国际贸易的比较利益理论的缺陷［J］．经济研究，1997（6）：20－26.

侯仲凯．对口援助对少数民族农牧民自我发展能力的提升作用［J］．湖北农业科学，2015（11）：5775－5777.

胡鞍钢，康晓光．决战“喀斯特”关于广西、贵州、云南三省区贫困与反贫困的对话［J］．民族团结，1995（4）：20－24.

胡鞍钢，李春波．新世纪的新贫困：知识贫困［J］．中国社会科学，2001（3）：70－81.

胡鞍钢，王洪川，魏星．中国各地区人类发展：大进步与大趋同（1980－2010）［J］．清华大学学报（哲学社会科学版），2013（5）：55－68.

胡鞍钢，温军，吴群刚，常志霄．西部开发的新模式与新原则［J］．管理世界，2000（6）：34－48.

胡鞍钢，温军．社会发展优先：西部民族地区新的追赶战略［J］．民族研究，2001（3）：12－23.

胡鞍钢，温军．西部开发与民族发展［J］．西北民族大学学报（哲学社会科学版），2004（3）：30－57.

胡鞍钢，温军．中国民族地区现代化追赶：效应、特征、成因及其后果［J］．广西民族学院学报（哲学社会科学版），2003（1）：107－114.

胡红斌．提高深度贫困群体素质增强其自我发展能力——以德宏州为例［J］．改革与开放，2012（11）：77－79.

胡伟．中国发展的“比较优势”何在——超越纯经济视点的分析［J］．战略与管理，1995（3）：69－78.

胡卫华．基于培育自我发展能力视角的我国西部开发经验思考［J］．特区经济，2011（8）：178－181.

胡霞．日本边远后进地区开发模式的反省和发展新方向［J］．经济研究参考，2005（27）：43－50.

胡霞．日本过疏地区开发方式及政策的演变［J］．日本学刊，2007（5）：82－95.

黄健英．论三次飞跃——中国少数民族地区通向市场经济之路［M］．北京：中央民族大学出版社，1994.

黄健英．当代少数民族地区经济发展简要回顾及几点思考［J］．中央民族大学学报（哲学社会科学版），2016（2）．

黄健英．当代中国少数民族地区经济史［M］．北京：中央民族大学出版社，2016.

黄健英．论制度创新与民族经济发展［J］．中央民族大学学报（哲学社会科学版），2003（4）：56－61.

黄健英．民族地区农村经济发展研究［M］．北京：中央民族大学出版社，2006.

黄蕾．集中连片特困地区自我发展能力评价与提升研究［D］．山西财经大学硕士学位论文，2018.

黄硕明，张立磊．中国扶贫政策变迁的历史回顾与实践困境［J］．山东行政学院学报，2018（12）：84－89.

黄万纶，李文潮．中国少数民族经济新论［M］．中央民族学院出版社，1990.

黄万纶，施正一．中国少数民族经济概论［M］．中央民族学院出版社，1985.

霍燕，马静．人力资本对西部地区农业自我发展能力的影响研究［J］．陕西理工学院学报（社会科学版），2016（2）：7－11.

吉克跃林，郑长德．支持中国牧区加快发展的政策研究［J］．民族学刊，2013（1）：1－11.

贾佳，张文明．内生型发展——长江经济带建设的路径选择［J］．中国发展，2015（2）：34－40.

贾金荣，张霞．西部边贸区培育自我发展能力的模式研究［J］．时代金融，2012（11）：74－75.

贾金荣．六盘山连片特困地区自我发展能力研究［D］．兰州大学硕士学位论文，2013.

江世银．西部大开发选择——从政策倾斜到战略性产业结构布局［M］．北京：中国人民大学出版社，2007.

姜安印，李泽荣．对口支援与西部地区自我发展能力提升［J］．攀登，2014（2）：97－102.

姜安印．区域发展能力理论——一个初步分析框架［J］．兰州大学学报（社会科学版），2012（6）：128－134.

姜文仙，覃成林．中央政府推动区域协调发展战略：动因、时机与方式［J］．区域经济评论，2013（1）：42－48.

姜文仙．区域协调发展的动力机制研究［D］．暨南大学博士学位论文，2011.

蒋利辉，冯刚．"一带一路"，民族地区的重大战略机遇［J］．中国民族，2015（5）：12－13.

焦利娟．浅谈黑龙江省农村贫困人口发展能力建设［J］．经济研究导刊，2019（2）：15－26.

金相郁，郝寿义．中国区域发展差距的趋势分析［J］．财经科学，2006（7）：110－117.

孔朋，李英梅．基于农村自我发展能力的新农村建设研究［J］．河南机电高等专科学校学报，2009（4）：44－46.

蓝红星．人力资本视阈下西部农村地区自我发展能力的提升［J］．安徽农业科学，2011（10）：6254－6255.

劳伦斯·马奇，布伦达·麦克伊沃．怎样做文献综述——六步走向成功［M］．陈静，肖思汉译．上海：上海教育出版社，2011.

乐长虹．中国民族地区经济发展报告（2014）［M］．北京：民族出版社，2015.

李昌明．中国区域发展态势、差距、原因及对策研究［J］．经济学动态，

2010（2）：62－65.

李创．中国深度贫困地区自我发展能力研究［D］．重庆师范大学博士学位论文，2019.

李海红，王晓梅．提升西藏自我发展能力的制度保障［J］．齐齐哈尔大学学报（哲学社会科学版），2016（1）：18－20.

李红玲，王茜．民族地区包容性创新能力测度研究——基于民族七省区“十二五”时期的面板数据［J］．科技管理研究，2017（23）：25－30.

李华，王青云．“十三五”时期我国区域协调发展思路研究［J］．宏观经济管理，2015（10）：14－21.

李华红．民生语域中民族村寨旅游业开发检思与居民自我发展能力研究——贵阳市镇山村案例［J］．湖北社会科学，2011（10）：89－92.

李慧，鲁茂．西部地区发展能力不强的多因素分析［J］．科学与管理，2008（5）：83－87.

李建刚．青藏铁路沿线重点地区发展特色经济研究［D］．青海大学博士学位论文，2012.

李凯，叶修廷．国内少数民族自我发展能力研究综述［J］．前言，2015（7）：84－88.

李梅．中国少数民族地区经济发展方式转变研究［J］．环渤海经济瞭望，2018（3）：70－71.

李楠．把能力扶贫列为精准扶贫的重要举措［J］．经营体制改革，2016（28）：21－23.

李宁．中国民族地区经济扶持政策与经济增长研究［D］．吉林大学博士学位论文，2011.

李强．内源式发展战略决定中国和平崛起模式［J］．临沂师范学院学报，2007（2）：34－37.

李庆春．基于区域自生能力的中部崛起战略［J］．特区经济，2007（2）：176－177.

李泉．区域自我发展能力问题研究述评——兼论西部地区自我发展能力的培育与提升［J］．郑州航空工业管理学院学报，2011（1）：24－27.

李盛刚，畅向丽．西部民族地区农村自我发展问题研究［J］．甘肃社会科学，2006（6）：152－154.

李万明，吴奇峰，王能．西部开发政策效率评价与反思［J］．开发研究，2014（2）：1－5.

李曦辉．中国民族经济发展报告（2015）——“一带一路”战略下的民族地区经济国际化［M］．北京：社会科学文献出版社，2016.

李翔，李学军．南疆三地州自我发展能力评价指标体系的构建［J］．新疆社科论坛，2013（9）：151－156.

李小云．参与式发展概论［M］．北京：中国农业大学出版社，2001.

李晓红，郭蓉．“区域自我发展能力”的经济学界定及经验含义［J］．经济问题，2013（7）：14－18.

李娅，赵鑫铖．东西部对口支援中的能力缺口、援助需求与自我发展能力——以西部边疆五省区为例［J］．学术探索，2016（9）：93－99.

李毅，孙焕良，范焕．武陵山片区弱势群体自我发展能力精准培育［J］．中南林业科技大学学报（社会科学版），2019（5）：81－85.

李玉姣．改革开放以来中国共产党扶贫政策演进研究［D］．湖南师范大学博士学位论文，2017.

李豫新，张争妍．西部民族地区自我发展能力测评及影响因素分析［J］．广西民族研究，2013（3）：161－169.

李中锋．以参与式援藏提升农牧民自我发展能力研究［J］．中国藏学，2016（1）：89－95.

梁城城，王永莉．西部地区自我发展能力研究综述［J］．兰州财经大学学报，2015（5）：53－59.

梁进社，孔建．基尼系数和变差系数对区域不平衡性度量的差异［J］．北京师范大学学报（自然科学版），1998（3）：409－413.

梁琦．中国工业的区位基尼系数——兼论外商直接投资对制造业集聚的影响［J］．统计研究，2003（9）：21－25.

梁秀山．环境与发展的内发式发展论［J］．中国环境管理干部学院学报，2002（1）：12－17.

梁振芳，农国忠．资源富集地区自我发展能力的实践探索与建议——百色市调查［J］．理论探讨，2010（10）：270－273.

廖国民，王永钦．论比较优势与自生能力的关系［J］．经济研究，2003（9）：32－39.

廖珊，吴吉林，邓庆，尹祺玉，石佳玉，黄贤．武陵山片区传统村落自我发展能力评价研究——以张家界市石堰坪村为例［J］．怀化学院学报，2018（3）：36－41.

林万龙，李成威，陆汉文，曹洪民．全面深化改革背景下中国特色社会扶贫政策的创新［J］．经济纵横，2016（6）：80－85.

林毅夫，潭国富．自生能力、政策性负担、责任归属和预算软约束［J］．

经济社会体制比较，2000（4）：54－58.

林毅夫．自生能力、经济发展与转型：理论与实证［M］．北京：北京大学出版社，2004.

林毅夫．自生能力、经济转型与新古典经济学的反思［J］．经济研究，2002（12）：15－24.

林勇，梁超，陈立泰．西部地区自我发展能力投入产出效率评价——基于经济权利禀赋视角［J］．探索，2012（1）：96－103.

林勇，张宗益．禀赋差距还是权利缺失：区域经济发展差距理论与实证研究［J］．中国人口·资源与环境，2008（1）：51－56.

刘秉镰，杜传忠．区域产业经济概论［M］．北京：经济科学出版社，2010.

刘大志，马林．中国少数民族自治州经济社会发展蓝皮书（2006－2010）［M］．北京：民族出版社，2014.

刘刚，泽柏，张孝德．论青藏高原草原生态文明建设［J］．农村经济，2015（7）：106－110.

刘晃，朱震霄．内生性发展与新渔村建设［J］．经济研究导刊，2009（25）：47－49.

刘期彬．增强自我发展能力是实现西藏跨越式发展的内在动力［J］．西藏发展论坛，2011（1）：35－38.

刘霜，李敬．区域协调发展新征程、新战略、新机制——“2019年中国区域经济学会年会综述”［J］．西部论坛，2019（5）.

刘爽．试论消除能力贫困与西部大开发［J］．中国人口科学，2001（5）：46－51.

刘巍，陈昭．计量经济学软件：Eviews操作简明教程［M］．广州：暨南大学出版社，2009.

刘伟东，梁秀山．内发式发展论——一种新的地域经济理论［J］．财经问题研究，2001（4）：14－17.

刘昕华．精准脱贫方略下革命老区贫困人口自我发展能力研究［D］．西南民族大学博士学位论文，2017.

刘学敏等．国外典型区域开发模式的经验与借鉴［M］．北京：经济科学出版社，2010.

刘艳芝．“一带一路”背景下的新疆经济发展研究［J］．经济论坛，2016（2）：30－32.

刘洋，李海红．提升西藏自我发展能力制约性因素及解决对策［J］．学术交流，2015（2）：106－110.

刘耀彬，彭峰．中国特色社会主义区域协调发展战略的形成逻辑与时代特征［J］．安徽大学学报（哲学社会科学版），2019（2）：141－147.

刘永飞．西部民族省区非物质文化遗产扶贫开发研究［J］．中州学刊，2013（10）：91－94.

刘永佶，李克强．中国民族地区经济发展报告［M］．北京：中国社会科学出版社，2011.

刘永佶，张丽君，杨思远．中国民族地区经济社会发展与公共管理调查报告［M］．北京：中央民族大学出版社，2007.

刘永佶．民族地区经济发展方式转变研究［M］．北京：中国社会科学出版社，2012.

刘永佶．民族经济学［M］．北京：中国经济出版社，2007.

刘永佶．中国少数民族经济学［M］．北京：中国经济出版社，2013.

刘永佶等．中国少数民族经济发展研究［M］．北京：中央民族大学出版社，2006.

刘勇．区域经济发展与地区主导产业［M］．北京：商务印书馆，2006.

柳建文．中国区域协同发展的机制转型——基于国家三大区域发展战略的分析［J］．天津社会科学，2017（5）：77－82.

柳卸林，高太山，周江华．中国区域创新能力报告2013［M］．北京：科学出版社，2016.

龙远蔚．中国少数民族经济研究导论［M］．北京：民族出版社，2004.

卢中原，陈昌盛．西部开发与主体功能区建设如何形成良性互动——对陕西、甘肃几个城市的调研与思考［J］．中国工业经济，2008（10）：5－11.

鲁可荣．民族地区乡村价值传承与精准扶贫创新路径分析［J］．武汉科技大学学报（社会科学版），2017（3）：277－283.

陆大道等．中国区域发展的理论与实践［M］．北京：科学出版社，2003.

陆国栋，祝宏辉．我国西部少数民族地区经济发展方式转变测评与路径选择——以新疆为例［J］．新疆农垦经济，2011（9）：36－41.

罗康隆，刘海燕．“创新理论”与武陵山区土家族的自我发展［J］．怀化学院学报，2012（10）：1－5.

罗世兴．西部地区区域创新能力评价研究［D］．中国地质大学博士学位论文，2009.

罗晓梅，何关银，陈纯柱．从生存方式变革看待发展——西部生存方式变革与自我发展能力研究［M］．重庆：重庆出版社，2007.

罗晓梅，何关银．西部自我发展能力的经济哲学理性视域：运用反对经济边缘化的理论与实践［J］．重庆社会科学，2005（11）：45－50.

罗晓梅．论生存方式的变革与西部自我发展能力的提升［J］．探索，2007（4）：167－172.

罗晓梅．西部自我发展能力的载体：主体功能区的构建［J］．重庆行政，2012（5）：81－84.

吕翠苹，秦君玲．西藏自我发展能力实证分析——以日喀则市为例［J］．西藏大学学报（社会科学版），2015（4）：32－39.

马明，高宇璇．县域经济自我发展能力评价指标体系构建——以山西省为例［J］．经济问题，2016（3）：112－117.

马戎．少数民族社会发展与就业——以西部现代化进程为背景［M］．北京：社会科学文献出版社，2009.

马顺福．论转型时期贫困地区发展的能力约束和权利约束［J］．新东方，1998（4）：21－28.

梅兰．努力提高自我发展能力促进贫困地区快速发展［J］．贵州农业科学，2008（5）：180－182.

莫晨宇．发展通道经济培育西部民族地区自我发展能力［J］．创新，2013（2）：56－58.

南人凤．我国农村自我发展能力提升的生态环境视角分析［J］．经济研究导刊，2011（35）：7－22.

聂华林，李泉，杨建国．发展区域经济学通论［M］．北京：中国社会科学出版社，2006.

牛云峰．兵团农四师增强少数民族自我发展能力的成就、经验及对策［J］．兵团党校学报，2012（1）：14－17.

潘建军．宁夏石嘴山市反贫困自我发展能力的指标测量研究［D］．宁夏医科大学博士学位论文，2018.

彭非，袁卫，惠争勤．对综合评价方法中指数功效函数的一种改进探讨［J］．统计研究，2007（12）：29－34.

彭文斌，刘友金．我国东中西三大区域经济差距的时空演变特征［J］．经济地理，2010（4）：574－578.

彭志芳，段江涛，钟翔，安华轩．云南与广西、贵州区域创新能力比较——基于区域创新能力报告［J］．云南科技管理，2015（6）：18－21.

齐义军．包容性增长视阈下民族地区就业研究——以内蒙古为例［J］．中央民族大学学报，2011（2）．

青雪燕．自我发展能力的概念研究［J］．改革与开发，2012（22）：

128 - 129.

屈海涛. 新时代科技创新对民族地区国有经济竞争力的提升路径探究 [J]. 贵州民族研究, 2018 (6): 147 - 151.

饶华敏. 西部特色优势产业发展问题探讨——六盘水市产业发展 [J]. 中国经贸导刊, 2013 (1): 27 - 28.

任小建. 西部地区经济自生能力建设研究 [D]. 重庆大学博士学位论文, 2008.

任媛, 安树伟. 西部地区发展特色优势产业的优劣势分析 [J]. 生态经济, 2011 (5): 125 - 130.

若克亚姆·麦提库尔班. 新疆与内蒙古、宁夏、广西经济发展比较分析 [J]. 经济论坛, 2015 (1): 42 - 46.

邵建平, 苏小敏, 张永. 西部自我发展能力提升对策研究——基于比较优势承接东部产业转移的视角 [J]. 科技进步与对策, 2012 (3): 44 - 47.

邵建平, 张小琴. 以资源型产品最终加工原产地化来缩小东西部收入差距 [J]. 经济纵横, 2008 (5): 69 - 72.

申兵. 西部地区特色优势产业发展现状、问题及政策取向 [J]. 经济研究导刊, 2012 (55): 51 - 62.

申鹏, 曾杰, 张晓宇. 贵州深度贫困地区发展能力及空间特征分析 [J]. 贵州农业科学, 2019 (10): 144 - 150.

申鹏, 胡晓云. "三变"改革影响下农村人口自我发展能力评价研究——以六盘水市为例 [J]. 新疆农垦经济, 2018 (4): 33 - 40.

申雪梅. 基于灰色关联理论的区域创新能力研究——以西部地区为例 [D]. 西南财经大学博士学位论文, 2008.

沈茂英. 试论农村贫困人口自我发展能力建设 [J]. 安徽农业科学, 2006 (10): 2260 - 2262.

施正一. 差距加速与均衡——关于少数民族地区经济发展战略的探索 [J]. 黑龙江民族丛刊, 1989 (3).

施正一. 关于少数民族地区经济体制改革的几个问题 [J]. 经济问题探索, 1986 (1).

施正一. 民族经济学和民族地区的四个现代化 [M]. 北京: 民族出版社, 1987.

施正一. 西部少数民族地区经济发展的"加速战略" [J]. 中国民族, 1986 (11).

施正一. 中国西部民族地区经济开发研究 [M]. 北京: 民族出版社, 1988.

舒燕飞．中国少数民族地区经济增长研究［M］．北京：新华出版社，2010.

宋姗姗，柳建文．试论一带一路战略与民族地区人文资源的开发利用［J］．广西民族研究，2015（5）：164－171.

宋铁．民族地区自我发展能力与跨越式发展对策研究［J］．贵州民族研究，2015（7）：138－141.

宋泽楠．“一带一路”背景下西南少数民族地区的开放型发展——以广西为例［J］．广西民族研究，2015（3）：142－149.

苏理云，陈彩霞，高红霞．SPSS 19 统计分析基础与案例应用教程［M］．北京：北京希望电子出版社，2012.

苏永杰．试论藏族传统文化与青藏高原游牧经济的相互影响［J］．西南民族大学学报（人文社会科学版），2011（6）：162－165.

孙根紧，丁志帆．自我发展能力培育视角下四川革命老区旅游扶贫研究［J］．老区建设，2017（2）：9－12.

孙根紧．区域自我发展能力：概念辨析、构成要素与判断标准［J］．区域经济评论，2015（2）：42－47.

孙根紧．中国西部地区自我发展能力及其构建研究［D］．西南财经大学博士学位论文，2013.

孙洁，秦强．试论内在式发展模式对中国的启示［J］．新疆钢铁，2005（4）：35－39.

孙久文，孙翔宇．培育经济带：重塑中国区域发展战略［J］．现代管理科学，2017（3）：6－8.

孙岿．对口援疆与少数民族农牧民自我发展能力的提升［J］．中南民族大学学报（人文社会科学版），2012（3）：7－11.

孙鲁云，谭斌．新疆少数民族贫困户自我发展能力评价研究［J］．湖北民族学院学报（哲学社会科学版），2018（6）：88－95.

孙美谬．少数民族自我发展能力和乡村文化建设——以云南省乡村文化业为例［J］．黑龙江民族丛刊，2009（3）：127－132.

孙庆刚，秦放鸣．中国西部少数民族地区经济社会全面发展的影响因素——综述与评价［J］．经济问题探索，2010（4）：188－190.

孙早．制度重于投入，对西部开发的再认识［J］．经济学家，2000（3）：31－37.

谭清华．中国贫困治理七十年——扶贫政策创新视域［J］．改革与战略，2019（8）：24－32.

汤伟娜，汪海霞．西部地区工业企业自我发展能力评价指标构建及评价研究

［J］．新疆职业大学学报，2015（2）：20－24.

唐超，罗明忠，张苇锟．70 年来中国扶贫政策演变及其优化路径［J］．农林经济管理学报，2019（3）：283－292.

唐奇甜．增强民族地区自我发展能力的若干思考［J］．中南民族学院学报（哲学社会科学版），1990（2）：1－6.

唐昭霞．西部民族地区特色优势产业集群发展思路与路径探索［J］．中共四川省委党校学报，2017（12）：40－46.

陶泓．自我发展能力评价指标体系构建研究［J］．农村经济与科技，2014（12）：97－99.

田官平，张登巧．增强民族地区自我发展能力的探讨——兼对湘鄂渝黔边民族地区发展的思考［J］．吉首大学学报（社会科学版），2001（2）：7－15.

童翔．重庆贫困地区经济自生能力研究［D］．重庆工商大学博士学位论文，2017.

涂裕春，刘彤．民族地区口岸经济发展预判——基于“一带一路”建设的分区域类型研究［J］．西南民族大学学报（人文社会科学版），2016（1）：162－166.

汪海霞．新疆贫困地区自我发展能力研究［D］．新疆石河子大学博士学位论文，2016.

汪晓丹．基于经济理论的青藏高原发展现状及策略研究［D］．中央民族大学博士学位论文，2010.

王贝．基于内生发展的村庄生活岸线规划对策研究［D］．武汉理工大学博士学位论文，2011.

王斌．西部区域自我发展能力指标体系构建研究［D］．兰州大学硕士学位论文，2012.

王芳．援助与增强新疆自我发展能力的辩证思考［J］．哈尔滨学院学报，2012（6）：37－41.

王欢．西部地区产业自我发展能力测度［J］．经济金融，2015（2）：32－33.

王娟娟．新中国成立 70 年来区域经济发展战略的三次飞跃及其启示——基于问题导向原则的梳理［J］．新视野，2019（4）：22－29.

王康熙．社会文化背景对民族地区自我发展能力的作用途径［J］．皖西学院学报，2013（3）：75－78.

王科．中国贫困地区自我发展能力研究［D］．兰州大学博士学位论文，2008.

王来喜．西部民族地区“富饶的贫困”之经济学解说［J］．社会科学战线，2007（5）．

王来喜．资源转换论：西部民族地区资源优势转换的经济学分析［M］．北京：中国经济出版社，2006.

王蕾，汪海霞．基于熵值法的新疆民族地区自我发展能力研究［J］．新疆大学学报（哲学人文社会科学版），2016（2）：8－12.

王蕾，汪海霞．西部多民族地区自我发展能力评价分析［J］．新疆社会科学，2015（2）：28－32.

王留鑫，洪名勇．内生增长模型视角下人力资本对农民收入增长的影响［J］．统计与决策，2016（23）：110－112.

王洛林，魏后凯．我国西部大开发的进展及效果评价［J］．财贸经济，2003（10）：5－12.

王伟光．中国民族地区经济社会调查报告［M］．北京：社会科学出版社，2015（10）．

王文俊．对贫困人群的自我发展能力与定向农村职业教育发展的研究——以广西大石山区为例［J］．成人教育，2017（10）：45－49.

王文令．增强西藏自我发展能力的途径探析［J］．西藏发展论坛，2012（3）：47－51.

王文长，萨茹拉，李俊峰．西部资源开发与可持续发展研究［M］．北京：中央民族大学出版社，2006.

王小梅，孙兵芬．青藏高原贫困人口集聚区县域经济发展综合判断［J］．青海师范大学学报（哲学社会科学版），2016（3）：11－17.

王晓娟．政府管理竞争力对提升西部地区自我发展能力的思考［J］．兵团党校学报，2010（3）：68－73.

王秀艳．经济研究中的定性与定量分析争论与融合［J］．中国物价，2015（6）：67－69.

王秀艳．内蒙古牧区基础设施供给问题研究——以锡林郭勒盟为例［J］．中央民族大学学报，2014（1）．

王秀艳．区域自我发展能力理论分析框架下民族地区自我发展能力评价［J］．中央民族大学学报，2019（3）．

王秀艳．日本“内发式发展论”对我国西部构建自我发展能力的启示［J］．中国物价，2015（11）：78－80.

王延中．“21世纪初中国少数民族地区经济社会发展综合调查”进展与展望［J］．民族研究，2015（5）：115－120.

王延中．铸牢中华民族共同体意识建设中华民族共同体［J］．民族研究，2019（1）．

王彦斌，谢和均，吕文义．西南边疆多民族地区政府的社会管理及手段——基于云南、贵州和广西的调查［J］．贵州社会科学，2013（4）：33－38.

王一鸣．“十三五”时期推动区域协调发展的几点思考［J］．中国发展观察，2016（3）：15－17.

王永莉，梁城城．区域自我发展能力对经济增长的影响——基于西部民族8省的实证研究［J］．西北民族大学学报（哲学社会科学版），2015（4）：124－131.

王永莉，梁城城．碳生产力对我国区域自我发展能力影响的实证研究［J］．科技管理研究，2016（14）：83－88.

王永莉．西部民族地区自我发展能力的培育——基于对口援助西藏扎囊县为例［J］．西南民族大学学报（人文社会科学版），2013（10）：138－142.

王玉芳，景淑华，宫力平．可持续发展自生能力的培育［J］．中国林业经济，2007（3）：30－33.

王玉芬．内生拓展——中国少数民族经济发展的理念、根据、条件、战略［M］．北京：中央民族大学出版社，2006.

王跃，张凡，陈强，魏李梅．新疆与内蒙古、宁夏区域经济发展测度指标的比较简析［J］．实事求是，2011（2）：49－57.

王震，唐欣．“内发式经济发展”理论对西部大开发的启示［J］．新疆农垦经济，2002（1）：6－7.

王正伟．民族地区要在服务“一带一路”战略大局中大有作为［J］．民族论坛，2015（7）：5－7.

王志刚，黄棋．内生式发展模式的演进过程——一个跨学科的研究述评［J］．教学与研究，2009（3）：72－76.

魏后凯，陈栋生．中西部地区工业化战略与政策研究［J］．经济研究参考，2000（2）：10－29.

魏群．内蒙古各盟市经济发展水平评价与比较实证研究——基于因子分析和聚类分析［J］．管理观察，2018（27）：62－69.

温军，胡鞍钢．民族地区全面建设小康社会的战略构想及政策建议［J］．民族研究，2003（3）：10－17.

温军，胡鞍钢．民族与发展：新的现代化追赶［J］．西南民族大学学报（哲学社会科学版），2003（2）：1－12.

温军．少数民族地区全面建设小康社会有多远［J］．开发研究，2005（3）：

68－71.

温军．中国少数民族地区经济发展战略的选择［J］．中央民族大学学报，2002（2）．

吴传钧．增强我国西部地区自我发展能力是根本［J］．学会月刊，1997（11）：13－14.

吴海洋．甘肃河西地区区域自我发展能力研究［D］．兰州大学硕士学位论文，2011.

吴敬琏．发挥后发优势，防止片面重型化［J］．21世纪商业评论，2005（7）：145.

吴敬琏．质疑中国重化工［J］．招商周刊，2005（26）：10.

吴群刚，冯其器．从比较优势到竞争优势：建构西部地区可持续的产业发展能力［J］．管理世界，2001（4）：43－54.

吴易风，朱勇．内生增长理论的新发展［J］．中国人民大学学报，2000（5）：25－32.

吴忠军，王佳果．“一带一路”背景下民族地区旅游业创新发展研究［J］．广西师范学院学报，2016（6）：81－86.

夏华丽．区域特色旅游产业可持续发展的经济学诠释［J］．商业时代，2012（20）：144－145.

向焕琦．基于经济权利禀赋视角的西部地区自我发展能力提升研究［D］．重庆大学硕士学位论文，2011.

向延平．区域内生发展研究——一个理论框架［J］．商业经济与管理，2013（6）：86－91.

肖金成，黄征学．未来20年中国区域发展新战略［J］．财经智库，2017（2）：41－67.

肖金成，汪阳红．“十三五”时期区域协调发展决策思路［J］．决策与信息，2015（12）：27－28.

肖金成．中国区域发展新战略［J］．领导科学论坛，2016（6）：52－67.

肖胜军．个人素质对科技创新能力的影响——基于全国优秀博士学位论文获得者的统计学分析［J］．经济师，2012（7）：8－11.

谢里，樊君欢，吴诗丽．中国区域发展战略实施效果动态评估［J］．地理研究，2014（11）：2069－2081.

谢玉梅．改革开放四十年中国扶贫政策变迁及其实践［J］．江南大学学报（人文社会科学版），2018（6）：83－89.

邢青．辽宁省区域发展能力评价［J］．资源与产业，2016（5）：78－84.

邢智仓，朱晓俊，内蒙古经济体制改革 40 年的经验、启示［J］．北方经济，2018（9）：28－31.

熊贤良．比较优势与竞争优势的分离和结合经贸论坛［J］．国际贸易问题，1991（6）：10－15.

熊贤良．比较优势战略与大国的经济发展［J］．南开经济研究，1995（4）：46－60.

熊正贤，郑长德．民族地区资源型经济转型与产业结构动态优化研究［J］．黑龙江民族丛刊，2012（4）：75－80.

徐杰．“一带一路”背景下内蒙古经济发展面临的契机［J］．财经理论研究，2015（6）：12－19.

徐君．四川民族地区自我发展能力建设问题［J］．西南民族大学学报（人文社会科学版），2003（6）：41－46.

徐清军．论我国实施比较优势战略在未来外贸中的不适应性——兼论对外贸易在大国经济发展中的地位变化［J］．现代财经，2000（10）：17－21.

徐孝勇，曾恒源．中国 14 个集中连片特困地区县域自我发展能力测度与乡村振兴战略瞄准研究［J］．农林经济管理学报，2019（5）：684－692.

徐孝勇．中国农村贫困地区自我发展能力概念模型与形成机理分析［J］．重庆师范大学学报（哲学社会科学版），2016（5）：68－75.

许召元，李善同．近年来中国地区差距的变化趋势［J］．经济研究，2006（7）：106－116.

薛剑符，李海红．援藏进程中的西藏自我发展能力提升［J］．西藏大学学报（社会科学版），2014（1）：13－19.

薛剑符，周雪林．西藏自我发展能力的逻辑解读［J］．黑龙江民族丛刊，2014（1）：47－51.

闫磊，姜安印．区域自我发展能力的内涵和实现基础——空间管制下区域自我发展能力研究［J］．甘肃社会科学，2011（2）：213－216.

闫磊．中国西部区域自我发展能力研究［D］．兰州大学博士学位论文，2011.

闫永琴．中国西部经济内生增长机制研究——一个新兴古典经济学分析视角［D］．西北大学博士学位论文，2009.

严红．中国西部民族地区经济发展路径转型研究——基于改革开放以来的考察与分析［J］．云南社会科学，2017（4）：40－46.

严琼．以转变发展方式促青藏高原绿色经济发展的几点思考［J］．学理论，2011（4）：75－76.

阎占定，姚上海，崔榕．中国民族地区发展问题调研报告（Ⅰ）［M］．武汉：湖北人民出版社，2010.

杨彬．西北欠发达地区自我发展能力研究——以甘肃定西市为例［D］．兰州大学硕士学位论文，2010.

杨东萱．对参与式发展理念引入扶贫开发实践的思考［J］．大理学院学报，2010（7）：36－39.

杨东萱．论反贫困视角下少数民族贫困人口的自立与受援［J］．昆明学院学报，2010（4）：39－42.

杨东萱．文化视觉下的边境少数民族自我发展能力的培育——以云南省德宏州景颇族为例［J］．网络财富，2010（9）：149－153.

杨福成．依托内地省市援疆与提升兵团自我发展能力问题研究［J］．兵团党校学报，2014（3）：79－91.

杨海燕．区域经济发展新格局中青藏高原资源开发［J］．西南民族大学学报（人文社会科学版），2007（9）：105－108.

杨杰文．提高贫困地区自我发展能力的实践与思考［J］．农村财政与财务，2011（9）：26－27.

杨科．论农村贫困人口的自我发展能力［J］．湖北社会科学，2009（4）：61－64.

杨先明，梁双陆．东西部能力结构差异与西部的能力建设［J］．云南大学学报（社会科学版），2007（2）：70－78.

杨小凯，张永生．新贸易理论、比较利益理论及其经验研究的新成果：文献综述［J］．经济学（季刊），2001（1）：19－43.

杨照．新一轮西部大开发农业自我发展战略研究［J］．中国经贸导刊，2011（5）：44－46.

姚荣锦．西部地区发展特色优势产业的战略选择［J］．理论导刊，2014（7）：74－76.

叶文虎，万劲波．从环境—社会系统的角度看“建设和谐社会”［J］．中国人口·资源与环境，2007（4）：14－18.

易柳．改革开放40年中国扶贫政策的演化与前瞻——立足国家层面政策文本的分析［J］．西南民族大学学报（人文社会科学版），2018（4）：183－191.

尹伯成．西方经济学说史——从市场经济视角的考察［M］．上海：复旦大学出版社，2005.

尹洁，宋韵洁．改革开放以来中国共产党扶贫政策思想研究［J］．管理观察，2017（30）：97－98.

于光远．少数民族经济的现代化［J］．中央民族学院学报，1986（2）．

鱼小强．对增强西部地区自我发展能力的思考［J］．商洛师范专科学校学报，2002（9）：11－14.

虞晓芬，傅玳．多指标综合评价方法综述［J］．统计与决策，2004（11）：119－121.

宇涛，郭亚妮．西部经济发展滞后省份自我能力提升与跨越式发展——以甘肃省为例［J］．开发研究，2012（1）：13－17.

袁境．西部特色优势资源开发与特色产业发展探析［J］．西部开发，2013（1）：49－52.

云艳卿．论中国少数民族地区经济发展中制度作用分析［J］．现代商业，2015（27）：63－64.

张爱儒，高新才．青海藏区重要生态功能区自我发展能力的实证研究［J］．统计观察，2015（5）：111－114.

张凤太，苏维词，周杰，杨鸿雁．贵州少数民族地区自我发展能力探析［J］．成都工业学院学报，2013（1）：84－86.

张贡生．中国区域发展战略之70年回顾与未来展望［J］．经济问题，2019（10）：10－18.

张佳丽，贺新元．西藏自我发展能力诌议［J］．西藏研究，2010（4）：69－73.

张家俊．职业教育提升贫困区域自我发展能力研究［J］．知行铜仁，2016（6）：23－26.

张剑．提升西藏自我发展能力的路径选择［J］．齐齐哈尔大学学报（哲学社会科学版），2016（2）：42－44.

张景华．自然资本论视野下的经济增长研究［J］．扬州大学税务学院学报，2009（1）：57－62.

张磊．“一带一路”战略与中国少数民族地区社会经济发展［J］．中央民族大学学报（哲学社会科学版），2016（4）：70－77.

张丽君等．中国少数民族地区扶贫进展报告（2016）［M］．北京：中国经济出版社，2017.

张林，张中秋．西部特色产业自我发展能力研究——以横县茉莉花产业发展为例［J］．广西大学学报（哲学社会科学版），2012（6）：30－36.

张鹏飞．欠发达地区自我发展能力认知分析［J］．经贸实践，2016（2）：294－295.

张瑞华，阴慧，徐志耀．落后区域自我发展能力提升研究——从承接产业转移、优势产业培植的视角［J］．广西经济管理干部学院学报，2008（3）：6－10.

张伟．全面建成小康社会视域下贫困人口自我发展能力建设研究——以四川凉山彝区为例［D］．西南石油大学博士学位论文，2017.

张霞．呼包银榆经济区自我发展能力研究［D］．兰州大学硕士学位论文，2013.

张艳．基本公共服务均等化对提升西部地区自我发展能力的作用［J］．理论与当代，2013（5）：32－33.

张燕，魏后凯．中国区域协调发展的U型转变及稳定性分析［J］．江淮学刊，2012（2）：78－85.

张毅，杨俊．贵州扶贫开发中的制度创新思考［J］．贵阳市委党校学报，2012（5）：10－12.

张周平．实施差别化政策增强西部自我发展能力［J］．前进论坛，2011（5）：52－54.

赵建吉，王艳华，苗长虹．基于区域自生能力的胶新铁路经济带构建［J］．河南科学，2007（3）：499－502.

赵路．西部欠发达地区提升自我发展能力对策——以陕南发展为例［J］．价值工程，2012（1）：318－319.

赵铁．民族地区自我发展能力对经济增长的影响［D］．延边大学博士学位论文，2018.

赵曦，赵朋飞，张菁．西部大开发战略推进与西部内生增长机制培育［J］．经济问题探索，2011（10）：24－29.

赵雪雁，巴建军．牧民自我发展能力评价与培育——以甘南牧区为例［J］．干旱区地理，2009（1）：130－138.

赵永红．新经济视域下西部地区产业集群发展问题探讨［J］．改革与战略，2012（6）：96－97.

郑杭生．民族社会学概论［M］．北京：中国人民大学出版社，2005.

郑长德，罗晓芹．中国西部民族经济调查（2015）［M］．北京：经济科学出版社，2016.

郑长德，罗布江村．中国少数民族地区经济发展方式转变研究［M］．北京，民族出版社，2010.

郑长德．“五个发展”理念与民族地区经济社会全面发展研究［J］．民族学刊，2017（1）：1－21.

郑长德．基于新结构经济学视角的民族地区产业结构调整与升级研究［J］．

西南民族大学学报（人文社会科学版），2013（12）：112－123.

郑长德．西部大开发以来民族地区的经济发展与未来展望［J］．民族学刊，2010（1）：63－71.

郑长德．西部民族地区工业结构的逆向调整与政策干预研究［J］．兰州商学院学报，2011（6）：31－39.

郑长德．新时代民族地区区域协调发展研究［J］．西南民族大学学报（人文社会科学版），2018（4）：92－100.

郑长德．中国民族地区自我发展能力构建研究［J］．民族研究，2011（4）：15－24.

郑长德．中国少数民族地区工业化的演进与结构变迁研究［J］．民族学刊，2012（4）：1－8.

郑长德．中国少数民族地区技术赶超的政策支持研究［J］．发展研究，2012（10）：32－38.

郑长德．中国少数民族地区经济发展报告（2012）［M］．北京：中国经济出版社，2012.

郑长德．中国少数民族地区经济发展报告（2013）［M］．北京，中国经济出版社，2013.

郑长德．中国少数民族地区经济发展报告（2014）：集中连片特困民族地区的区域发展与扶贫攻坚［M］．北京：经济科学出版社，2014.

郑长德．中国少数民族地区经济发展报告（2015）：“一带一路”与民族地区的发展［M］．北京：中国经济出版社，2016.

郑长德．中国少数民族地区经济发展报告（2016）：“五个发展理念”与民族地区经济发展［M］．北京：中国经济出版社，2016.

郑长德．中国少数民族地区经济发展报告（2017）［M］．北京：中国经济出版社，2017.

郑长德．中国少数民族地区经济发展报告（2018）：改革开放40年民族地区的经济发展［M］．北京：中国经济出版社，2018.

郑长德．中国少数民族地区经济发展方式转变研究［M］．北京：民族出版社，2009.

郑长德．中国少数民族地区经济发展质量研究［J］．民族学刊，2011（3）：1－11.

郑长德．中国西部民族地区的经济发展［M］．北京：科学出版社，2009.

钟海燕，郑长德．川甘青结合部藏族聚居区绿色包容性发展研究［J］．西南民族大学学报（人文社会科学版），2017（6）：134－141.

周大鸣，秦红增．参与发展：当代人类学对“他者”的关怀［J］．民族研究，2003（5）：44－50.

周大鸣．内源式与参与式发展——民族地区新农村建设应有新的理念与方式［J］．2009（2）．

周民良．关于西部大开发若干问题的讨论［J］．开发研究，2012（5）：5－9.

周民良．论民族地区经济发展方式的转变［J］．民族研究，2008（4）：19－28.

周民良．主体功能区的承载能力、开发强度与环境政策［J］．甘肃社会科学，2012（1）：176－179.

周明钧．增强桂西资源富集区自我发展能力的思考［J］．广西经济，2014（3）：19－20.

周松．“一带一路”背景下茶马古道对沿线民族地区发展作用研究［J］．管理视窗，2015（9）：71－72.

周亚成，兰彩萍．新疆牧区少数民族自我发展能力浅析［J］．新疆大学学报（社会科学版），2003（6）：72－75.

周彦，吴一丁．新疆区域自我发展能力分析［J］．科技信息，2007（4）：338－339.

周振华．论提高农业自我发展能力［J］．江苏社会科学，1992（4）：3－7.

周忠瑜．努力提高少数民族地区的自我发展能力［J］．青海民族学院学报，1988（4）：135－136.

朱成全．经济学方法论［M］．大连：东北财经大学出版社，2011.

朱凯，王娜．西部地区新能源产业自我发展能力研究［J］．当代经济管理，2012（11）：66－72.

朱凯，姚驿虹．对自我发展能力理论的规范性研究［J］．成都理工大学学报（社会科学版），2012（1）：31－37.

朱勇，吴易风．技术进步与经济的内生增长［J］．中国社会科学，1999（1）：21－39.

朱勇．新增长理论［D］．中国人民大学博士学位论文，1998.

朱占荣．西部贫困地区自我发展能力的路径分析［J］．山东省农业管理干部学院学报，2013（3）：1－4.

朱智文．自主创新、企业集群与区域自我发展［J］．兰州商学院学报，2006（6）：63－66.

外文文献

Chong En B. , Zhi gang T. Bureaucratic Integration and Regional Specialization in China [J] . China Economic Review, 2008, 19 (2): 308 - 319.

Cornelia F. , Jan F. , Gary G. , Frederick S. Rural Economic Development Through Local Self - Development Strategies [J] . Agriculture and Human Values - Summer, 1991, 8 (3): 19 - 24.

Feldman P. , Florida R. The Geographic Source of Innovation: Technological Infrastructure and Product Innovation in the United States [J] . Annals of the Association of American Geographers, 1994, 84 (2): 210 - 229.

Gary G. , Jan F. , Comdia F. , Frederick S. Local Self - Development Strategies: National Survey Results [J] . Community Development Society Journal, 1990, 21 (2): 55 - 73.

Guo, R. , Xiao - Hong, L. Analysis on Differences in Regional Self - Development Ability Based on Element Aggregation [J] . Journal of Mountain Agriculture & Biology, 2013, 32 (6): 533 - 537.

Jan F. , Gary G. , Edward G. , Frederick S. , Cornelia F. Self - Development: A Viable Rural Development Option [J] . Policy Studies Journal, 1992, 20 (2): 276 - 288.

Jeff S. , Jan F. Entrepreneurial Social Infrastructure and Growth Machine Characteristics Associated with Industrial - Recruitment and Self - Development Strategies in Nonmetropolitan Communities [J] . Community Development Society Journal, 1999, 30 (2): 131 - 153.

Jeff S. , Kerry A. , Vem R. , Jan F. Social infrastructure and Community Economic Development Strategies: The Case of Self - Development and Industrial Recruitment in Rural Lowa [J] . Journal of Rural Studies, 2002, 18 (3): 405 - 417.

Mitchell S. New Rules for the New Localism: Favoring Communities, Deterring Corporate Chains [J] . Multinational Monitor, 2002, 23 (10): 1 - 10.

Robert J. Economic Growth in a Cross Section of Countries [J] . Quarterly Journal of Economics, 1999, 106 (2): 407 - 443.

Samuel Smiles. Salf - Help [M] . London: J. MURRAY Press, 1956.

Toni S. In Search of Self - Renewal Capacity - Defining Concept and Its Theoretical Framework [R] //University of Tampere Research Unit for Urban and Regional Development Studies [J] . SENTE Working Papers, 2007 (10): 1 - 11.

United Nations Development Program. Capacity Assessment and Development in Systems and Strategic Management Context [R] . Technical A Dvisory Paper, 1998.

World B. Assessing Aid: What Works, What Doesn' t, and Why? [M] . London: Oxford University Press, 1998.

Zhao L. Strategy on Improving Self – development Ability of the Less Developed Region of West China: Taking South of Shanxi for Example [J] . Value Engineering, 2012 (1): 318 –319.

Zheng C. On the Construction of the Self – Development Ability in Chinese Ethnic Minority Regions [J] . Ethno – National Studies, 2011 (5): 28 –29.

宮本憲一. 地域経営と内発的発展 [M] . 東京: 農文会, 1998.

鶴見和子. 内発的発展 [M] . 東京: 東京大学出版会, 1989.

守友裕一. 内発的発展の道まちづくりむらづくりの論理と展望 [Z] . 農山漁村文化協会, 1991.

宇野重昭・鶴見和子. 内発的発展と外向型発展——現代中国における交錯 [M] . 東京: 東京大学出版会, 1994.

津田純佳. 地域文化による内発的まちづくりの持続可能性について [EB/OL] . [2009 –03 –24] http: //hdl. handle. net/10129/3235.

松谷岬. 道の駅と地域の内発的発展 [Z] . 北海道教育大学旭川校.

佐々木雅幸. 都市と農村の内発的発展 [Z] . 自治体研究社, 1994.

鶴見和子, 川田侃. 内発的発展論 [M] . 東京: 東京大学出版会, 1989.

西川潤. アジアの内発的発展 [M] . 東京: 藤原書店, 2001.

保母武彦. 内発的発展論と日本の農山村 [M] . 東京: 岩波書店, 1996.

保母武彦. 内発的発展による地域産業の振興 [Z] . 北海道町村会企画調査部, 1999.

松宮朝. 地域形成メカニズムの変容と『内発的発展』に関する社会学的研究 [D] . 北海道大学院文学研究科博士学位論文, 2003.

附　录

附录 1　2016 年中国 31 个省份区域自我发展能力指标原始数据

附表 1－1　2016 年中国 31 个省份居民素质技能（RQC）指标原始数据

省份	R_1	R_2	R_3	R_4	R_5	R_6	R_7	R_8	R_9	R_{10}	R_{11}	R_{12}	R_{13}	R_{14}	R_{15}
北京	0.3160	5300	1.27	109.04	5.56	11.33	900.0	10800.0	128994	62406.3	24240.5	16.20	7.44	687.6	24341
天津	0.4582	4072	1.07	96.70	4.39	6.48	860.0	10320.0	118944	40277.5	21753.7	14.15	17.41	293.5	10600
河北	0.6869	2328	0.34	35.68	5.25	5.66	544.0	3829.1	45387	30547.8	12880.9	14.52	18.88	587.3	24606
山西	0.6139	2401	0.47	33.92	5.34	6.30	467.5	3646.9	42060	29131.8	10787.5	11.98	15.92	257.1	14081
内蒙古	0.5872	1969	0.71	32.58	5.94	7.13	591.6	4920.2	63764	35670.0	12584.3	19.66	23.89	248.1	12399
辽宁	0.6298	2859	0.91	52.43	6.83	6.66	561.6	4350.9	53527	34993.4	13746.8	12.07	13.68	823.2	26903
吉林	0.6316	3038	0.73	45.82	5.66	6.18	483.4	3734.9	54838	28318.7	12950.4	11.37	14.30	409.3	11280
黑龙江	0.6744	2403	0.57	41.63	6.38	6.05	550.7	3857.5	41916	27446.0	12664.8	11.78	13.89	429.2	17201
上海	0.4195	3498	3.21	95.95	5.57	7.73	970.0	11640.0	126634	62595.7	27825.0	8.19	4.51	821.0	24650

续表

省份	R_1	R_2	R_3	R_4	R_5	R_6	R_7	R_8	R_9	R_{10}	R_{11}	R_{12}	R_{13}	R_{14}	R_{15}
江苏	0. 5879	3045	1. 07	65. 44	5. 84	6. 82	645. 6	7147. 1	107150	43621. 8	19158. 0	14. 95	25. 62	1773. 6	60267
浙江	0. 6330	2345	1. 38	85. 88	5. 54	8. 13	706. 2	8040. 6	92057	51260. 7	24955. 8	13. 32	17. 28	1007. 2	62052
安徽	0. 6888	2250	0. 41	39. 09	4. 89	5. 01	531. 2	4427. 5	43401	31640. 3	12758. 2	14. 32	22. 19	544. 2	24020
福建	0. 6304	2352	0. 85	67. 18	4. 66	5. 92	589. 8	5054. 0	82677	39001. 4	16334. 8	14. 13	17. 41	421. 6	22268
江西	0. 6918	2676	0. 53	49. 82	5. 06	5. 10	531. 7	3743. 3	43424	31198. 1	13241. 8	14. 50	17. 90	278. 1	13008
山东	0. 6391	2519	0. 55	55. 86	5. 84	6. 88	513. 6	4165. 5	72807	36789. 4	15117. 5	17. 84	25. 13	1156. 4	50185
河南	0. 6775	2455	0. 30	30. 74	5. 85	6. 08	459. 6	3356. 4	46674	29557. 9	12719. 2	12. 00	13. 90	743. 8	25747
湖北	0. 6010	3000	0. 61	52. 26	6. 37	6. 77	563. 6	4706. 4	60199	31889. 4	13812. 1	11. 00	15. 74	697. 1	25028
湖南	0. 6145	2419	0. 44	56. 91	6. 59	6. 06	444. 1	3689. 0	49558	33947. 9	12935. 8	9. 99	13. 72	566. 0	24920
广东	0. 5924	2454	0. 78	72. 68	4. 41	6. 33	674. 8	6340. 8	80932	40975. 1	15779. 7	18. 24	12. 86	2179. 6	78185
广西	0. 7264	2383	0. 57	42. 80	4. 94	6. 25	518. 0	3338. 4	38102	30502. 1	11325. 5	12. 42	17. 56	696. 6	13206
海南	0. 6484	2261	0. 53	50. 14	4. 53	6. 52	484. 4	4300. 8	48430	30817. 4	12901. 8	12. 16	18. 22	102. 9	6145
重庆	0. 6576	3084	0. 54	27. 88	6. 71	6. 23	500. 0	4287. 7	63442	32193. 2	12637. 9	17. 05	12. 67	319. 0	12103
四川	0. 6714	2339	0. 46	30. 31	6. 79	6. 39	485. 1	3767. 8	44651	30726. 9	12226. 9	12. 48	13. 72	670. 5	25822
贵州	0. 6849	2129	0. 39	43. 26	6. 51	6. 31	557. 0	3660. 0	37956	29079. 8	8869. 1	15. 25	12. 18	201. 6	11473
云南	0. 6990	1999	0. 44	27. 92	5. 72	5. 91	516. 0	3342. 0	34221	30995. 9	9862. 2	11. 50	12. 52	254. 7	11698
西藏	0. 5128	1678	0. 58	30. 54	4. 78	4. 90	751. 5	3355. 5	39267	30671. 1	10330. 2	5. 85	14. 70	26. 2	1049
陕西	0. 6159	3582	0. 45	54. 12	6. 29	8. 09	532. 2	3733. 7	57266	30810. 3	10264. 5	12. 64	16. 32	304. 0	18254
甘肃	0. 6095	2217	0. 57	23. 83	5. 58	5. 59	458. 6	3765. 3	28497	27763. 4	8076. 1	14. 87	16. 51	142. 9	7859
青海	0. 6690	1391	0. 77	25. 09	6. 41	6. 98	450. 5	3335. 0	44047	29168. 9	9462. 3	11. 18	14. 40	44. 4	1779
宁夏	0. 5972	2278	1. 06	32. 11	5. 84	7. 29	473. 2	3468. 9	50765	29472. 3	10737. 9	19. 17	21. 83	92. 5	4531
新疆	0. 6239	1863	0. 61	26. 92	6. 85	7. 12	409. 0	3561. 3	44941	30774. 8	11045. 3	13. 23	19. 78	257. 5	14229

附表 1－2　2016 年中国 31 个省份企业创新能力（EIC）指标原始数据

省份	E_1	E_2	E_3	E_4	E_5	E_6	E_7	E_8	E_9	E_{10}	E_{11}	E_{12}	E_{13}	E_{14}	E_{15}
北京	52719	2690851	7904	17251	2023. 67	10490	7904	73416	231	106948	6. 0	228. 09	75. 30	29	4632
天津	57881	2411418	13456	50290	1061. 37	11373	13456	89510	106	41675	7. 0	112. 90	61. 40	1	191
河北	79135	3509684	11295	41351	2712. 87	10238	11295	124457	159	35348	5. 3	106. 54	50. 60	11	202
山西	31757	1122323	3454	22566	1031. 59	3119	3454	48968	60	11311	3. 3	99. 06	49. 10	4	98
内蒙古	23243	1082640	2353	3877	1451. 74	1606	2353	31704	23	6271	2. 6	119. 52	45. 70	17	110
辽宁	49463	2749477	8533	96743	1063. 25	8228	8533	79365	74	26495	5. 6	129. 51	58. 80	17	211
吉林	21056	749958	2439	10933	1028. 03	2791	2439	38213	42	11090	4. 4	115. 79	45. 20	8	306
黑龙江	24046	825854	3826	71275	416. 70	3252	3826	35185	50	18221	3. 2	106. 92	41. 70	8	102
上海	88967	5399953	12557	48950	3243. 80	16121	12557	120229	137	72806	7. 2	170. 38	71. 70	31	556
江苏	455468	18338832	67205	865553	10052. 54	69653	67205	589366	3187	227187	9. 5	128. 19	53. 80	18	549
浙江	333646	10301447	69180	207508	4605. 41	72083	69180	444307	1204	213805	11. 3	163. 63	62. 90	24	337
安徽	103598	4361175	20010	78562	2352. 44	22904	20010	167242	451	58213	11. 4	83. 11	36. 90	13	117
福建	105533	4487934	15944	653190	3221. 82	14971	15944	145529	231	68304	6. 5	136. 89	65. 50	36	66
江西	45082	2216865	7504	22919	2355. 56	11689	7504	68877	229	33029	8. 3	77. 40	34. 10	5	938
山东	239170	15636785	43666	409409	8128. 17	38273	43666	385752	444	100522	6. 0	102. 99	47. 60	30	77
河南	123619	4722542	15973	52248	5352. 43	13058	15973	193623	249	55407	4. 9	93. 85	36. 90	14	232

续表

省份	E_1	E_2	E_3	E_4	E_5	E_6	E_7	E_8	E_9	E_{10}	E_{11}	E_{12}	E_{13}	E_{14}	E_{15}
湖北	94241	4689377	12968	52683	2608. 03	12460	12968	154580	171	46369	8. 9	94. 81	45. 30	50	117
湖南	94228	4617716	10411	368452	2093. 98	10204	10411	136069	241	37916	8. 3	82. 68	38. 60	11	845
广东	457342	18650313	73439	987945	8864. 36	103149	73439	696385	2848	332652	10. 2	166. 86	68. 50	43	417
广西	16163	935996	2795	6436	1610. 95	3232	2795	28296	44	15270	4. 5	85. 27	39. 40	6	110
海南	1971	74815	572	5858	110. 03	549	572	3852	15	2133	5. 9	119. 25	47. 60	19	34
重庆	56416	2799986	10624	35199	1501. 87	11227	10624	87140	165	34780	8. 8	105. 95	45. 70	10	228
四川	71968	3010846	12359	349930	2824. 26	11583	12359	123718	189	64006	7. 0	97. 08	37. 30	17	105
贵州	18786	648576	2758	101183	903. 43	2537	2758	32616	61	12559	5. 6	91. 92	34. 90	9	38
云南	21393	885588	4122	20228	782. 65	4208	4122	33180	51	14230	10. 1	88. 64	35. 10	13	50
西藏	202	3186	32	12	26. 60	22	32	279	1	420	4. 7	103. 19	39. 40	1	10
陕西	44672	1963697	5125	159368	2274. 43	5093	5125	70156	107	34554	6. 7	115. 44	46. 40	13	229
甘肃	10096	466912	1650	553	244. 54	1209	1650	17436	19	9672	5. 5	92. 63	36. 80	8	126
青海	1799	83276	310	475	101. 11	369	310	3837	12	1580	4. 4	110. 41	50. 00	3	23
宁夏	6392	291101	1404	18284	146. 04	1194	1404	10619	13	4244	7. 8	119. 57	45. 10	6	19
新疆	6191	400468	1161	975	722. 57	976	1161	11152	13	8094	2. 7	112. 71	50. 30	13	116

附表 1－3　2016 年中国 31 个省份产业竞争能力（ICC）指标原始数据

省份	I_1	I_2	I_3	I_4	I_5	I_6	I_7	I_8	I_9	I_{10}	I_{11}	I_{12}	I_{13}	I_{14}	I_{15}	I_{16}	I_{17}	I_{18}	I_{19}
北京	795	262933	3. 73	4658	7187	321. 0	19561	5. 64	152	3994	458667	71	138. 3	1. 27	17. 53	350	0. 53	19. 0	80. 6
天津	533	222311	10. 09	2570	2928	296. 2	6250	2. 47	154	911	64651	62	209. 1	1. 07	20. 53	258	0. 57	40. 9	58. 2
河北	633	208689	3. 03	1790	1805	162. 6	3106	1. 26	717	1706	65125	122	65. 5	0. 34	32. 15	2431	0. 38	46. 6	44. 2
山西	133	140679	3. 07	631	281	47. 1	882	0. 99	57	364	24669	138	138. 5	0. 47	35. 96	1540	0. 59	43. 7	51. 7
内蒙古	109	41563	1. 03	227	722	23. 6	693	0. 82	13	256	13370	93	160. 7	0. 71	21. 35	1231	0. 61	39. 8	50. 0
辽宁	460	170384	3. 19	1668	2616	143. 7	4702	1. 80	100	758	89735	65	132. 8	0. 91	25. 49	1585	0. 44	39. 3	52. 6
吉林	442	154449	4. 54	760	383	190. 0	1046	0. 84	87	573	27385	107	105. 9	0. 73	10. 43	980	0. 48	46. 8	45. 8
黑龙江	174	63262	1. 76	975	698	66. 4	1351	0. 90	69	284	22845	183	86. 2	0. 57	19. 46	1635	0. 39	25. 5	55. 8
上海	991	502966	8. 95	3700	8273	334. 6	15553	4. 00	389	2649	310626	98	177. 4	3. 21	39. 99	238	0. 58	30. 5	69. 2
江苏	5007	2341650	15. 27	16321	29302	2059. 9	36228	2. 63	2494	7884	458796	322	152. 4	1. 07	54. 10	1394	0. 54	45. 0	50. 3
浙江	2595	708319	6. 10	11742	15059	616. 6	15374	2. 45	2133	4718	175389	308	190. 4	1. 38	89. 98	1472	0. 79	42. 9	53. 3
安徽	1398	288690	4. 83	3896	8326	238. 7	9814	2. 05	1011	2449	93087	196	76. 6	0. 41	45. 09	1561	0. 30	47. 5	42. 9
福建	858	388338	5. 68	3395	7603	328. 8	7452	1. 68	1410	3286	104777	123	130. 2	0. 85	28. 60	1223	0. 52	47. 7	45. 4
江西	1064	400743	6. 69	2987	4635	282. 4	3207	1. 23	665	1537	54011	139	87. 0	0. 53	25. 45	1873	0. 30	48. 1	42. 7
山东	2207	750189	5. 74	7859	17187	952. 7	17553	2. 41	2179	4790	150355	485	110. 7	0. 55	76. 79	1972	0. 42	45. 4	48. 0
河南	1261	790723	6. 29	2139	3944	444. 8	3397	1. 29	974	3424	167739	334	64. 2	0. 30	78. 06	2603	0. 31	47. 4	43. 3

续表

省份	I_1	I_2	I_3	I_4	I_5	I_6	I_7	I_8	I_9	I_{10}	I_{11}	I_{12}	I_{13}	I_{14}	I_{15}	I_{16}	I_{17}	I_{18}	I_{19}
湖北	1063	352588	4.53	2885	6213	259.8	7787	1.92	590	2117	159983	199	125.8	0.61	51.47	1406	0.51	43.5	46.5
湖南	1027	312592	5.10	2270	4323	206.2	3868	1.64	1381	3340	119755	120	68.8	0.44	166.70	2573	0.40	41.7	49.4
广东	6570	3894169	19.64	32392	84084	2094.2	194118	2.61	3717	8060	378824	184	120.0	0.78	173.31	1756	0.54	42.4	53.6
广西	318	145423	3.35	499	506	222.5	1195	0.70	240	748	35701	132	86.5	0.57	32.81	1298	0.40	40.2	44.2
海南	52	16329	1.60	387	146	23.8	688	0.52	7	141	18012	19	90.7	0.53	5.15	243	0.63	22.3	56.1
重庆	678	297977	5.94	2569	3442	210.8	2190	1.87	174	1018	78300	94	110.6	0.54	26.36	1066	0.48	44.2	49.2
四川	1107	479109	6.20	3731	8929	393.5	13761	1.72	514	1782	109174	255	75.6	0.46	57.35	4785	0.48	38.7	49.7
贵州	330	110207	2.38	1032	1483	66.8	2480	0.71	156	799	42493	84	71.8	0.39	17.68	1694	0.42	40.1	44.9
云南	213	47918	0.94	736	458	43.4	1059	0.95	150	743	47307	125	84.3	0.44	28.95	1593	0.42	37.9	47.8
西藏	9	1243	0.51	15	2	3.5	46	0.22	6	25	2203	7	165.2	0.58	0.89	774	0.50	39.2	51.5
陕西	525	259292	4.68	1424	2702	211.0	5165	2.10	166	1199	70879	282	73.9	0.45	30.13	1536	0.43	49.7	42.4
甘肃	121	27897	1.01	214	254	24.3	446	1.15	30	322	19444	204	108.2	0.57	18.60	1463	0.50	34.3	54.1
青海	45	9388	1.12	36	138	8.8	54	0.68	15	48	4043	23	127.9	0.77	1.77	415	0.58	44.3	46.6
宁夏	32	13382	1.01	197	138	12.4	248	1.13	25	108	7321	54	195.5	1.06	3.36	271	0.46	45.9	46.8
新疆	48	14783	0.22	184	165	11.6	341	0.52	28	218	9346	90	113.3	0.61	11.90	1302	0.36	39.8	45.9

附表 1－4　2016 年中国 31 个省份政府调控能力（GRC）指标原始数据

省份	G_1	G_2	G_3	G_4	G_5	G_6	G_7	G_8	G_9	G_{10}	G_{11}	G_{12}	G_{13}	G_{14}	G_{15}	G_{16}
北京	12164	1170.9	1771.4	6587978	30401	61.5	1289.90	5430.79	11575.4	86.50	9090	24158.4	4.4	213.1	1.4	0.70
天津	5048	311.3	1088.5	5990933	13339	40.3	406.80	2310.36	5729.7	82.93	4960	7916.9	9.1	156.5	3.5	0.29
河北	21928	529.7	6883.1	1056983	7286	615.2	1365.23	3233.83	15907.6	55.01	78207	25690.1	160.2	3474.1	3.7	0.27
山西	13652	420.6	3215.3	1017284	3699	99.3	656.63	1867.00	6918.1	57.34	40581	14145.2	111.2	1554.2	3.4	0.29
内蒙古	15116	247.1	2161.5	104594	3362	78.9	525.49	1703.21	7160.2	62.02	22868	8013.7	119.9	743.4	3.6	0.28
辽宁	22946	679.9	2277.5	4250781	16949	528.0	1000.49	2392.77	13807.2	67.49	33540	21183.8	73.0	1036.2	3.8	0.26
吉林	11112	263.7	1380.9	1001300	3853	53.0	543.89	1210.91	7855.8	56.65	19647	8556.7	70.3	668.4	3.5	0.28
黑龙江	15839	315.1	2892.6	251694	4227	79.8	676.73	1243.31	9099.2	59.40	18398	10856.9	105.2	839.3	4.2	0.24
上海	14929	961.8	1839.8	31735806	79410	1013.2	1405.66	6642.26	11830.3	87.70	4574	21269.3	3.5	78.8	3.9	0.26
江苏	87024	1583.0	7619.1	37680127	55938	1888.0	2947.43	8171.53	31737.4	68.76	29118	36580.6	97.2	2338.2	3.0	0.34
浙江	51368	1380.9	5251.6	8085488	34442	976.7	3522.59	5804.38	24308.5	68.00	30189	30666.4	59.2	1200.7	2.7	0.37
安徽	28067	472.4	2108.1	1697763	5549	171.3	1079.78	2812.45	11192.6	53.49	22635	14599.4	155.5	3429.5	2.9	0.35
福建	27959	612.3	3768.6	6452157	28351	388.4	1301.81	2809.03	13013.0	64.80	26078	12579.0	39.1	1493.7	3.9	0.26
江西	22610	286.3	4762.4	1291142	6918	108.5	791.13	2247.06	7448.1	54.60	36311	10790.7	175.7	1870.0	3.3	0.30
山东	48727	1268.3	9295.7	8415128	28527	488.5	1891.88	6098.63	33649.0	60.58	75106	33178.6	181.6	4530.6	3.4	0.29
河南	33378	805.6	10410.7	5337395	8058	328.8	1817.33	3407.22	19666.8	50.16	67307	22417.2	288.1	5010.2	2.8	0.36

续表

省份	G_1	G_2	G_3	G_4	G_5	G_6	G_7	G_8	G_9	G_{10}	G_{11}	G_{12}	G_{13}	G_{14}	G_{15}	G_{16}
湖北	29469	561. 3	5622. 2	1218221	8976	156. 6	1123. 38	3248. 32	17394. 1	59. 30	34756	17247. 6	137. 9	2214. 6	2. 6	0. 39
湖南	33611	563. 7	6906. 3	823794	6677	128. 6	1121. 75	2757. 82	14854. 9	54. 62	56302	16413. 6	124. 9	3322. 0	4. 0	0. 25
广东	63784	3163. 7	10365. 1	47133265	119688	1414. 8	6105. 99	11320. 35	38200. 1	69. 85	47071	52410. 6	146. 8	2586. 8	2. 5	0. 40
广西	24567	302. 1	5173. 3	1414062	4485	103. 5	799. 69	1615. 13	7813. 0	49. 21	32034	10023. 0	253. 9	1805. 9	2. 2	0. 45
海南	6873	168. 1	419. 5	680295	2660	15. 5	270. 27	674. 11	1618. 8	58. 04	4846	2672. 3	18. 1	285. 9	2. 3	0. 43
重庆	16824	466. 3	3248. 5	3883963	5555	80. 2	711. 43	2252. 38	8067. 7	64. 08	18748	10774. 1	60. 2	1109. 0	3. 4	0. 30
四川	42282	776. 7	7714. 8	4638688	10370	188. 4	1515. 25	3577. 99	17480. 5	50. 79	77487	25312. 5	366. 3	3074. 9	4. 0	0. 25
贵州	12700	235. 7	1001. 3	258048	1511	95. 1	889. 35	1613. 84	4154. 0	46. 02	26378	6620. 6	260. 0	1748. 5	3. 2	0. 31
云南	23184	259. 8	4463. 8	43903	4087	102. 3	1209. 71	1886. 17	6423. 1	46. 69	22868	9699. 9	329. 9	2258. 9	3. 2	0. 31
西藏	604	15. 2	69. 9	55	236	1. 3	48. 65	185. 83	523. 3	30. 89	6533	559. 3	22. 7	183. 1	2. 7	0. 37
陕西	24725	356. 5	1251. 0	2779959	5953	130. 8	952. 31	2006. 69	8236. 4	56. 79	33808	13428. 9	87. 6	1733. 8	3. 3	0. 30
甘肃	27079	165. 4	2512. 2	3137	2079	55. 9	482. 93	815. 73	3426. 6	46. 39	26579	6674. 7	299. 3	1262. 4	2. 7	0. 37
青海	5291	41. 5	549. 0	1425	440	6. 4	167. 69	246. 20	839. 0	53. 07	5980	1640. 7	42. 6	239. 1	3. 1	0. 33
宁夏	6548	88. 5	618. 2	63659	651	14. 6	220. 19	417. 59	930. 4	57. 98	3966	2054. 6	38. 1	185. 5	3. 9	0. 26
新疆	9819	310. 8	1039. 6	14482	1474	111. 1	365. 80	1466. 52	3044. 6	49. 38	17059	6187. 7	203. 6	607. 4	2. 6	0. 39

附录 2　2016 年中国 31 个省份区域自我发展能力指标旋转前因子载荷

附表 2-1　居民素质技能（RQS）指标旋转前因子载荷矩阵[a]

指标	公因子			
	F_1	F_2	F_3	F_4
R_{10}	0. 957	0. 027	0. 004	-0. 063
R_9	0. 947	0. 100	-0. 039	0. 099
R_8	0. 943	-0. 192	-0. 014	0. 158
R_{11}	0. 940	0. 078	-0. 115	-0. 110
R_4	0. 927	0. 220	-0. 091	-0. 032
R_7	0. 916	-0. 204	-0. 184	0. 127
R_1	-0. 825	0. 266	0. 004	-0. 177
R_3	0. 786	-0. 251	-0. 115	-0. 197
R_2	0. 754	-0. 100	0. 188	0. 201
R_6	0. 713	-0. 062	0. 544	0. 205
R_{15}	0. 444	0. 809	0. 055	-0. 340
R_{14}	0. 432	0. 773	0. 028	-0. 411
R_{13}	-0. 355	0. 590	-0. 167	0. 469
R_5	-0. 140	-0. 112	0. 900	-0. 232
R_{13}	0. 013	0. 597	0. 249	0. 643

注：提取方法为主成分分析法，a 表示已提取了 4 个成分。

附表 2-2　企业创新能力（EIC）指标旋转前因子载荷矩阵[a]

指标	公因子		
	F_1	F_2	F_3
E_1	0. 983	-0. 127	0. 021
E_8	0. 979	-0. 164	0. 003
E_{10}	0. 979	0. 077	0. 111

续表

指标	公因子		
	F_1	F_2	F_3
E_6	0.974	-0.045	0.155
E_3	0.961	-0.076	0.161
E_2	0.960	-0.158	-0.095
E_9	0.921	-0.196	0.003
E_5	0.899	-0.238	-0.105
E_7	0.872	-0.096	-0.151
E_4	0.760	-0.228	-0.260
E_{14}	0.572	0.330	-0.398
E_{12}	0.474	0.830	-0.104
E_{15}	0.288	0.741	0.466
E_{13}	0.524	0.728	-0.234
E_{11}	0.538	-0.089	0.630

注：提取方法为主成分分析法，a 表示已提取了 3 个成分。

附表 2-3 产业竞争能力（ICC）指标旋转前因子载荷矩阵[a]

指标	公因子			
	F_1	F_2	F_3	F_4
I_1	0.982	-0.102	0.085	-0.071
I_4	0.978	0.028	0.106	-0.080
I_6	0.962	-0.077	0.063	-0.052
I_2	0.953	-0.090	0.109	-0.226
I_{10}	0.952	-0.008	-0.085	0.118
I_5	0.943	-0.024	0.113	-0.252
I_9	0.919	-0.219	0.089	0.088
I_3	0.912	0.017	0.056	-0.064
I_7	0.838	0.007	0.128	-0.426
I_{11}	0.824	0.400	-0.276	0.036
I_{15}	0.818	-0.356	-0.151	0.257
I_{12}	0.555	-0.446	-0.239	0.518

续表

指标	公因子			
	F_1	F_2	F_3	F_4
I_{19}	0.184	0.865	-0.410	-0.076
I_{14}	0.218	0.789	0.084	0.265
I_{16}	0.190	-0.701	-0.425	0.256
I_{13}	0.178	0.695	0.521	0.258
I_{18}	0.119	-0.643	0.551	0.306
I_{17}	0.175	0.598	0.356	0.390
I_8	0.521	0.579	-0.415	0.201

注：提取方法为主成分分析法，a 表示已提取了 4 个成分。

附表 2-4　政府调控能力指标（GRC）旋转前因子载荷矩阵[a]

指标	公因子		
	F_1	F_2	F_3
G_8	0.973	-0.133	-0.003
G_{12}	0.972	0.124	0.004
G_2	0.966	-0.099	-0.123
G_9	0.950	0.198	0.036
G_7	0.884	-0.212	-0.169
G_5	0.882	-0.360	0.001
G_6	0.873	-0.146	0.049
G_4	0.869	-0.327	-0.024
G_1	0.849	0.274	-0.073
G_3	0.835	0.305	0.065
G_{16}	-0.576	0.127	-0.105
G_{13}	0.019	0.842	-0.190
G_{14}	0.443	0.829	0.015
G_{11}	0.435	0.827	0.126
G_{10}	0.472	-0.638	0.378
G_{15}	-0.087	0.268	0.904

注：提取方法为主成分分析法，a 表示已提取了 3 个成分。

附录3　2016年中国31个省份区域自我发展能力得分聚类分析

1. 居民素质技能因子得分聚类

采用系统聚类分析法①，对由居民素质技能指标产生的教育与收入、健康医疗、市容环境、市政设施4个公因子进行聚类分析②，将聚类成员方案范围设定为4~8。聚类表、聚类集群、聚类结果分析如附表3-1所示。

附表3-1　居民素质技能（RQS）因子得分聚类表

阶	群集组合		系数	首次出现阶群集		下一阶
	群集1	群集2		群集1	群集2	
1	8	17	0.023	0	0	7
2	16	18	0.128	0	0	12
3	4	7	0.283	0	0	7
4	24	25	0.289	0	0	8
5	12	14	0.302	0	0	9
6	5	30	0.408	0	0	24
7	4	8	0.508	3	1	15
8	24	28	0.556	4	0	12
9	3	12	0.682	0	5	14
10	22	27	0.747	0	0	15
11	13	20	0.828	0	0	14
12	16	24	1.059	2	8	16
13	6	23	1.127	0	0	18
14	3	13	1.178	9	11	17

① SPSS数据编辑界面——分析—分类—系统聚类—组间联结方法——平方欧式距离。

② 居民素质技能综合因子是基于教育与收入、健康医疗、市容环境、市政设施4个公因子得出的，为了避免重复，仅对4个公因子得分进行聚类分析。

续表

阶	群集组合		系数	首次出现阶群集		下一阶
	群集1	群集2		群集1	群集2	
15	4	22	1.398	7	10	19
16	16	29	1.772	12	0	19
17	3	21	2.114	14	0	22
18	6	31	2.184	13	0	21
19	4	16	2.384	15	16	21
20	10	15	2.893	0	0	26
21	4	6	3.337	19	18	23
22	3	11	4.378	17	0	23
23	3	4	5.384	22	21	24
24	3	5	6.020	23	6	26
25	1	2	7.529	0	0	28
26	3	10	8.758	24	20	27
27	3	26	11.732	26	0	28
28	1	3	14.242	25	27	29
29	1	19	16.704	28	0	30
30	1	9	20.372	29	0	0

附表3-2　居民素质技能（RQS）因子得分群集成员

案例	8群集	7群集	6群集	5群集	4群集
1：北京	1	1	1	1	1
2：天津	2	2	1	1	1
3：河北	3	3	2	2	2
4：山西	3	3	2	2	2
5：内蒙古	4	3	2	2	2
6：辽宁	3	3	2	2	2
7：吉林	3	3	2	2	2
8：黑龙江	3	3	2	2	2

续表

案例	8 群集	7 群集	6 群集	5 群集	4 群集
9：上海	5	4	3	3	3
10：江苏	6	5	4	2	2
11：浙江	3	3	2	2	2
12：安徽	3	3	2	2	2
13：福建	3	3	2	2	2
14：江西	3	3	2	2	2
15：山东	6	5	4	2	2
16：河南	3	3	2	2	2
17：湖北	3	3	2	2	2
18：湖南	3	3	2	2	2
19：广东	7	6	5	4	4
20：广西	3	3	2	2	2
21：海南	3	3	2	2	2
22：重庆	3	3	2	2	2
23：四川	3	3	2	2	2
24：贵州	3	3	2	2	2
25：云南	3	3	2	2	2
26：西藏	8	7	6	5	2
27：陕西	3	3	2	2	2
28：甘肃	3	3	2	2	2
29：青海	3	3	2	2	2
30：宁夏	4	3	2	2	2
31：新疆	3	3	2	2	2

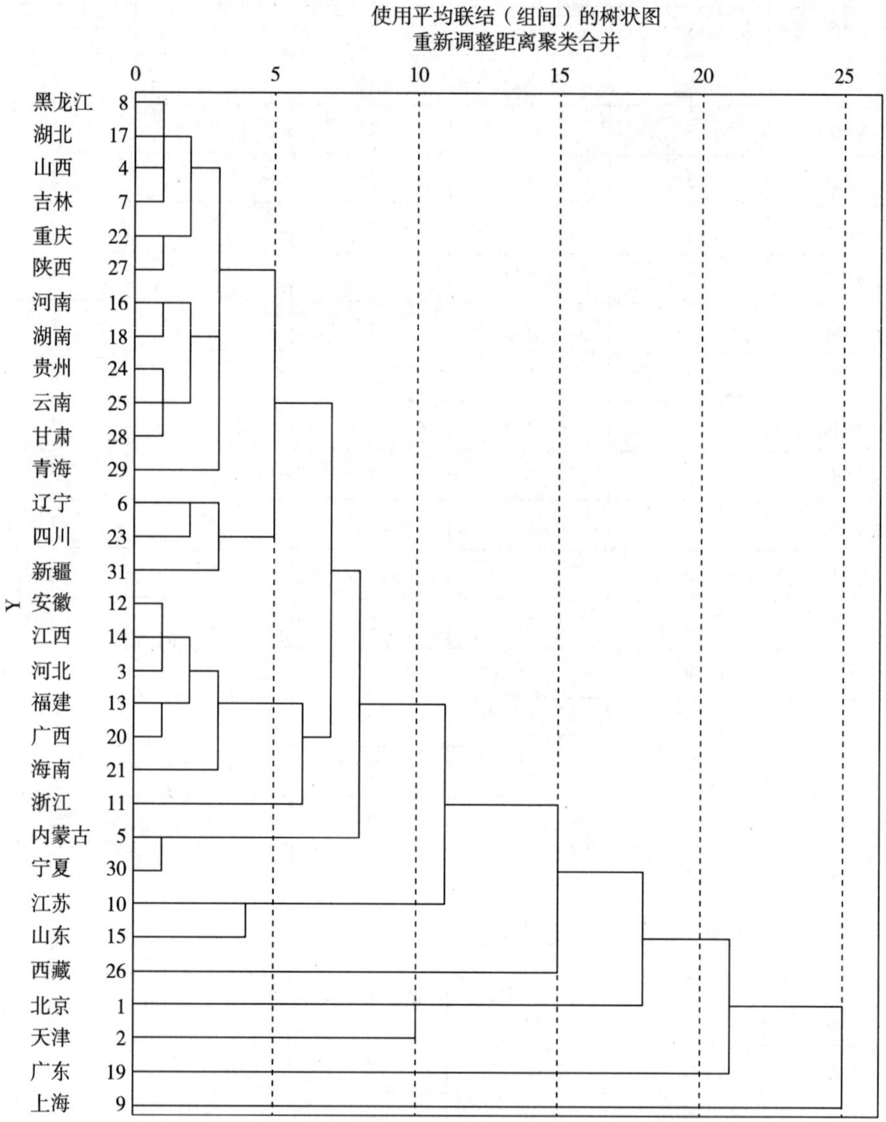

附图 3－1　居民素质技能（RQS）因子得分树状图

附表3-3 居民素质技能（RQS）得分聚类结果分析

	1	2	3	4	5	6	7	8
4类	北京 天津	河北 山西 内蒙古 辽宁 吉林 黑龙江 江苏 浙江 安徽 福建 江西 山东 河南 湖北 湖南 广西 海南 重庆 四川 贵州 云南 陕西 甘肃 青海 新疆 西藏 宁夏	上海	广东				
5类	北京 天津	河北 山西 内蒙古 辽宁 吉林 黑龙江 江苏 浙江 安徽 福建 江西 山东	上海	广东	西藏			

续表

	1	2	3	4	5	6	7	8
5类		河南 湖北 湖南 广西 海南 重庆 四川 贵州 云南 陕西 甘肃 青海 新疆 宁夏						
6类	北京 天津	河北 山西 内蒙古 辽宁 吉林 黑龙江 浙江 安徽 福建 江西 河南 湖北 湖南 广西 海南 重庆 四川 贵州 云南 陕西 甘肃 青海 新疆 宁夏	上海 江苏	山东	广东	西藏		

续表

	1	2	3	4	5	6	7	8
7 类	北京	天津	河北 山西 内蒙古 辽宁 吉林 黑龙江 浙江 安徽 福建 江西 河南 湖北 湖南 广西 海南 重庆 四川 贵州 云南 陕西 甘肃 青海 新疆 宁夏	上海	江苏 山东	广东	西藏	
8 类	北京	天津	河北 山西 辽宁 吉林 黑龙江 浙江 安徽 福建 江西 河南 湖北 湖南 广西 海南	内蒙古 宁夏	上海	江苏 山东	广东	西藏

续表

	1	2	3	4	5	6	7	8
8类			重庆 四川 贵州 云南 陕西 甘肃 青海 新疆					

检验聚类结果的合理性，可以采用 Means 方法，检验各个类别在所有变量上的差异，如果差异显著，就认为分类结果是可靠的。具体对每个类别采用单因素分析①，通过比较 F 值的大小来得到各个条目的重要性，F 值越大，P 值越小的变量对聚类结果影响越大。

附表 3－4 居民素质技能（RQS）单因素 ANOVA（4 集群）

		平方和	df	均方	F	显著性
教育与收入	组间	22.717	3	7.572	28.072	0.000
	组内	7.283	27	0.270		
	总数	30.000	30			
市容环境	组间	13.875	3	4.625	7.744	0.001
	组内	16.125	27	0.597		
	总数	30.000	30			
市政设施	组间	9.649	3	3.216	4.267	0.014
	组内	20.351	27	0.754		
	总数	30.000	30			
健康医疗	组间	1.557	3	0.519	0.493	0.690
	组内	28.443	27	1.053		
	总数	30.000	30			

① SPSS 数据编辑界面——分析—比较均值—单因素 ANOVA。

附表 3 – 5 居民素质技能（RQS）单因素 ANOVA（5 集群）

		平方和	df	均方	F	显著性
教育与收入	组间	22.717	4	5.679	20.275	0.000
	组内	7.283	26	0.280		
	总数	30.000	30			
市容环境	组间	16.173	4	4.043	7.603	0.000
	组内	13.827	26	0.532		
	总数	30.000	30			
市政设施	组间	10.964	4	2.741	3.744	0.016
	组内	19.036	26	0.732		
	总数	30.000	30			
健康医疗	组间	7.044	4	1.761	1.995	0.125
	组内	22.956	26	0.883		
	总数	30.000	30			

附表 3 – 6 居民素质技能（RQS）单因素 ANOVA（6 集群）

		平方和	df	均方	F	显著性
教育与收入	组间	23.399	5	4.680	17.722	0.000
	组内	6.601	25	0.264		
	总数	30.000	30			
市容环境	组间	21.147	5	4.229	11.944	0.000
	组内	8.853	25	0.354		
	总数	30.000	30			
市政设施	组间	16.473	5	3.295	6.089	0.001
	组内	13.527	25	0.541		
	总数	30.000	30			
健康医疗	组间	7.125	5	1.425	1.558	0.208
	组内	22.875	25	0.915		
	总数	30.000	30			

附表 3－7　居民素质技能（RQS）单因素 ANOVA（7 集群）

		平方和	df	均方	F	显著性
教育与收入	组间	24.378	6	4.063	17.343	0.000
	组内	5.622	24	0.234		
	总数	30.000	30			
市容环境	组间	21.204	6	3.534	9.643	0.000
	组内	8.796	24	0.366		
	总数	30.000	30			
市政设施	组间	16.714	6	2.786	5.032	0.002
	组内	13.286	24	0.554		
	总数	30.000	30			
健康医疗	组间	9.612	6	1.602	1.886	0.125
	组内	20.388	24	0.850		
	总数	30.000	30			

附表 3－8　居民素质技能（RQS）单因素 ANOVA（8 集群）

		平方和	df	均方	F	显著性
教育与收入	组间	25.018	7	3.574	16.502	0.000
	组内	4.982	23	0.217		
	总数	30.000	30			
市容环境	组间	22.410	7	3.201	9.702	0.000
	组内	7.590	23	0.330		
	总数	30.000	30			
市政设施	组间	22.288	7	3.184	9.496	0.000
	组内	7.712	23	0.335		
	总数	30.000	30			
健康医疗	组间	9.805	7	1.401	1.595	0.187
	组内	20.195	23	0.878		
	总数	30.000	30			

2. 企业创新能力因子得分聚类

采用系统聚类分析法①，对由企业创新能力指标产生的创新能力基础、知识创造与获取、信息基础设施、科普基础设施4个公因子进行聚类分析②，将聚类成员方案范围设定为4~8。聚类表、聚类集群、聚类结果分析如附表3-9所示。

附表3-9 企业创新能力（EIC）因子得分聚类表

阶	群集组合		系数	首次出现阶群集		下一阶
	群集1	群集2		群集1	群集2	
1	7	8	0.029	0	0	12
2	21	30	0.050	0	0	8
3	25	28	0.075	0	0	9
4	20	24	0.084	0	0	11
5	4	5	0.119	0	0	6
6	4	29	0.171	5	0	10
7	12	16	0.172	0	0	16
8	21	31	0.188	2	0	18
9	14	25	0.211	0	3	13
10	4	26	0.226	6	0	18
11	20	22	0.236	4	0	14
12	3	7	0.330	0	1	13
13	3	14	0.372	12	9	14
14	3	20	0.482	13	11	16
15	6	27	0.699	0	0	17
16	3	12	0.773	14	7	17
17	3	6	0.897	16	15	21
18	4	21	0.927	10	8	20
19	18	23	0.981	0	0	24
20	4	13	2.042	18	0	21
21	3	4	2.527	17	20	22
22	2	3	4.723	0	21	24
23	15	19	5.532	0	0	25
24	2	18	5.737	22	19	27
25	9	15	10.274	0	23	27

① SPSS数据编辑界面——分析—分类—系统聚类—组间联结方法——平方欧式距离。

② 企业创新能力综合因子是基于创新能力基础、知识创造与获取、信息基础设施、科普基础设施4个公因子得出的，为了避免重复，仅对4个公因子得分进行聚类分析。

续表

阶	群集组合		系数	首次出现阶群集		下一阶
	群集1	群集2		群集1	群集2	
26	10	11	10.290	0	0	29
27	2	9	12.257	24	25	28
28	2	17	14.494	27	0	29
29	2	10	16.488	28	26	30
30	1	2	26.527	0	29	0

附表3－10　企业创新能力（EIC）因子得分群集成员

案例	8群集	7群集	6群集	5群集	4群集
1：北京	1	1	1	1	1
2：天津	2	2	2	2	2
3：河北	2	2	2	2	2
4：山西	2	2	2	2	2
5：内蒙古	2	2	2	2	2
6：辽宁	2	2	2	2	2
7：吉林	2	2	2	2	2
8：黑龙江	2	2	2	2	2
9：上海	3	3	3	3	2
10：江苏	4	4	4	4	3
11：浙江	5	5	5	4	3
12：安徽	2	2	2	2	2
13：福建	2	2	2	2	2
14：江西	2	2	2	2	2
15：山东	6	6	3	3	2
16：河南	2	2	2	2	2
17：湖北	7	7	6	5	4
18：湖南	8	2	2	2	2
19：广东	6	6	3	3	2
20：广西	2	2	2	2	2
21：海南	2	2	2	2	2
22：重庆	2	2	2	2	2
23：四川	8	2	2	2	2
24：贵州	2	2	2	2	2
25：云南	2	2	2	2	2
26：西藏	2	2	2	2	2
27：陕西	2	2	2	2	2

续表

案例	8 群集	7 群集	6 群集	5 群集	4 群集
28：甘肃	2	2	2	2	2
29：青海	2	2	2	2	2
30：宁夏	2	2	2	2	2
31：新疆	2	2	2	2	2

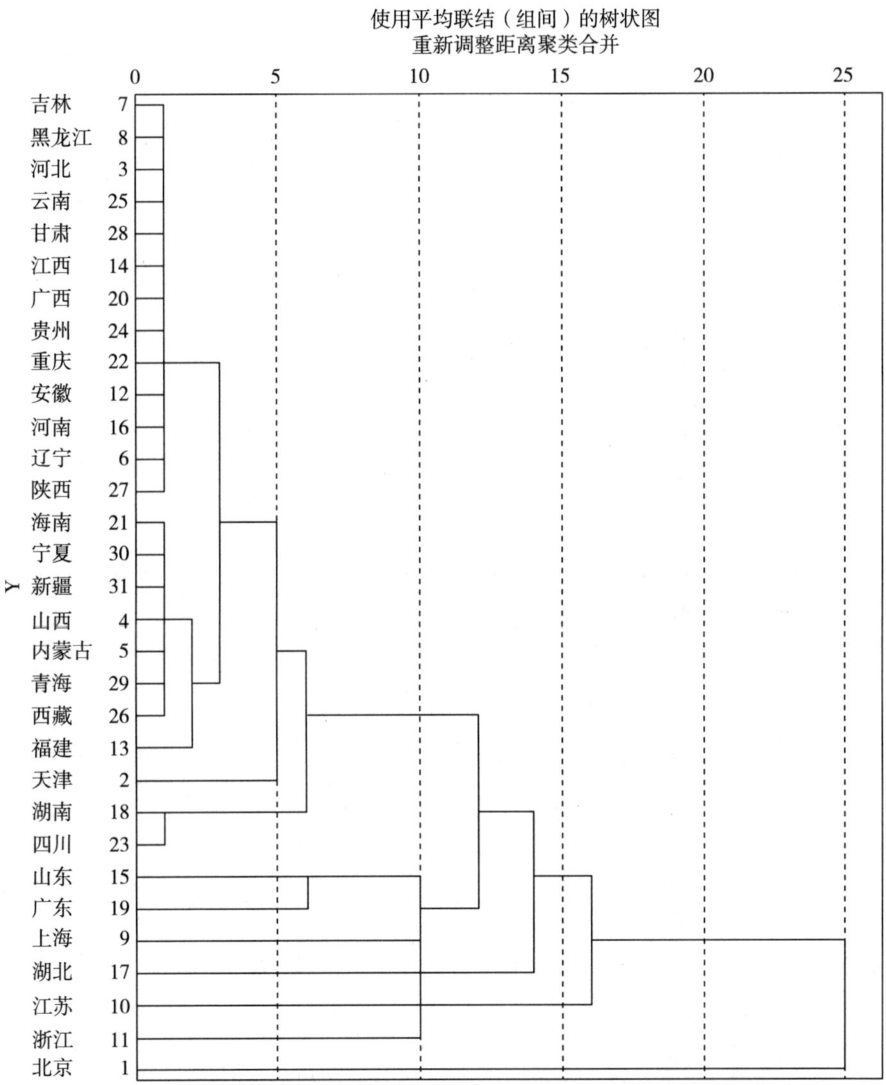

附图 3-2　企业创新能力（EIC）因子得分树状图

附表 3－11　企业创新能力（EIC）因子得分聚类结果分析

	1	2	3	4	5	6	7	8
4 类	北京	天津 河北 山西 内蒙古 辽宁 吉林 黑龙江 上海 安徽 福建 江西 山东 河南 广西 海南 重庆 四川 湖南 广东 贵州 云南 西藏 陕西 甘肃 青海 宁夏 新疆	江苏 浙江	湖北				
5 类	北京	天津 河北 山西 内蒙古 辽宁 吉林 黑龙江 安徽 福建 江西	上海 山东 广东	江苏 浙江	湖北			

续表

	1	2	3	4	5	6	7	8
5类		河南 广西 海南 重庆 四川 湖南 贵州 云南 西藏 陕西 甘肃 青海 宁夏 新疆						
6类	北京	天津 河北 山西 内蒙古 辽宁 吉林 黑龙江 安徽 福建 江西 河南 海南 广西 重庆 四川 湖南 贵州 云南 西藏 陕西 甘肃 青海 宁夏 新疆	上海 山东 广东	江苏	浙江	湖北		

续表

	1	2	3	4	5	6	7	8
7类	北京	天津 河北 山西 内蒙古 辽宁 吉林 黑龙江 安徽 福建 江西 河南 广西 海南 重庆 四川 湖南 贵州 云南 西藏 陕西 甘肃 青海 宁夏 新疆	上海	江苏	浙江	山东 广东	湖北	
8类	北京	天津 河北 山西 内蒙古 辽宁 吉林 黑龙江 安徽 福建 江西 河南 广西 海南 重庆	上海	江苏	浙江	山东 广东	湖北	四川 湖南

续表

	1	2	3	4	5	6	7	8
8类		贵州 云南 西藏 陕西 甘肃 青海 宁夏 新疆						

检验聚类结果的合理性，可以采用 Means 方法，检验各个类别在所有变量上的差异，如果差异显著，就认为分类结果是可靠的。具体对每个类别采用单因素分析①，通过比较 F 值的大小来得到各个条目的重要性，F 值越大，P 值越小的变量对聚类结果影响越大。

附表 3－12 企业创新能力（EIC）单因素 ANOVA（4 集群）

		平方和	df	均方	F	显著性
创新能力基础	组间	18.833	3	6.278	15.178	0.000
	组内	11.167	27	0.414		
	总数	30.000	30			
知识创造与获取	组间	20.887	3	6.962	20.628	0.000
	组内	9.113	27	0.338		
	总数	30.000	30			
信息基础设施	组间	3.787	3	1.262	1.300	0.295
	组内	26.213	27	0.971		
	总数	30.000	30			
科普基础设施	组间	12.117	3	4.039	6.098	0.003
	组内	17.883	27	0.662		
	总数	30.000	30			

① SPSS 数据编辑界面——分析—比较均值—单因素 ANOVA。

附表 3－13　企业创新能力（EIC）单因素 ANOVA（5 集群）

		平方和	df	均方	F	显著性
创新能力基础	组间	23.034	4	5.758	21.492	0.000
	组内	6.966	26	0.268		
	总数	30.000	30			
知识创造与获取	组间	21.113	4	5.278	15.443	0.000
	组内	8.887	26	0.342		
	总数	30.000	30			
信息基础设施	组间	7.571	4	1.893	2.194	0.098
	组内	22.429	26	0.863		
	总数	30.000	30			
科普基础设施	组间	25.665	4	6.416	38.479	0.000
	组内	4.335	26	0.167		
	总数	30.000	30			

附表 3－14　企业创新能力（EIC）单因素 ANOVA（6 集群）

		平方和	df	均方	F	显著性
创新能力基础	组间	24.451	5	4.890	22.034	0.000
	组内	5.549	25	0.222		
	总数	30.000	30			
知识创造与获取	组间	21.532	5	4.306	12.714	0.000
	组内	8.468	25	0.339		
	总数	30.000	30			
信息基础设施	组间	10.637	5	2.127	2.747	0.041
	组内	19.363	25	0.775		
	总数	30.000	30			
科普基础设施	组间	25.907	5	5.181	31.652	0.000
	组内	4.093	25	0.164		
	总数	30.000	30			

附表 3-15　企业创新能力（EIC）单因素 ANOVA（7 集群）

		平方和	df	均方	F	显著性
创新能力基础	组间	26.525	6	4.421	30.537	0.000
	组内	3.475	24	0.145		
	总数	30.000	30			
知识创造与获取	组间	25.152	6	4.192	20.752	0.000
	组内	4.848	24	0.202		
	总数	30.000	30			
信息基础设施	组间	10.798	6	1.800	2.249	0.073
	组内	19.202	24	0.800		
	总数	30.000	30			
科普基础设施	组间	25.980	6	4.330	25.850	0.000
	组内	4.020	24	0.168		
	总数	30.000	30			

附表 3-16　企业创新能力（EIC）单因素 ANOVA（8 集群）

		平方和	df	均方	F	显著性
创新能力基础	组间	27.298	7	3.900	33.192	0.000
	组内	2.702	23	0.117		
	总数	30.000	30			
知识创造与获取	组间	26.790	7	3.827	27.421	0.000
	组内	3.210	23	0.140		
	总数	30.000	30			
信息基础设施	组间	16.739	7	2.391	4.148	0.004
	组内	13.261	23	0.577		
	总数	30.000	30			
科普基础设施	组间	26.040	7	3.720	21.608	0.000
	组内	3.960	23	0.172		
	总数	30.000	30			

3. 产业竞争能力因子得分聚类

采用系统聚类分析法①，对由产业竞争能力指标产生的高新技术产业竞争

① SPSS 数据编辑界面——分析—分类—系统聚类—组间联结方法——平方欧式距离。

力、文化产业竞争力、非农产业贡献率3个公因子进行聚类分析①，将聚类成员方案范围设定为4~8。聚类表、聚类集群、聚类结果分析如附表3-17所示。

附表3-17 产业竞争能力（ICC）因子得分聚类表

阶	群集组合		系数	首次出现阶群集		下一阶
	群集1	群集2		群集1	群集2	
1	4	5	0.014	0	0	5
2	21	26	0.020	0	0	25
3	8	28	0.038	0	0	6
4	6	18	0.081	0	0	11
5	4	20	0.082	1	0	10
6	8	31	0.087	3	0	8
7	3	14	0.132	0	0	10
8	8	25	0.143	6	0	16
9	12	27	0.145	0	0	12
10	3	4	0.158	7	5	13
11	6	17	0.201	4	0	16
12	12	23	0.232	9	0	14
13	3	7	0.287	10	0	17
14	12	16	0.310	12	0	21
15	22	30	0.337	0	0	19
16	6	8	0.374	11	8	18
17	3	13	0.382	13	0	18
18	3	6	0.441	17	16	23
19	2	22	0.499	0	15	20
20	2	24	0.770	19	0	22
21	12	15	0.821	14	0	24
22	2	29	1.332	20	0	23
23	2	3	1.532	22	18	24
24	2	12	2.672	23	21	26
25	9	21	3.049	0	2	26
26	2	9	5.683	24	25	28

① 产业竞争能力综合因子是基于高新技术产业竞争力、文化产业竞争力、非农产业贡献3个公因子得出的，为了避免重复，仅对3个公因子得分进行聚类分析。

续表

阶	群集组合		系数	首次出现阶群集		下一阶
	群集 1	群集 2		群集 1	群集 2	
27	10	11	8. 268	0	0	28
28	2	10	11. 319	26	27	29
29	1	2	20. 444	0	28	30
30	1	19	25. 176	29	0	0

附表 3－18　产业竞争能力（ICC）因子得分群集成员

案例	8 群集	7 群集	6 群集	5 群集	4 群集
1：北京	1	1	1	1	1
2：天津	2	2	2	2	2
3：河北	2	2	2	2	2
4：山西	2	2	2	2	2
5：内蒙古	2	2	2	2	2
6：辽宁	2	2	2	2	2
7：吉林	2	2	2	2	2
8：黑龙江	2	2	2	2	2
9：上海	3	3	3	2	2
10：江苏	4	4	4	3	3
11：浙江	5	5	5	4	3
12：安徽	6	2	2	2	2
13：福建	2	2	2	2	2
14：江西	2	2	2	2	2
15：山东	6	2	2	2	2
16：河南	6	2	2	2	2
17：湖北	2	2	2	2	2
18：湖南	2	2	2	2	2
19：广东	7	6	6	5	4
20：广西	2	2	2	2	2
21：海南	8	7	3	2	2
22：重庆	2	2	2	2	2
23：四川	6	2	2	2	2
24：贵州	2	2	2	2	2
25：云南	2	2	2	2	2
26：西藏	8	7	3	2	2

续表

案例	8群集	7群集	6群集	5群集	4群集
27：陕西	6	2	2	2	2
28：甘肃	2	2	2	2	2
29：青海	2	2	2	2	2
30：宁夏	2	2	2	2	2
31：新疆	2	2	2	2	2

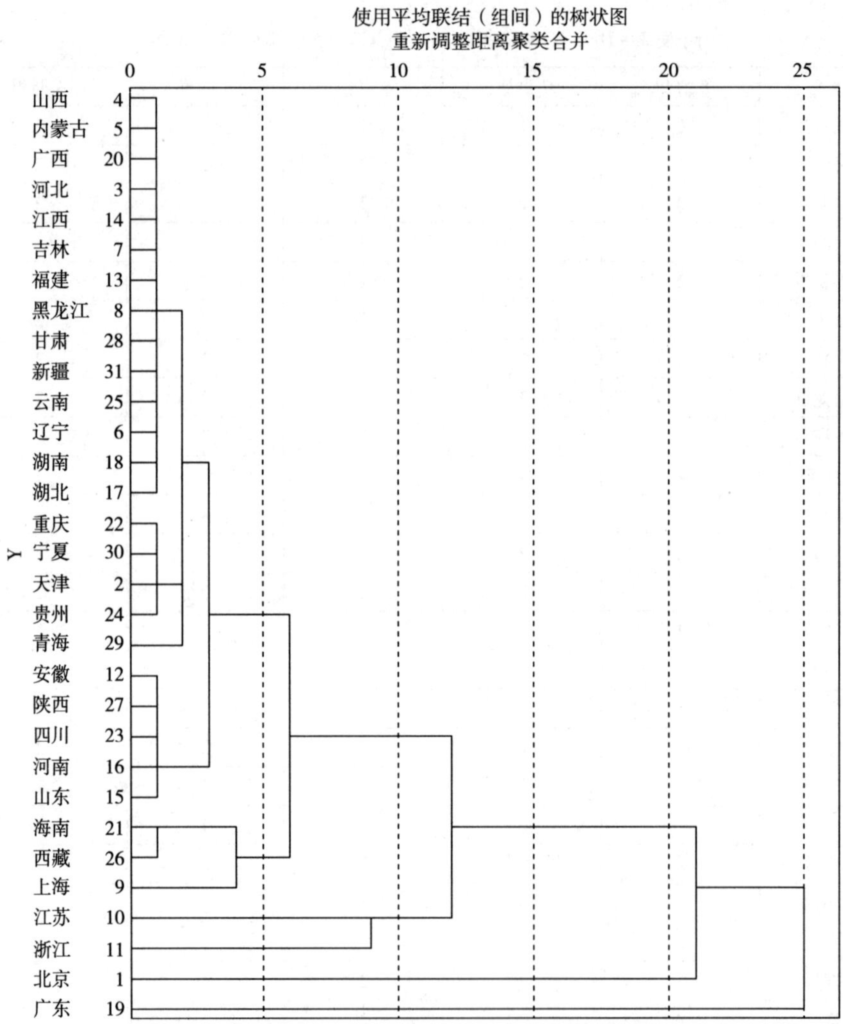

附图3-3　产业竞争能力（ICC）因子得分树状图

附表 3-19　产业竞争能力（ICC）因子得分聚类结果分析

	1	2	3	4	5	6	7	8
4 类	北京	天津 河北 山西 内蒙古 辽宁 吉林 黑龙江 上海 安徽 福建 江西 山东 河南 湖北 湖南 广西 重庆 贵州 四川 陕西 云南 甘肃 海南 青海 新疆 宁夏 西藏	江苏 浙江	广东				
5 类	北京	天津 河北 山西 内蒙古 辽宁 吉林 黑龙江 上海 安徽 福建	江苏	浙江	广东			

续表

	1	2	3	4	5	6	7	8
5类		江西 山东 河南 湖北 湖南 广西 海南 重庆 贵州 四川 陕西 云南 甘肃 青海 宁夏 新疆 西藏						
6类	北京	天津 河北 山西 内蒙古 辽宁 吉林 黑龙江 安徽 福建 江西 山东 河南 湖北 湖南 广西 重庆 贵州 四川 陕西 云南	上海 海南 西藏	江苏	浙江	广东		

续表

	1	2	3	4	5	6	7	8
6类		甘肃 青海 宁夏 新疆						
7类	北京	天津 河北 山西 内蒙古 辽宁 吉林 黑龙江 安徽 福建 江西 山东 河南 湖北 湖南 广西 重庆 贵州 四川 陕西 云南 甘肃 青海 宁夏 新疆	上海	江苏	浙江	广东	海南 西藏	
8类	北京	天津 河北 山西 内蒙古 辽宁 吉林 黑龙江 福建	上海	江苏	浙江	安徽 山东 河南 四川 陕西	广东	海南 西藏

续表

	1	2	3	4	5	6	7	8
8类		江西 湖北 湖南 广西 重庆 贵州 云南 甘肃 新疆 青海 宁夏						

检验聚类结果的合理性，可以采用 Means 方法，检验各个类别在所有变量上的差异，如果差异显著，就认为分类结果是可靠的。具体对每个类别采用单因素分析①，通过比较 F 值的大小来得到各个条目的重要性，F 值越大，P 值越小的变量对聚类结果影响越大。

附表 3-20　产业竞争能力（ICC）单因素 ANOVA（4 集群）

		平方和	df	均方	F	显著性
高技术产业竞争力	组间	24. 436	3	8. 145	39. 526	0. 000
	组内	5. 564	27	0. 206		
	总数	30. 000	30			
文化产业竞争力	组间	14. 882	3	4. 961	8. 860	0. 000
	组内	15. 118	27	0. 560		
	总数	30. 000	30			
非农产业贡献率	组间	16. 090	3	5. 363	10. 410	0. 000
	组内	13. 910	27	0. 515		
	总数	30. 000	30			

① SPSS 数据编辑界面——分析—比较均值—单因素 ANOVA。

附表 3－21 产业竞争能力（ICC）单因素 ANOVA（5 集群）

		平方和	df	均方	F	显著性
高技术产业竞争力	组间	27.825	4	6.956	83.168	0.000
	组内	2.175	26	0.084		
	总数	30.000	30			
文化产业竞争力	组间	14.934	4	3.733	6.443	0.001
	组内	15.066	26	0.579		
	总数	30.000	30			
非农产业贡献率	组间	16.783	4	4.196	8.254	0.000
	组内	13.217	26	0.508		
	总数	30.000	30			

附表 3－22 产业竞争能力（ICC）单因素 ANOVA（6 集群）

		平方和	df	均方	F	显著性
高技术产业竞争力	组间	28.129	5	5.626	75.175	0.000
	组内	1.871	25	0.075		
	总数	30.000	30			
文化产业竞争力	组间	17.188	5	3.438	6.708	0.000
	组内	12.812	25	0.512		
	总数	30.000	30			
非农产业贡献率	组间	25.681	5	5.136	29.734	0.000
	组内	4.319	25	0.173		
	总数	30.000	30			

附表 3－23 产业竞争能力（ICC）单因素 ANOVA（7 集群）

		平方和	df	均方	F	显著性
高技术产业竞争力	组间	28.353	6	4.725	68.858	0.000
	组内	1.647	24	0.069		
	总数	30.000	30			
文化产业竞争力	组间	18.346	6	3.058	6.297	0.000
	组内	11.654	24	0.486		
	总数	30.000	30			

续表

		平方和	df	均方	F	显著性
非农产业贡献率	组间	26.328	6	4.388	28.684	0.000
	组内	3.672	24	0.153		
	总数	30.000	30			

附表 3－24　产业竞争能力（ICC）单因素 ANOVA（8 集群）

		平方和	df	均方	F	显著性
高技术产业竞争力	组间	28.384	7	4.055	57.726	0.000
	组内	1.616	23	0.070		
	总数	30.000	30			
文化产业竞争力	组间	25.338	7	3.620	17.859	0.000
	组内	4.662	23	0.203		
	总数	30.000	30			
非农产业贡献率	组间	27.490	7	3.927	35.988	0.000
	组内	2.510	23	0.109		
	总数	30.000	30			

4. 政府调控能力因子得分聚类

采用系统聚类分析法①，对由政府调控能力指标产生的制度保障与发展支撑能力、协调发展能力、可持续发展能力 3 个公因子进行聚类分析②，将聚类成员方案范围设定为 4～8。聚类表、聚类集群、聚类结果分析如附表 3－25、附表 3－26、附表 3－27 所示。

附表 3－25　政府调控能力（GRC）因子得分聚类表

阶	群集组合		系数	首次出现阶群集		下一阶
	群集 1	群集 2		群集 1	群集 2	
1	5	8	0.034	0	0	2
2	5	31	0.085	1	0	8

① SPSS 数据编辑界面——分析—分类—系统聚类—组间联结方法——平方欧式距离。

② 政府调控能力综合因子是基于制度保障与发展支撑能力、协调发展能力、可持续发展能力 3 个公因子得出的，为了避免重复，仅对 3 个公因子得分进行聚类分析。

续表

阶	群集组合		系数	首次出现阶群集		下一阶
	群集 1	群集 2		群集 1	群集 2	
3	3	18	0. 091	0	0	13
4	24	25	0. 101	0	0	16
5	7	22	0. 115	0	0	8
6	12	20	0. 141	0	0	9
7	4	27	0. 153	0	0	14
8	5	7	0. 212	2	5	15
9	12	17	0. 225	6	0	13
10	14	28	0. 241	0	0	14
11	29	30	0. 244	0	0	21
12	6	13	0. 294	0	0	15
13	3	12	0. 534	3	9	16
14	4	14	0. 554	7	10	18
15	5	6	0. 679	8	12	21
16	3	24	0. 689	13	4	18
17	15	16	0. 928	0	0	20
18	3	4	0. 934	16	14	24
19	21	26	0. 993	0	0	25
20	15	23	1. 185	17	0	28
21	5	29	1. 294	15	11	22
22	2	5	1. 423	0	21	24
23	10	11	1. 829	0	0	26
24	2	3	2. 443	22	18	25
25	2	21	2. 942	24	19	28
26	9	10	3. 608	0	23	27
27	9	19	5. 504	26	0	29
28	2	15	6. 866	25	20	29
29	2	9	9. 833	28	27	30
30	1	2	26. 396	0	29	0

附表 3－26　政府调控能力（GRC）因子得分群集成员

案例	8 群集	7 群集	6 群集	5 群集	4 群集
1：北京	1	1	1	1	1
2：天津	2	2	2	2	2
3：河北	3	2	2	2	2
4：山西	3	2	2	2	2
5：内蒙古	2	2	2	2	2
6：辽宁	2	2	2	2	2
7：吉林	2	2	2	2	2
8：黑龙江	2	2	2	2	2
9：上海	4	3	3	3	3
10：江苏	5	4	4	3	3
11：浙江	5	4	4	3	3
12：安徽	3	2	2	2	2
13：福建	2	2	2	2	2
14：江西	3	2	2	2	2
15：山东	6	5	5	4	4
16：河南	6	5	5	4	4
17：湖北	3	2	2	2	2
18：湖南	3	2	2	2	2
19：广东	7	6	6	5	3
20：广西	3	2	2	2	2
21：海南	8	7	2	2	2
22：重庆	2	2	2	2	2
23：四川	6	5	5	4	4
24：贵州	3	2	2	2	2
25：云南	3	2	2	2	2
26：西藏	8	7	2	2	2
27：陕西	3	2	2	2	2
28：甘肃	3	2	2	2	2
29：青海	2	2	2	2	2
30：宁夏	2	2	2	2	2
31：新疆	2	2	2	2	2

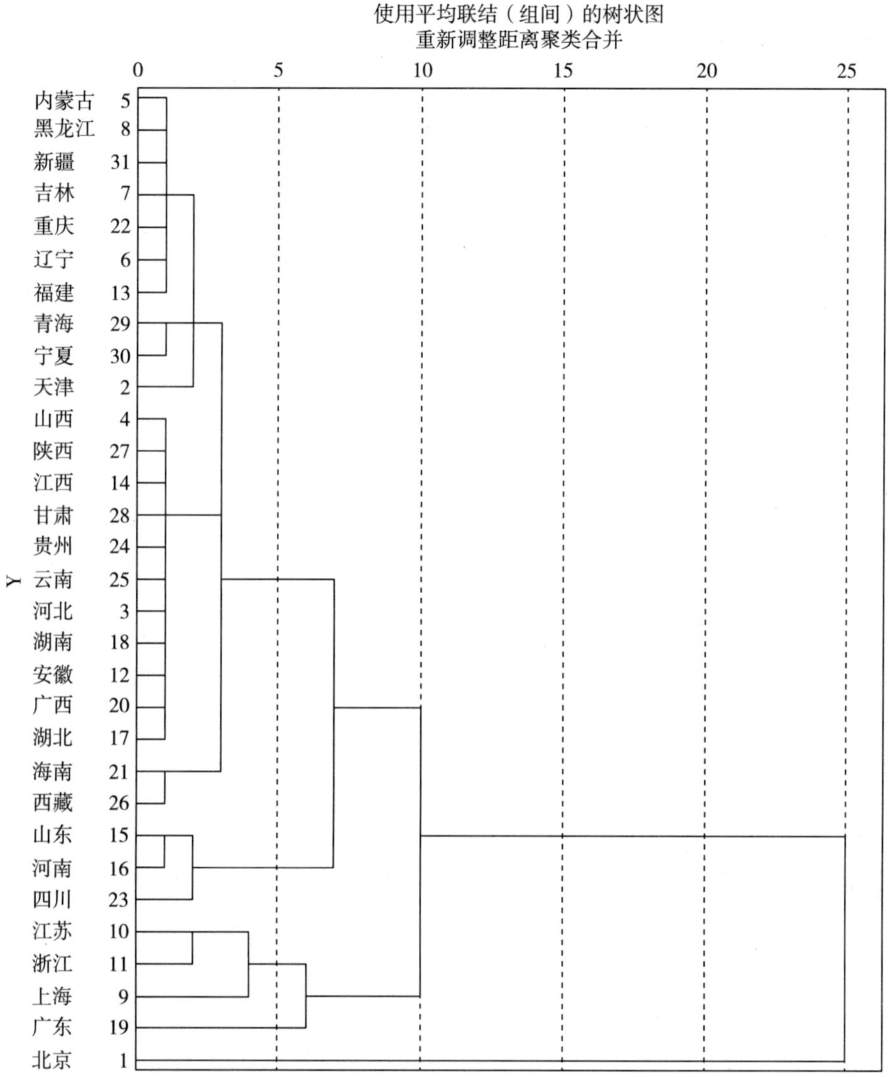

附图 3-4 政府调控能力（GRC）因子得分树状图

附表 3－27 政府调控能力（GRC）因子得分聚类结果分析

	1	2	3	4	5	6	7	8
4类	北京	天津 河北 山西 内蒙古 吉林 黑龙江 辽宁 安徽 江西 福建 湖北 湖南 广西 海南 西藏 重庆 贵州 云南 陕西 甘肃 青海 宁夏 新疆	上海 江苏 浙江 广东	山东 河南 四川				
5类	北京	天津 河北 山西 内蒙古 吉林 黑龙江 辽宁 安徽 江西 福建 湖北 湖南 海南 广西	上海 江苏 浙江	山东 河南 四川	广东			

续表

	1	2	3	4	5	6	7	8
5类		贵州 云南 陕西 甘肃 西藏 重庆 青海 宁夏 新疆						
6类	北京	天津 河北 山西 内蒙古 吉林 黑龙江 辽宁 安徽 江西 福建 湖北 湖南 广西 海南 贵州 云南 陕西 甘肃 西藏 重庆 青海 宁夏 新疆	上海	江苏 浙江	山东 河南 四川	广东		

续表

	1	2	3	4	5	6	7	8
7类	北京	天津 河北 山西 内蒙古 吉林 黑龙江 辽宁 安徽 江西 福建 湖北 湖南 广西 重庆 贵州 云南 陕西 甘肃 青海 宁夏 新疆	上海	江苏 浙江	山东 河南 四川	广东	海南 西藏	
8类	北京	天津 内蒙古 吉林 黑龙江 辽宁 福建 重庆 青海 宁夏 新疆	河北 山西 安徽 江西 湖北 湖南 广西 贵州 云南 陕西 甘肃	上海	江苏 浙江	山东 河南 四川	广东	海南 西藏

检验聚类结果的合理性，可以采用 Means 方法，检验各个类别在所有变量上的差异，如果差异显著，就认为分类结果是可靠的。具体对每个类别采用单因素

分析①，通过比较F值的大小来得到各个条目的重要性，F值越大，P值越小的变量对聚类结果影响越大。

附表3-28 政府调控能力（GRC）单因素ANOVA（4集群）

		平方和	df	均方	F	显著性
制度保障与发展支撑能力	组间	22.735	3	7.578	28.166	0.000
	组内	7.265	27	0.269		
	总数	30.000	30			
协调发展能力	组间	16.175	3	5.392	10.530	0.000
	组内	13.825	27	0.512		
	总数	30.000	30			
可持续发展能力	组间	23.043	3	7.681	29.810	0.000
	组内	6.957	27	0.258		
	总数	30.000	30			

附表3-29 政府调控能力（GRC）单因素ANOVA（5集群）

		平方和	df	均方	F	显著性
制度保障与发展支撑能力	组间	25.615	4	6.404	37.974	0.000
	组内	4.385	26	0.169		
	总数	30.000	30			
协调发展能力	组间	16.414	4	4.103	7.853	0.000
	组内	13.586	26	0.523		
	总数	30.000	30			
可持续发展能力	组间	23.298	4	5.825	22.597	0.000
	组内	6.702	26	0.258		
	总数	30.000	30			

附表3-30 政府调控能力（GRC）单因素ANOVA（6集群）

		平方和	df	均方	F	显著性
制度保障与发展支撑能力	组间	25.776	5	5.155	30.508	0.000
	组内	4.224	25	0.169		
	总数	30.000	30			

① SPSS数据编辑界面——分析—比较均值—单因素ANOVA。

续表

		平方和	df	均方	F	显著性
协调发展能力	组间	18. 225	5	3. 645	7. 739	0. 000
	组内	11. 775	25	0. 471		
	总数	30. 000	30			
可持续发展能力	组间	23. 427	5	4. 685	17. 821	0. 000
	组内	6. 573	25	0. 263		
	总数	30. 000	30			

附表 3 – 31　政府调控能力（GRC）单因素 ANOVA（7 集群）

		平方和	df	均方	F	显著性
制度保障与发展支撑能力	组间	26. 582	6	4. 430	31. 106	0. 000
	组内	3. 418	24	0. 142		
	总数	30. 000	30			
协调发展能力	组间	19. 218	6	3. 203	7. 130	0. 000
	组内	10. 782	24	0. 449		
	总数	30. 000	30			
可持续发展能力	组间	25. 106	6	4. 184	20. 518	0. 000
	组内	4. 894	24	0. 204		
	总数	30. 000	30			

附表 3 – 32　政府调控能力（GRC）单因素 ANOVA（8 集群）

		平方和	df	均方	F	显著性
制度保障与发展支撑能力	组间	26. 696	7	3. 814	26. 548	0. 000
	组内	3. 304	23	0. 144		
	总数	30. 000	30			
协调发展能力	组间	27. 203	7	3. 886	31. 954	0. 000
	组内	2. 797	23	0. 122		
	总数	30. 000	30			
可持续发展能力	组间	26. 003	7	3. 715	21. 375	0. 000
	组内	3. 997	23	0. 174		
	总数	30. 000	30			

附录4　聚类分析统计量、绘制、结果检验（居民素质技能）

附表4-1　案例处理汇总[a]（近似矩阵）

案例					
有效		缺失		总计	
N	百分比	N	百分比	N	百分比
31	100.0%	0	0.0%	31	100.0%

注：a表示平均联结（组间）。

附表4-2　近似矩阵

案例	平方 Euclidean 距离						
	1：北京	2：天津	3：河北	4：山西	5：内蒙古	6：辽宁	7：吉林
1：北京	0.000	7.529	19.947	15.339	12.093	14.175	11.900
2：天津	7.529	0.000	8.745	10.402	6.363	16.728	8.228
3：河北	19.947	8.745	0.000	2.751	3.997	7.292	2.624
4：山西	15.339	10.402	2.751	0.000	5.304	3.243	0.283
5：内蒙古	12.093	6.363	3.997	5.304	0.000	9.496	3.877
6：辽宁	14.175	16.728	7.292	3.243	9.496	0.000	2.724
7：吉林	11.900	8.228	2.624	0.283	3.877	2.724	0.000
8：黑龙江	14.927	11.680	2.736	0.549	5.644	1.399	0.481
9：上海	14.820	19.476	24.258	17.663	30.247	14.378	16.341
10：江苏	19.191	14.015	5.363	10.031	8.868	7.357	8.219
11：浙江	12.577	5.812	4.123	6.993	8.217	7.821	5.398
12：安徽	21.422	7.752	0.463	3.686	5.653	9.993	3.756
13：福建	15.878	7.288	1.191	2.207	6.351	5.318	1.923
14：江西	18.640	6.009	0.901	2.929	4.745	9.913	2.947
15：山东	18.254	13.672	4.721	8.404	3.426	7.800	6.704
16：河南	22.412	15.808	3.651	1.781	11.153	3.483	2.613

续表

案例	平方 Euclidean 距离						
	1：北京	2：天津	3：河北	4：山西	5：内蒙古	6：辽宁	7：吉林
17：湖北	14.319	11.002	2.487	0.596	5.001	1.497	0.403
18：湖南	19.710	13.471	3.072	1.022	9.371	3.188	1.657
19：广东	35.097	25.004	10.809	17.204	22.667	14.064	16.440
20：广西	22.857	10.694	1.263	2.581	8.556	7.751	3.197
21：海南	19.827	4.905	2.630	5.381	5.954	14.617	5.326
22：重庆	13.605	10.008	3.088	2.241	1.311	4.543	1.543
23：四川	19.428	17.435	4.789	1.465	8.657	1.127	1.871
24：贵州	20.966	14.381	4.147	0.682	9.371	4.724	1.770
25：云南	21.154	12.709	2.812	0.895	8.985	5.251	1.840
26：西藏	25.735	9.573	9.098	8.886	15.833	20.434	9.866
27：陕西	10.913	8.101	3.405	0.837	2.507	3.574	0.338
28：甘肃	18.276	10.124	2.438	0.427	6.028	5.864	1.090
29：青海	16.440	13.226	6.620	0.971	9.344	4.768	1.732
30：宁夏	14.439	7.961	3.078	3.496	0.408	8.280	2.730
31：新疆	17.750	20.811	9.873	3.375	9.299	2.448	3.581

案例	平方 Euclidean 距离					
	8：黑龙江	9：上海	10：江苏	11：浙江	12：安徽	13：福建
1：北京	14.927	14.820	19.191	12.577	21.422	15.878
2：天津	11.680	19.476	14.015	5.812	7.752	7.288
3：河北	2.736	24.258	5.363	4.123	0.463	1.191
4：山西	0.549	17.663	10.031	6.993	3.686	2.207
5：内蒙古	5.644	30.247	8.868	8.217	5.653	6.351
6：辽宁	1.399	14.378	7.357	7.821	9.993	5.318
7：吉林	0.481	16.341	8.219	5.398	3.756	1.923
8：黑龙江	0.000	16.444	6.747	5.562	4.298	1.968
9：上海	16.444	0.000	23.244	12.931	23.698	14.887
10：江苏	6.747	23.244	0.000	3.230	7.501	5.357
11：浙江	5.562	12.931	3.230	0.000	4.242	1.907
12：安徽	4.298	23.698	7.501	4.242	0.000	1.226
13：福建	1.968	14.887	5.357	1.907	1.226	0.000

续表

案例	平方 Euclidean 距离					
	8：黑龙江	9：上海	10：江苏	11：浙江	12：安徽	13：福建
14：江西	4.096	22.417	9.261	4.725	0.302	1.397
15：山东	6.213	32.815	2.893	7.538	7.738	7.393
16：河南	1.395	15.673	9.061	6.754	4.314	2.084
17：湖北	0.023	16.786	6.286	5.215	4.076	1.869
18：湖南	0.903	15.007	8.905	6.047	3.677	1.566
19：广东	13.190	24.151	4.516	7.029	11.703	9.049
20：广西	3.032	19.419	8.489	4.793	0.815	0.828
21：海南	7.370	25.177	12.903	6.477	1.239	3.272
22：重庆	2.126	26.141	7.789	8.132	5.272	4.713
23：四川	0.582	18.808	8.714	8.940	6.933	4.121
24：贵州	1.610	18.161	13.389	9.505	4.605	3.185
25：云南	1.645	17.494	11.314	7.317	2.900	1.846
26：西藏	12.348	21.704	24.004	12.244	6.004	7.215
27：陕西	1.245	19.628	9.417	7.076	4.902	3.446
28：甘肃	1.705	19.782	12.053	7.795	2.633	2.243
29：青海	2.310	16.018	16.412	11.089	7.215	4.899
30：宁夏	4.186	30.131	9.777	9.009	4.648	5.526
31：新疆	2.954	23.473	14.985	15.552	13.047	9.624

案例	平方 Euclidean 距离					
	14：江西	15：山东	16：河南	17：湖北	18：湖南	19：广东
1：北京	18.640	18.254	22.412	14.319	19.710	35.097
2：天津	6.009	13.672	15.808	11.002	13.471	25.004
3：河北	0.901	4.721	3.651	2.487	3.072	10.809
4：山西	2.929	8.404	1.781	0.596	1.022	17.204
5：内蒙古	4.745	3.426	11.153	5.001	9.371	22.667
6：辽宁	9.913	7.800	3.483	1.497	3.188	14.064
7：吉林	2.947	6.704	2.613	0.403	1.657	16.440
8：黑龙江	4.096	6.213	1.395	0.023	0.903	13.190
9：上海	22.417	32.815	15.673	16.786	15.007	24.151
10：江苏	9.261	2.893	9.061	6.286	8.905	4.516

续表

案例	平方 Euclidean 距离					
	14：江西	15：山东	16：河南	17：湖北	18：湖南	19：广东
11：浙江	4.725	7.538	6.754	5.215	6.047	7.029
12：安徽	0.302	7.738	4.314	4.076	3.677	11.703
13：福建	1.397	7.393	2.084	1.869	1.566	9.049
14：江西	0.000	8.644	4.658	3.869	3.703	14.950
15：山东	8.644	0.000	11.070	5.581	10.265	13.347
16：河南	4.658	11.070	0.000	1.681	0.128	10.811
17：湖北	3.869	5.581	1.681	0.000	1.122	13.108
18：湖南	3.703	10.265	0.128	1.122	0.000	11.906
19：广东	14.950	13.347	10.811	13.108	11.906	0.000
20：广西	1.178	10.108	1.705	3.073	1.468	10.515
21：海南	0.557	11.932	8.021	7.050	6.719	19.191
22：重庆	4.645	3.182	6.322	1.790	5.129	19.454
23：四川	6.976	7.979	1.458	0.768	1.336	14.392
24：贵州	3.982	12.663	1.082	1.882	0.695	18.052
25：云南	2.620	11.665	0.693	1.857	0.384	14.786
26：西藏	4.536	25.368	10.251	12.420	9.049	26.876
27：陕西	3.769	6.097	4.600	1.060	3.341	20.039
28：甘肃	1.828	10.357	2.139	1.769	1.360	18.393
29：青海	5.707	14.698	2.988	2.566	2.130	23.608
30：宁夏	3.751	4.095	8.751	3.707	7.203	22.556
31：新疆	12.013	10.692	6.162	3.106	5.475	25.650

案例	平方 Euclidean 距离					
	20：广西	21：海南	22：重庆	23：四川	24：贵州	25：云南
1：北京	22.857	19.827	13.605	19.428	20.966	21.154
2：天津	10.694	4.905	10.008	17.435	14.381	12.709
3：河北	1.263	2.630	3.088	4.789	4.147	2.812
4：山西	2.581	5.381	2.241	1.465	0.682	0.895
5：内蒙古	8.556	5.954	1.311	8.657	9.371	8.985
6：辽宁	7.751	14.617	4.543	1.127	4.724	5.251
7：吉林	3.197	5.326	1.543	1.871	1.770	1.840

续表

案例	平方 Euclidean 距离					
	20：广西	21：海南	22：重庆	23：四川	24：贵州	25：云南
8：黑龙江	3.032	7.370	2.126	0.582	1.610	1.645
9：上海	19.419	25.177	26.141	18.808	18.161	17.494
10：江苏	8.489	12.903	7.789	8.714	13.389	11.314
11：浙江	4.793	6.477	8.132	8.940	9.505	7.317
12：安徽	0.815	1.239	5.272	6.933	4.605	2.900
13：福建	0.828	3.272	4.713	4.121	3.185	1.846
14：江西	1.178	0.557	4.645	6.976	3.982	2.620
15：山东	10.108	11.932	3.182	7.979	12.663	11.665
16：河南	1.705	8.021	6.322	1.458	1.082	0.693
17：湖北	3.073	7.050	1.790	0.768	1.882	1.857
18：湖南	1.468	6.719	5.129	1.336	0.695	0.384
19：广东	10.515	19.191	19.454	14.392	18.052	14.786
20：广西	0.000	2.871	6.282	4.693	2.369	1.029
21：海南	2.871	0.000	7.200	11.211	6.580	4.923
22：重庆	6.282	7.200	0.000	3.514	5.051	5.276
23：四川	4.693	11.211	3.514	0.000	1.880	2.382
24：贵州	2.369	6.580	5.051	1.880	0.000	0.289
25：云南	1.029	4.923	5.276	2.382	0.289	0.000
26：西藏	5.577	3.223	15.760	16.127	7.891	6.459
27：陕西	5.002	6.000	0.747	2.779	2.965	3.337
28：甘肃	1.723	3.564	3.423	2.961	0.581	0.532
29：青海	4.940	8.092	5.242	2.836	0.787	1.684
30：宁夏	6.769	5.204	0.645	6.495	6.627	6.547
31：新疆	10.927	16.547	3.906	1.920	4.587	6.416

案例	平方 Euclidean 距离					
	26：西藏	27：陕西	28：甘肃	29：青海	30：宁夏	31：新疆
1：北京	25.735	10.913	18.276	16.440	14.439	17.750
2：天津	9.573	8.101	10.124	13.226	7.961	20.811
3：河北	9.098	3.405	2.438	6.620	3.078	9.873
4：山西	8.886	0.837	0.427	0.971	3.496	3.375

续表

案例	平方 Euclidean 距离					
	26：西藏	27：陕西	28：甘肃	29：青海	30：宁夏	31：新疆
5：内蒙古	15.833	2.507	6.028	9.344	0.408	9.299
6：辽宁	20.434	3.574	5.864	4.768	8.280	2.448
7：吉林	9.866	0.338	1.090	1.732	2.730	3.581
8：黑龙江	12.348	1.245	1.705	2.310	4.186	2.954
9：上海	21.704	19.628	19.782	16.018	30.131	23.473
10：江苏	24.004	9.417	12.053	16.412	9.777	14.985
11：浙江	12.244	7.076	7.795	11.089	9.009	15.552
12：安徽	6.004	4.902	2.633	7.215	4.648	13.047
13：福建	7.215	3.446	2.243	4.899	5.526	9.624
14：江西	4.536	3.769	1.828	5.707	3.751	12.013
15：山东	25.368	6.097	10.357	14.698	4.095	10.692
16：河南	10.251	4.600	2.139	2.988	8.751	6.162
17：湖北	12.420	1.060	1.769	2.566	3.707	3.106
18：湖南	9.049	3.341	1.360	2.130	7.203	5.475
19：广东	26.876	20.039	18.393	23.608	22.556	25.650
20：广西	5.577	5.002	1.723	4.940	6.769	10.927
21：海南	3.223	6.000	3.564	8.092	5.204	16.547
22：重庆	15.760	0.747	3.423	5.242	0.645	3.906
23：四川	16.127	2.779	2.961	2.836	6.495	1.920
24：贵州	7.891	2.965	0.581	0.787	6.627	4.587
25：云南	6.459	3.337	0.532	1.684	6.547	6.416
26：西藏	0.000	11.679	5.986	8.678	13.878	22.228
27：陕西	11.679	0.000	1.801	2.416	1.572	3.211
28：甘肃	5.986	1.801	0.000	1.273	3.924	5.663
29：青海	8.678	2.416	1.273	0.000	6.836	3.613
30：宁夏	13.878	1.572	3.924	6.836	0.000	7.071
31：新疆	22.228	3.211	5.663	3.613	7.071	0.000

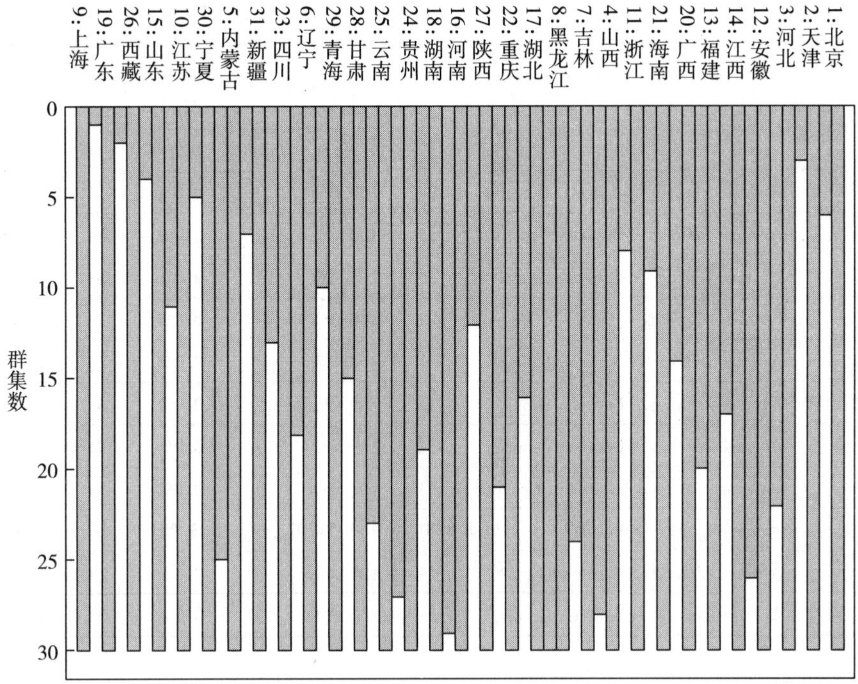

附图4-1 冰柱图

注：MEANS TABLES = FAC1_1FAC2_1FAC3_1FAC4_1BY CLU8_1CLU7_1CLU6_1CLU5_1CLU4_1/ CELLS MEAN COUNT STDDEV.

附表4-3 案例处理摘要（均值表）

	案例					
	已包含		已排除		总计	
	N	百分比	N	百分比	N	百分比
教育与收入 * Average Linkage（Between Groups）	31	100.0%	0	0.0%	31	100.0%
市容环境 * Average Linkage（Between Groups）	31	100.0%	0	0.0%	31	100.0%
市政设施 * Average Linkage（Between Groups）	31	100.0%	0	0.0%	31	100.0%
健康医疗 * Average Linkage（Between Groups）	31	100.0%	0	0.0%	31	100.0%
教育与收入 * Average Linkage（Between Groups）	31	100.0%	0	0.0%	31	100.0%
市容环境 * Average Linkage（Between Groups）	31	100.0%	0	0.0%	31	100.0%
市政设施 * Average Linkage（Between Groups）	31	100.0%	0	0.0%	31	100.0%
健康医疗 * Average Linkage（Between Groups）	31	100.0%	0	0.0%	31	100.0%
教育与收入 * Average Linkage（Between Groups）	31	100.0%	0	0.0%	31	100.0%

续表

	案例					
	已包含		已排除		总计	
	N	百分比	N	百分比	N	百分比
市容环境 * Average Linkage（Between Groups）	31	100.0%	0	0.0%	31	100.0%
市政设施 * Average Linkage（Between Groups）	31	100.0%	0	0.0%	31	100.0%
健康医疗 * Average Linkage（Between Groups）	31	100.0%	0	0.0%	31	100.0%
教育与收入 * Average Linkage（Between Groups）	31	100.0%	0	0.0%	31	100.0%
市容环境 * Average Linkage（Between Groups）	31	100.0%	0	0.0%	31	100.0%
市政设施 * Average Linkage（Between Groups）	31	100.0%	0	0.0%	31	100.0%
健康医疗 * Average Linkage（Between Groups）	31	100.0%	0	0.0%	31	100.0%
教育与收入 * Average Linkage（Between Groups）	31	100.0%	0	0.0%	31	100.0%
市容环境 * Average Linkage（Between Groups）	31	100.0%	0	0.0%	31	100.0%
市政设施 * Average Linkage（Between Groups）	31	100.0%	0	0.0%	31	100.0%
健康医疗 * Average Linkage（Between Groups）	31	100.0%	0	0.0%	31	100.0%

附表 4-4　教育与收入　市容环境　市政设施　健康医疗　* 平均联结（组间）（8 群集）

Average Linkage (Between Groups)		教育与收入	市容环境	市政设施	健康医疗
1	均值	3.4372589	-0.7081418	0.0049984	0.9472781
	N	1	1	1	1
	标准差	0	0	0	0
2	均值	2.0378537	-1.0467636	0.7004550	-1.2826268
	N	1	1	1	1
	标准差	0	0	0	0
3	均值	-0.3729736	-0.0978225	-0.1580593	0.1089220
	N	22	22	22	22
	标准差	0.47719578	0.57288198	0.58885555	0.97275861
4	均值	0.2182413	-0.9088241	1.5855437	0.4339247
	N	2	2	2	2
	标准差	0.37374131	0.09205995	0.22900117	0.05844989

续表

Average Linkage (Between Groups)		教育与收入	市容环境	市政设施	健康医疗
5	均值	2. 3524187	1. 0393024	-3. 0295639	-0. 2277693
	N	1	1	1	1
	标准差	0	0	0	0
6	均值	0. 2838854	1. 4760020	1. 7146792	0. 3456358
	N	2	2	2	2
	标准差	0. 24452748	0. 83014352	0. 61465744	0. 56548255
7	均值	-0. 3579580	3. 3172981	0. 2493587	-1. 1573031
	N	1	1	1	1
	标准差	0	0	0	0
8	均值	-0. 2684075	-1. 5839550	-1. 0483891	-2. 2349839
	N	1	1	1	1
	标准差	0	0	0	0
总计	均值	0. 0000000	0. 0000000	0. 0000000	0. 0000000
	N	31	31	31	31
	标准差	1. 00000000	1. 00000000	1. 00000000	1. 00000000

附表 4-5 教育与收入 市容环境 市政设施 健康医疗 * 平均联结（组间）（7 群集）

Average Linkage (Between Groups)		教育与收入	市容环境	市政设施	健康医疗
1	均值	3. 4372589	-0. 7081418	0. 0049984	0. 9472781
	N	1	1	1	1
	标准差	0	0	0	0
2	均值	2. 0378537	-1. 0467636	0. 7004550	-1. 2826268
	N	1	1	1	1
	标准差	0	0	0	0
3	均值	-0. 3237057	-0. 1654060	-0. 0127591	0. 1360056
	N	24	24	24	24
	标准差	0. 49178154	0. 59367575	0. 74913923	0. 93410061

续表

Average Linkage (Between Groups)		教育与收入	市容环境	市政设施	健康医疗
4	均值	2. 3524187	1. 0393024	-3. 0295639	-0. 2277693
	N	1	1	1	1
	标准差	0	0	0	0
5	均值	0. 2838854	1. 4760020	1. 7146792	0. 3456358
	N	2	2	2	2
	标准差	0. 24452748	0. 83014352	0. 61465744	0. 56548255
6	均值	-0. 3579580	3. 3172981	0. 2493587	-1. 1573031
	N	1	1	1	1
	标准差	0	0	0	0
7	均值	-0. 2684075	-1. 5839550	-1. 0483891	-2. 2349839
	N	1	1	1	1
	标准差	0	0	0	0
总计	均值	0. 0000000	0. 0000000	0. 0000000	0. 0000000
	N	31	31	31	31
	标准差	1. 00000000	1. 00000000	1. 00000000	1. 00000000

附表 4-6　教育与收入　市容环境　市政设施　健康医疗　*平均联结（组间）（6 群集）

Average Linkage (Between Groups)		教育与收入	市容环境	市政设施	健康医疗
1	均值	2. 7375563	-0. 8774527	0. 3527267	-0. 1676744
	N	2	2	2	2
	标准差	0. 98952890	0. 23944179	0. 49176212	1. 57678092
2	均值	-0. 3237057	-0. 1654060	-0. 0127591	0. 1360056
	N	24	24	24	24
	标准差	0. 49178154	0. 59367575	0. 74913923	0. 93410061
3	均值	2. 3524187	1. 0393024	-3. 0295639	-0. 2277693
	N	1	1	1	1
	标准差	0	0	0	0

续表

Average Linkage (Between Groups)		教育与收入	市容环境	市政设施	健康医疗
4	均值	0. 2838854	1. 4760020	1. 7146792	0. 3456358
	N	2	2	2	2
	标准差	0. 24452748	0. 83014352	0. 61465744	0. 56548255
5	均值	-0. 3579580	3. 3172981	0. 2493587	-1. 1573031
	N	1	1	1	1
	标准差	0	0	0	0
6	均值	-0. 2684075	-1. 5839550	-1. 0483891	-2. 2349839
	N	1	1	1	1
	标准差	0	0	0	0
总计	均值	0. 0000000	0. 0000000	0. 0000000	0. 0000000
	N	31	31	31	31
	标准差	1. 00000000	1. 00000000	1. 00000000	1. 00000000

附表 4 -7　教育与收入　市容环境　市政设施　健康医疗　* 平均联结（组间）（5 群集）

Average Linkage (Between Groups)		教育与收入	市容环境	市政设施	健康医疗
1	均值	2. 7375563	-0. 8774527	0. 3527267	-0. 1676744
	N	2	2	2	2
	标准差	0. 98952890	0. 23944179	0. 49176212	1. 57678092
2	均值	-0. 2769679	-0. 0391438	0. 1201208	0. 1521310
	N	26	26	26	26
	标准差	0. 50214984	0. 74214429	0. 86705539	0. 90486265
3	均值	2. 3524187	1. 0393024	-3. 0295639	-0. 2277693
	N	1	1	1	1
	标准差	0	0	0	0
4	均值	-0. 3579580	3. 3172981	0. 2493587	-1. 1573031
	N	1	1	1	1
	标准差	0	0	0	0

续表

Average Linkage (Between Groups)		教育与收入	市容环境	市政设施	健康医疗
5	均值	-0.2684075	-1.5839550	-1.0483891	-2.2349839
	N	1	1	1	1
	标准差	0	0	0	0
总计	均值	0.0000000	0.0000000	0.0000000	0.0000000
	N	31	31	31	31
	标准差	1.00000000	1.00000000	1.00000000	1.00000000

附表4-8　教育与收入　市容环境　市政设施　健康医疗　*平均联结（组间）(4群集)

Average Linkage (Between Groups)		教育与收入	市容环境	市政设施	健康医疗
1	均值	2.7375563	-0.8774527	0.3527267	-0.1676744
	N	2	2	2	2
	标准差	0.98952890	0.23944179	0.49176212	1.57678092
2	均值	-0.2766509	-0.0963591	0.0768427	0.0637193
	N	27	27	27	27
	标准差	0.49240119	0.78611773	0.87945505	0.99916656
3	均值	2.3524187	1.0393024	-3.0295639	-0.2277693
	N	1	1	1	1
	标准差	0	0	0	0
4	均值	-0.3579580	3.3172981	0.2493587	-1.1573031
	N	1	1	1	1
	标准差	0	0	0	0
总计	均值	0.0000000	0.0000000	0.0000000	0.0000000
	N	31	31	31	31
	标准差	1.00000000	1.00000000	1.00000000	1.00000000

附录5 聚类分析统计量、绘制、结果检验（企业创新能力）

附表5-1 案例处理汇总[a]（近似矩阵）

案例					
有效		缺失		总计	
N	百分比	N	百分比	N	百分比
31	100.0%	0	0.0%	31	100.0%

注：a 表示平均联结（组间）。

附表5-2 近似矩阵

案例	平方 Euclidean 距离					
	1：北京	2：天津	3：河北	4：山西	5：内蒙古	6：辽宁
1：北京	0.000	20.071	26.237	25.343	26.227	19.834
2：天津	20.071	0.000	5.586	2.817	3.761	4.188
3：河北	26.237	5.586	0.000	0.915	0.956	0.489
4：山西	25.343	2.817	0.915	0.000	0.119	1.203
5：内蒙古	26.227	3.761	0.956	0.119	0.000	1.471
6：辽宁	19.834	4.188	0.489	1.203	1.471	0.000
7：吉林	24.219	4.303	0.352	0.309	0.339	0.625
8：黑龙江	23.072	4.221	0.308	0.379	0.403	0.428
9：上海	11.699	14.243	9.300	11.193	10.645	6.952
10：江苏	41.278	14.991	18.423	19.865	22.365	16.860
11：浙江	30.257	5.819	9.011	8.097	8.737	8.233
12：安徽	26.005	5.306	0.485	1.599	2.086	0.671
13：福建	27.667	5.038	4.303	2.670	2.171	4.626
14：江西	26.545	6.504	0.360	1.339	1.469	0.879
15：山东	37.250	16.728	4.773	9.110	8.804	5.922
16：河南	28.466	6.831	0.307	1.862	2.120	0.920

续表

案例	平方 Euclidean 距离					
	1：北京	2：天津	3：河北	4：山西	5：内蒙古	6：辽宁
17：湖北	34.714	29.079	10.620	16.934	16.095	11.239
18：湖南	28.051	8.230	2.749	4.729	5.706	2.683
19：广东	40.692	22.450	12.888	16.089	14.964	13.667
20：广西	26.068	4.854	0.442	0.758	1.027	0.831
21：海南	26.551	5.141	2.935	1.301	0.743	3.477
22：重庆	22.277	3.279	0.700	0.628	1.060	0.489
23：四川	21.748	10.050	4.788	7.057	8.146	3.687
24：贵州	25.920	4.506	0.880	0.776	1.110	1.203
25：云南	24.720	5.853	0.433	0.938	0.949	0.796
26：西藏	26.842	4.434	1.065	0.282	0.208	1.683
27：陕西	19.137	3.497	1.476	1.531	2.158	0.699
28：甘肃	25.868	6.683	0.490	1.077	0.903	1.080
29：青海	26.209	3.412	1.640	0.209	0.133	2.094
30：宁夏	26.015	4.886	2.243	0.918	0.439	2.762
31：新疆	26.831	4.083	3.285	1.250	0.840	3.721

案例	平方 Euclidean 距离					
	7：吉林	8：黑龙江	9：上海	10：江苏	11：浙江	12：安徽
1：北京	24.219	23.072	11.699	41.278	30.257	26.005
2：天津	4.303	4.221	14.243	14.991	5.819	5.306
3：河北	0.352	0.308	9.300	18.423	9.011	0.485
4：山西	0.309	0.379	11.193	19.865	8.097	1.599
5：内蒙古	0.339	0.403	10.645	22.365	8.737	2.086
6：辽宁	0.625	0.428	6.952	16.860	8.233	0.671
7：吉林	0.000	0.029	9.703	20.925	9.913	0.968
8：黑龙江	0.029	0.000	8.717	20.492	9.381	0.963
9：上海	9.703	8.717	0.000	30.935	14.051	11.419
10：江苏	20.925	20.492	30.935	0.000	10.290	14.795
11：浙江	9.913	9.381	14.051	10.290	0.000	9.677
12：安徽	0.968	0.963	11.419	14.795	9.677	0.000
13：福建	3.754	3.548	9.509	24.913	5.272	6.796

续表

案例	平方 Euclidean 距离					
	7：吉林	8：黑龙江	9：上海	10：江苏	11：浙江	12：安徽
14：江西	0.465	0.542	11.140	20.411	12.438	0.453
15：山东	7.573	7.127	10.515	18.791	11.167	5.678
16：河南	1.038	1.038	11.298	16.462	10.309	0.172
17：湖北	12.868	12.431	12.027	39.195	31.028	11.577
18：湖南	3.597	3.643	15.696	13.122	14.026	0.988
19：广东	15.622	14.720	10.033	29.004	10.158	16.303
20：广西	0.283	0.395	11.924	19.103	11.180	0.415
21：海南	1.810	1.826	10.246	28.977	9.908	5.160
22：重庆	0.357	0.377	10.612	17.408	9.664	0.531
23：四川	5.294	5.213	14.307	16.600	18.413	2.684
24：贵州	0.418	0.593	13.046	19.957	12.056	0.746
25：云南	0.191	0.252	10.123	22.289	12.336	0.864
26：西藏	0.272	0.441	12.086	23.911	11.257	1.933
27：陕西	1.033	0.999	10.305	17.163	11.045	0.878
28：甘肃	0.274	0.337	9.901	24.132	12.793	1.266
29：青海	0.614	0.753	12.050	23.887	9.826	2.733
30：宁夏	1.267	1.283	9.833	27.539	9.725	4.228
31：新疆	2.126	2.138	11.053	26.962	8.327	5.374

案例	平方 Euclidean 距离					
	13：福建	14：江西	15：山东	16：河南	17：湖北	18：湖南
1：北京	27.667	26.545	37.250	28.466	34.714	28.051
2：天津	5.038	6.504	16.728	6.831	29.079	8.230
3：河北	4.303	0.360	4.773	0.307	10.620	2.749
4：山西	2.670	1.339	9.110	1.862	16.934	4.729
5：内蒙古	2.171	1.469	8.804	2.120	16.095	5.706
6：辽宁	4.626	0.879	5.922	0.920	11.239	2.683
7：吉林	3.754	0.465	7.573	1.038	12.868	3.597
8：黑龙江	3.548	0.542	7.127	1.038	12.431	3.643
9：上海	9.509	11.140	10.515	11.298	12.027	15.696
10：江苏	24.913	20.411	18.791	16.462	39.195	13.122

续表

案例	平方 Euclidean 距离					
	13：福建	14：江西	15：山东	16：河南	17：湖北	18：湖南
11：浙江	5.272	12.438	11.167	10.309	31.028	14.026
12：安徽	6.796	0.453	5.678	0.172	11.577	0.988
13：福建	0.000	6.477	10.396	6.663	22.368	12.839
14：江西	6.477	0.000	6.482	0.366	10.044	1.975
15：山东	10.396	6.482	0.000	4.361	7.282	7.781
16：河南	6.663	0.366	4.361	0.000	9.863	1.425
17：湖北	22.368	10.044	7.282	9.863	0.000	12.109
18：湖南	12.839	1.975	7.781	1.425	12.109	0.000
19：广东	9.755	17.071	5.532	14.590	18.210	22.515
20：广西	5.763	0.155	7.686	0.569	12.628	2.065
21：海南	1.158	3.878	11.545	5.029	18.953	10.408
22：重庆	5.283	0.587	8.521	1.001	14.115	2.230
23：四川	16.388	3.434	10.894	3.447	11.164	0.981
24：贵州	6.185	0.384	9.370	1.052	14.119	2.338
25：云南	5.433	0.139	7.428	0.826	10.738	2.938
26：西藏	3.634	1.034	9.891	2.000	15.504	5.028
27：陕西	7.086	1.074	9.836	1.613	14.065	1.949
28：甘肃	5.077	0.283	7.110	1.032	10.160	3.721
29：青海	2.551	1.944	11.072	2.938	18.234	6.430
30：宁夏	1.341	3.054	10.518	4.104	17.499	9.058
31：新疆	0.770	4.459	12.169	5.421	21.405	10.709

案例	平方 Euclidean 距离					
	19：广东	20：广西	21：海南	22：重庆	23：四川	24：贵州
1：北京	40.692	26.068	26.551	22.277	21.748	25.920
2：天津	22.450	4.854	5.141	3.279	10.050	4.506
3：河北	12.888	0.442	2.935	0.700	4.788	0.880
4：山西	16.089	0.758	1.301	0.628	7.057	0.776
5：内蒙古	14.964	1.027	0.743	1.060	8.146	1.110
6：辽宁	13.667	0.831	3.477	0.489	3.687	1.203
7：吉林	15.622	0.283	1.810	0.357	5.294	0.418

续表

案例	平方 Euclidean 距离					
	19：广东	20：广西	21：海南	22：重庆	23：四川	24：贵州
8：黑龙江	14. 720	0. 395	1. 826	0. 377	5. 213	0. 593
9：上海	10. 033	11. 924	10. 246	10. 612	14. 307	13. 046
10：江苏	29. 004	19. 103	28. 977	17. 408	16. 600	19. 957
11：浙江	10. 158	11. 180	9. 908	9. 664	18. 413	12. 056
12：安徽	16. 303	0. 415	5. 160	0. 531	2. 684	0. 746
13：福建	9. 755	5. 763	1. 158	5. 283	16. 388	6. 185
14：江西	17. 071	0. 155	3. 878	0. 587	3. 434	0. 384
15：山东	5. 532	7. 686	11. 545	8. 521	10. 894	9. 370
16：河南	14. 590	0. 569	5. 029	1. 001	3. 447	1. 052
17：湖北	18. 210	12. 628	18. 953	14. 115	11. 164	14. 119
18：湖南	22. 515	2. 065	10. 408	2. 230	0. 981	2. 338
19：广东	0. 000	18. 047	14. 501	18. 139	26. 856	20. 264
20：广西	18. 047	0. 000	3. 365	0. 223	3. 726	0. 084
21：海南	14. 501	3. 365	0. 000	3. 302	12. 984	3. 422
22：重庆	18. 139	0. 223	3. 302	0. 000	3. 496	0. 249
23：四川	26. 856	3. 726	12. 984	3. 496	0. 000	3. 870
24：贵州	20. 264	0. 084	3. 422	0. 249	3. 870	0. 000
25：云南	16. 993	0. 208	2. 783	0. 505	4. 216	0. 352
26：西藏	17. 921	0. 657	1. 260	0. 868	7. 116	0. 586
27：陕西	20. 492	0. 724	4. 758	0. 244	2. 334	0. 672
28：甘肃	16. 042	0. 462	2. 419	0. 911	5. 171	0. 668
29：青海	17. 597	1. 310	0. 719	1. 269	8. 765	1. 186
30：宁夏	14. 283	2. 620	0. 050	2. 601	11. 494	2. 704
31：新疆	14. 638	3. 694	0. 139	3. 433	13. 625	3. 715

案例	平方 Euclidean 距离						
	25：云南	26：西藏	27：陕西	28：甘肃	29：青海	30：宁夏	31：新疆
1：北京	24. 720	26. 842	19. 137	25. 868	26. 209	26. 015	26. 831
2：天津	5. 853	4. 434	3. 497	6. 683	3. 412	4. 886	4. 083
3：河北	0. 433	1. 065	1. 476	0. 490	1. 640	2. 243	3. 285
4：山西	0. 938	0. 282	1. 531	1. 077	0. 209	0. 918	1. 250

续表

案例	平方 Euclidean 距离						
	25：云南	26：西藏	27：陕西	28：甘肃	29：青海	30：宁夏	31：新疆
5：内蒙古	0.949	0.208	2.158	0.903	0.133	0.439	0.840
6：辽宁	0.796	1.683	0.699	1.080	2.094	2.762	3.721
7：吉林	0.191	0.272	1.033	0.274	0.614	1.267	2.126
8：黑龙江	0.252	0.441	0.999	0.337	0.753	1.283	2.138
9：上海	10.123	12.086	10.305	9.901	12.050	9.833	11.053
10：江苏	22.289	23.911	17.163	24.132	23.887	27.539	26.962
11：浙江	12.336	11.257	11.045	12.793	9.826	9.725	8.327
12：安徽	0.864	1.933	0.878	1.266	2.733	4.228	5.374
13：福建	5.433	3.634	7.086	5.077	2.551	1.341	0.770
14：江西	0.139	1.034	1.074	0.283	1.944	3.054	4.459
15：山东	7.428	9.891	9.836	7.110	11.072	10.518	12.169
16：河南	0.826	2.000	1.613	1.032	2.938	4.104	5.421
17：湖北	10.738	15.504	14.065	10.160	18.234	17.499	21.405
18：湖南	2.938	5.028	1.949	3.721	6.430	9.058	10.709
19：广东	16.993	17.921	20.492	16.042	17.597	14.283	14.638
20：广西	0.208	0.657	0.724	0.462	1.310	2.620	3.694
21：海南	2.783	1.260	4.758	2.419	0.719	0.050	0.139
22：重庆	0.505	0.868	0.244	0.911	1.269	2.601	3.433
23：四川	4.216	7.116	2.334	5.171	8.765	11.494	13.625
24：贵州	0.352	0.586	0.672	0.668	1.186	2.704	3.715
25：云南	0.000	0.572	1.007	0.075	1.276	2.097	3.370
26：西藏	0.572	0.000	1.798	0.571	0.187	0.862	1.539
27：陕西	1.007	1.798	0.000	1.600	2.318	3.940	4.945
28：甘肃	0.075	0.571	1.600	0.000	1.278	1.792	3.110
29：青海	1.276	0.187	2.318	1.278	0.000	0.482	0.765
30：宁夏	2.097	0.862	3.940	1.792	0.482	0.000	0.237
31：新疆	3.370	1.539	4.945	3.110	0.765	0.237	0.000

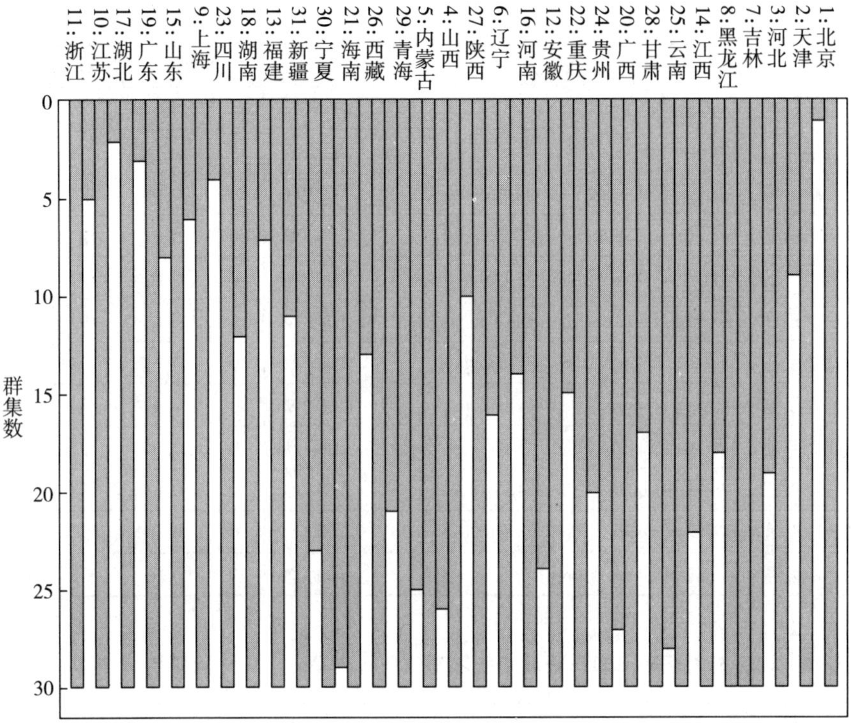

附图 5-1 冰柱图

附表 5-3 案例处理摘要（均值表）

	案例					
	已包含		已排除		总计	
	N	百分比	N	百分比	N	百分比
创新能力基础 * Average Linkage（Between Groups）	31	100.0%	0	0.0%	31	100.0%
知识创造与获取 * Average Linkage（Between Groups）	31	100.0%	0	0.0%	31	100.0%
信息基础设施 * Average Linkage（Between Groups）	31	100.0%	0	0.0%	31	100.0%
科普基础设施 * Average Linkage（Between Groups）	31	100.0%	0	0.0%	31	100.0%
创新能力基础 * Average Linkage（Between Groups）	31	100.0%	0	0.0%	31	100.0%
知识创造与获取 * Average Linkage（Between Groups）	31	100.0%	0	0.0%	31	100.0%
信息基础设施 * Average Linkage（Between Groups）	31	100.0%	0	0.0%	31	100.0%
科普基础设施 * Average Linkage（Between Groups）	31	100.0%	0	0.0%	31	100.0%
创新能力基础 * Average Linkage（Between Groups）	31	100.0%	0	0.0%	31	100.0%
知识创造与获取 * Average Linkage（Between Groups）	31	100.0%	0	0.0%	31	100.0%

续表

	案例					
	已包含		已排除		总计	
	N	百分比	N	百分比	N	百分比
信息基础设施 * Average Linkage (Between Groups)	31	100.0%	0	0.0%	31	100.0%
科普基础设施 * Average Linkage (Between Groups)	31	100.0%	0	0.0%	31	100.0%
创新能力基础 * Average Linkage (Between Groups)	31	100.0%	0	0.0%	31	100.0%
知识创造与获取 * Average Linkage (Between Groups)	31	100.0%	0	0.0%	31	100.0%
信息基础设施 * Average Linkage (Between Groups)	31	100.0%	0	0.0%	31	100.0%
科普基础设施 * Average Linkage (Between Groups)	31	100.0%	0	0.0%	31	100.0%
创新能力基础 * Average Linkage (Between Groups)	31	100.0%	0	0.0%	31	100.0%
知识创造与获取 * Average Linkage (Between Groups)	31	100.0%	0	0.0%	31	100.0%
信息基础设施 * Average Linkage (Between Groups)	31	100.0%	0	0.0%	31	100.0%
科普基础设施 * Average Linkage (Between Groups)	31	100.0%	0	0.0%	31	100.0%

附表5-4 创新能力基础 知识获取 信息基础 科普基础 *平均联结（组间）(8群集)

Average Linkage (Between Groups)		REGR factor score 1 for analysis 1	REGR factor score 2 for analysis 1	REGR factor score 3 for analysis 1	REGR factor score 4 for analysis 1
1	均值	-1.0920320	4.4006080	1.1146488	-0.0080526
	N	1	1	1	1
	标准差	0	0	0	0
2	均值	-0.3509785	-0.3132841	-0.0017570	-0.3009981
	N	22	22	22	22
	标准差	0.34974191	0.36849316	0.71170819	0.42646222
3	均值	-0.2176402	1.6102632	1.3673663	1.7482789
	N	1	1	1	1
	标准差	0	0	0	0
4	均值	3.7375933	0.8974402	-0.8000194	-1.4275578
	N	1	1	1	1
	标准差	0	0	0	0
5	均值	2.0537376	-0.0179487	1.6760158	-0.7307104
	N	1	1	1	1
	标准差	0	0	0	0

续表

Average Linkage (Between Groups)		REGR factor score 1 for analysis 1	REGR factor score 2 for analysis 1	REGR factor score 3 for analysis 1	REGR factor score 4 for analysis 1
6	均值	1. 5461830	-0. 7198543	0. 8755377	2. 0780019
	N	2	2	2	2
	标准差	0. 19687783	0. 06857562	1. 61224670	0. 35091839
7	均值	-0. 4486205	0. 1777299	-1. 4665689	3. 1231224
	N	1	1	1	1
	标准差	0	0	0	0
8	均值	0. 2980615	0. 6319327	-1. 8019318	-0. 1195634
	N	2	2	2	2
	标准差	0. 30788457	0. 59486867	0. 15629202	0. 13160072
总计	均值	0. 0000000	0. 0000000	0. 0000000	0. 0000000
	N	31	31	31	31
	标准差	1. 00000000	1. 00000000	1. 00000000	1. 00000000

附表 5-5 创新能力基础 知识获取 信息基础 科普基础 *平均联结(组间)(7 群集)

Average Linkage (Between Groups)		REGR factor score 1 for analysis 1	REGR factor score 2 for analysis 1	REGR factor score 3 for analysis 1	REGR factor score 4 for analysis 1
1	均值	-1. 0920320	4. 4006080	1. 1146488	-0. 0080526
	N	1	1	1	1
	标准差	0	0	0	0
2	均值	-0. 2968918	-0. 2345160	-0. 1517716	-0. 2858785
	N	24	24	24	24
	标准差	0. 38650032	0. 45889109	0. 84962089	0. 41162139
3	均值	-0. 2176402	1. 6102632	1. 3673663	1. 7482789
	N	1	1	1	1
	标准差	0	0	0	0
4	均值	3. 7375933	0. 8974402	-0. 8000194	-1. 4275578
	N	1	1	1	1
	标准差	0	0	0	0

续表

Average Linkage (Between Groups)		REGR factor score 1 for analysis 1	REGR factor score 2 for analysis 1	REGR factor score 3 for analysis 1	REGR factor score 4 for analysis 1
5	均值	2. 0537376	-0. 0179487	1. 6760158	-0. 7307104
	N	1	1	1	1
	标准差	0	0	0	0
6	均值	1. 5461830	-0. 7198543	0. 8755377	2. 0780019
	N	2	2	2	2
	标准差	0. 19687783	0. 06857562	1. 61224670	0. 35091839
7	均值	-0. 4486205	0. 1777299	-1. 4665689	3. 1231224
	N	1	1	1	1
	标准差	0	0	0	0
总计	均值	0. 0000000	0. 0000000	0. 0000000	0. 0000000
	N	31	31	31	31
	标准差	1. 00000000	1. 00000000	1. 00000000	1. 00000000

附表 5-6　创新能力基础　知识获取　信息基础　科普基础　*平均联结（组间）(6 群集)

Average Linkage (Between Groups)		REGR factor score 1 for analysis 1	REGR factor score 2 for analysis 1	REGR factor score 3 for analysis 1	REGR factor score 4 for analysis 1
1	均值	-1. 0920320	4. 4006080	1. 1146488	-0. 0080526
	N	1	1	1	1
	标准差	0	0	0	0
2	均值	-0. 2968918	-0. 2345160	-0. 1517716	-0. 2858785
	N	24	24	24	24
	标准差	0. 38650032	0. 45889109	0. 84962089	0. 41162139
3	均值	0. 9582420	0. 0568516	1. 0394806	1. 9680942
	N	3	3	3	3
	标准差	1. 02781541	1. 34616755	1. 17486234	0. 31274738
4	均值	3. 7375933	0. 8974402	-0. 8000194	-1. 4275578
	N	1	1	1	1
	标准差	0	0	0	0

续表

Average Linkage (Between Groups)		REGR factor score 1 for analysis 1	REGR factor score 2 for analysis 1	REGR factor score 3 for analysis 1	REGR factor score 4 for analysis 1
5	均值	2. 0537376	-0. 0179487	1. 6760158	-0. 7307104
	N	1	1	1	1
	标准差	0	0	0	0
6	均值	-0. 4486205	0. 1777299	-1. 4665689	3. 1231224
	N	1	1	1	1
	标准差	0	0	0	0
总计	均值	0. 0000000	0. 0000000	0. 0000000	0. 0000000
	N	31	31	31	31
	标准差	1. 00000000	1. 00000000	1. 00000000	1. 00000000

附表 5-7 创新能力基础 知识获取 信息基础 科普基础 * 平均联结（组间）(5 群集)

Average Linkage (Between Groups)		REGR factor score 1 for analysis 1	REGR factor score 2 for analysis 1	REGR factor score 3 for analysis 1	REGR factor score 4 for analysis 1
1	均值	-1. 0920320	4. 4006080	1. 1146488	-0. 0080526
	N	1	1	1	1
	标准差	0	0	0	0
2	均值	-0. 2968918	-0. 2345160	-0. 1517716	-0. 2858785
	N	24	24	24	24
	标准差	0. 38650032	0. 45889109	0. 84962089	0. 41162139
3	均值	0. 9582420	0. 0568516	1. 0394806	1. 9680942
	N	3	3	3	3
	标准差	1. 02781541	1. 34616755	1. 17486234	0. 31274738
4	均值	2. 8956655	0. 4397457	0. 4379982	-1. 0791341
	N	2	2	2	2
	标准差	1. 19066578	0. 64727766	1. 75082132	0. 49274554
5	均值	-0. 4486205	0. 1777299	-1. 4665689	3. 1231224
	N	1	1	1	1
	标准差	0	0	0	0
总计	均值	0. 0000000	0. 0000000	0. 0000000	0. 0000000
	N	31	31	31	31
	标准差	1. 00000000	1. 00000000	1. 00000000	1. 00000000

附表 5 -8　创新能力基础　知识获取　信息基础　科普基础　* 平均联结（组间）（4 群集）

Average Linkage (Between Groups)		REGR factor score 1 for analysis 1	REGR factor score 2 for analysis 1	REGR factor score 3 for analysis 1	REGR factor score 4 for analysis 1
1	均值	-1.0920320	4.4006080	1.1146488	-0.0080526
	N	1	1	1	1
	标准差	0	0	0	0
2	均值	-0.1574325	-0.2021418	-0.0194102	-0.0354371
	N	27	27	27	27
	标准差	0.61235889	0.57826280	0.94355101	0.82369422
3	均值	2.8956655	0.4397457	0.4379982	-1.0791341
	N	2	2	2	2
	标准差	1.19066578	0.64727766	1.75082132	0.49274554
4	均值	-0.4486205	0.1777299	-1.4665689	3.1231224
	N	1	1	1	1
	标准差	0	0	0	0
总计	均值	0.0000000	0.0000000	0.0000000	0.0000000
	N	31	31	31	31
	标准差	1.00000000	1.00000000	1.00000000	1.00000000

附录 6　聚类分析统计量、绘制、结果检验（产业竞争能力）

附表 6 -1　案例处理汇总[a]（近似矩阵）

案例					
有效		缺失		总计	
N	百分比	N	百分比	N	百分比
31	100.0%	0	0.0%	31	100.0%

注：a 表示平均联结（组间）。

附表 6-2 近似矩阵

案例	平方 Euclidean 距离					
	1：北京	2：天津	3：河北	4：山西	5：内蒙古	6：辽宁
1：北京	0.000	19.855	22.357	22.067	22.558	20.157
2：天津	19.855	0.000	3.057	2.237	2.596	2.119
3：河北	22.357	3.057	0.000	0.117	0.071	0.117
4：山西	22.067	2.237	0.117	0.000	0.014	0.110
5：内蒙古	22.558	2.596	0.071	0.014	0.000	0.140
6：辽宁	20.157	2.119	0.117	0.110	0.140	0.000
7：吉林	24.002	1.401	0.545	0.221	0.307	0.406
8：黑龙江	17.320	2.153	0.452	0.297	0.358	0.219
9：上海	7.159	3.842	8.278	7.612	8.134	6.484
10：江苏	28.688	14.804	11.092	12.723	12.667	10.787
11：浙江	11.795	14.558	8.254	9.606	9.442	8.059
12：安徽	23.328	4.906	0.280	0.757	0.612	0.614
13：福建	21.149	1.265	0.527	0.405	0.512	0.225
14：江西	24.350	2.463	0.132	0.149	0.140	0.200
15：山东	20.729	7.808	2.193	3.221	3.036	2.425
16：河南	26.482	7.058	1.034	1.833	1.590	1.617
17：湖北	19.000	3.641	0.228	0.509	0.457	0.256
18：湖南	17.966	2.356	0.276	0.341	0.377	0.081
19：广东	45.820	17.785	25.680	25.641	26.298	23.752
20：广西	21.446	1.622	0.267	0.049	0.114	0.121
21：海南	15.497	1.028	5.495	4.233	4.707	4.198
22：重庆	21.291	0.418	1.314	0.757	0.967	0.805
23：四川	20.385	5.683	0.810	1.480	1.334	1.031
24：贵州	16.080	0.841	1.692	1.076	1.306	1.031
25：云南	17.177	1.420	0.794	0.430	0.561	0.402
26：西藏	16.623	0.947	5.510	4.207	4.681	4.241
27：陕西	22.705	6.359	0.688	1.316	1.109	1.143
28：甘肃	18.807	2.438	0.278	0.162	0.188	0.171
29：青海	29.941	1.778	1.874	1.260	1.386	1.780
30：宁夏	24.223	0.580	2.503	1.593	1.858	1.951
31：新疆	19.749	1.846	0.367	0.108	0.173	0.199

续表

案例	平方 Euclidean 距离					
	7：吉林	8：黑龙江	9：上海	10：江苏	11：浙江	12：安徽
1：北京	24.002	17.320	7.159	28.688	11.795	23.328
2：天津	1.401	2.153	3.842	14.804	14.558	4.906
3：河北	0.545	0.452	8.278	11.092	8.254	0.280
4：山西	0.221	0.297	7.612	12.723	9.606	0.757
5：内蒙古	0.307	0.358	8.134	12.667	9.442	0.612
6：辽宁	0.406	0.219	6.484	10.787	8.059	0.614
7：吉林	0.000	0.752	7.571	13.375	12.064	1.536
8：黑龙江	0.752	0.000	5.513	12.887	7.736	1.147
9：上海	7.571	5.513	0.000	15.100	10.337	9.939
10：江苏	13.375	12.887	15.100	0.000	8.268	9.346
11：浙江	12.064	7.736	10.337	8.268	0.000	6.658
12：安徽	1.536	1.147	9.939	9.346	6.658	0.000
13：福建	0.304	0.662	5.868	10.010	9.523	1.252
14：江西	0.250	0.745	8.498	11.026	9.931	0.595
15：山东	4.499	3.142	10.085	5.070	3.126	1.119
16：河南	2.801	2.489	12.630	8.206	6.598	0.260
17：湖北	1.259	0.425	7.163	9.719	5.771	0.259
18：湖南	0.809	0.178	5.653	10.087	6.657	0.665
19：广东	22.965	26.640	20.435	13.559	34.735	26.822
20：广西	0.114	0.290	6.759	12.692	10.029	1.081
21：海南	3.532	3.310	2.835	21.189	16.371	7.976
22：重庆	0.297	0.948	5.372	13.861	12.650	2.703
23：四川	2.534	1.483	8.983	7.568	4.378	0.252
24：贵州	1.028	0.563	3.708	15.509	10.655	3.132
25：云南	0.638	0.106	4.825	14.017	9.140	1.824
26：西藏	3.409	3.415	3.263	21.583	17.169	8.055
27：陕西	2.449	1.532	10.863	9.883	5.609	0.145
28：甘肃	0.631	0.038	6.460	13.105	8.101	0.901
29：青海	0.492	2.349	10.207	16.854	17.381	3.319
30：宁夏	0.775	1.979	6.772	18.140	16.807	4.420
31：新疆	0.343	0.106	6.379	13.812	9.486	1.221

续表

案例	平方 Euclidean 距离					
	13：福建	14：江西	15：山东	16：河南	17：湖北	18：湖南
1：北京	21.149	24.350	20.729	26.482	19.000	17.966
2：天津	1.265	2.463	7.808	7.058	3.641	2.356
3：河北	0.527	0.132	2.193	1.034	0.228	0.276
4：山西	0.405	0.149	3.221	1.833	0.509	0.341
5：内蒙古	0.512	0.140	3.036	1.590	0.457	0.377
6：辽宁	0.225	0.200	2.425	1.617	0.256	0.081
7：吉林	0.304	0.250	4.499	2.801	1.259	0.809
8：黑龙江	0.662	0.745	3.142	2.489	0.425	0.178
9：上海	5.868	8.498	10.085	12.630	7.163	5.653
10：江苏	10.010	11.026	5.070	8.206	9.719	10.087
11：浙江	9.523	9.931	3.126	6.598	5.771	6.657
12：安徽	1.252	0.595	1.119	0.260	0.259	0.665
13：福建	0.000	0.305	3.114	2.356	0.834	0.389
14：江西	0.305	0.000	2.815	1.388	0.621	0.507
15：山东	3.114	2.815	0.000	0.832	1.323	2.002
16：河南	2.356	1.388	0.832	0.000	0.951	1.672
17：湖北	0.834	0.621	1.323	0.951	0.000	0.146
18：湖南	0.389	0.507	2.002	1.672	0.146	0.000
19：广东	19.713	23.287	25.200	27.605	26.077	23.902
20：广西	0.243	0.205	3.595	2.311	0.684	0.351
21：海南	3.624	5.215	11.490	11.010	5.837	4.228
22：重庆	0.407	0.925	5.638	4.403	1.934	1.109
23：四川	1.751	1.338	0.380	0.402	0.324	0.809
24：贵州	1.037	1.724	5.801	5.162	1.853	1.041
25：云南	0.646	0.946	4.212	3.452	0.908	0.420
26：西藏	3.610	5.148	11.800	11.094	5.985	4.350
27：陕西	2.120	1.267	0.951	0.267	0.436	1.072
28：甘肃	0.675	0.554	3.060	2.127	0.360	0.207
29：青海	1.337	1.156	7.511	4.761	3.247	2.561
30：宁夏	1.415	1.897	8.541	6.510	3.573	2.496
31：新疆	0.523	0.479	3.777	2.591	0.651	0.342

续表

案例	平方 Euclidean 距离					
	19：广东	20：广西	21：海南	22：重庆	23：四川	24：贵州
1：北京	45.820	21.446	15.497	21.291	20.385	16.080
2：天津	17.785	1.622	1.028	0.418	5.683	0.841
3：河北	25.680	0.267	5.495	1.314	0.810	1.692
4：山西	25.641	0.049	4.233	0.757	1.480	1.076
5：内蒙古	26.298	0.114	4.707	0.967	1.334	1.306
6：辽宁	23.752	0.121	4.198	0.805	1.031	1.031
7：吉林	22.965	0.114	3.532	0.297	2.534	1.028
8：黑龙江	26.640	0.290	3.310	0.948	1.483	0.563
9：上海	20.435	6.759	2.835	5.372	8.983	3.708
10：江苏	13.559	12.692	21.189	13.861	7.568	15.509
11：浙江	34.735	10.029	16.371	12.650	4.378	10.655
12：安徽	26.822	1.081	7.976	2.703	0.252	3.132
13：福建	19.713	0.243	3.624	0.407	1.751	1.037
14：江西	23.287	0.205	5.215	0.925	1.338	1.724
15：山东	25.200	3.595	11.490	5.638	0.380	5.801
16：河南	27.605	2.311	11.010	4.403	0.402	5.162
17：湖北	26.077	0.684	5.837	1.934	0.324	1.853
18：湖南	23.902	0.351	4.228	1.109	0.809	1.041
19：广东	0.000	24.135	24.173	20.707	26.396	24.684
20：广西	24.135	0.000	3.485	0.425	1.806	0.763
21：海南	24.173	3.485	0.000	1.929	8.674	1.147
22：重庆	20.707	0.425	1.929	0.000	3.578	0.496
23：四川	26.396	1.806	8.674	3.578	0.000	3.650
24：贵州	24.684	0.763	1.147	0.496	3.650	0.000
25：云南	25.681	0.297	2.269	0.555	2.300	0.190
26：西藏	24.029	3.451	0.020	1.837	8.885	1.206
27：陕西	30.093	1.772	9.287	3.826	0.212	3.918
28：甘肃	27.369	0.218	3.815	1.021	1.357	0.783
29：青海	23.076	1.060	4.173	0.790	4.975	2.181
30：宁夏	22.647	1.168	1.670	0.337	5.804	0.972
31：新疆	26.364	0.086	3.198	0.611	1.870	0.554

续表

案例	平方 Euclidean 距离						
	25：云南	26：西藏	27：陕西	28：甘肃	29：青海	30：宁夏	31 新疆
1：北京	17.177	16.623	22.705	18.807	29.941	24.223	19.749
2：天津	1.420	0.947	6.359	2.438	1.778	0.580	1.846
3：河北	0.794	5.510	0.688	0.278	1.874	2.503	0.367
4：山西	0.430	4.207	1.316	0.162	1.260	1.593	0.108
5：内蒙古	0.561	4.681	1.109	0.188	1.386	1.858	0.173
6：辽宁	0.402	4.241	1.143	0.171	1.780	1.951	0.199
7：吉林	0.638	3.409	2.449	0.631	0.492	0.775	0.343
8：黑龙江	0.106	3.415	1.532	0.038	2.349	1.979	0.106
9：上海	4.825	3.263	10.863	6.460	10.207	6.772	6.379
10：江苏	14.017	21.583	9.883	13.105	16.854	18.140	13.812
11：浙江	9.140	17.169	5.609	8.101	17.381	16.807	9.486
12：安徽	1.824	8.055	0.145	0.901	3.319	4.420	1.221
13：福建	0.646	3.610	2.120	0.675	1.337	1.415	0.523
14：江西	0.946	5.148	1.267	0.554	1.156	1.897	0.479
15：山东	4.212	11.800	0.951	3.060	7.511	8.541	3.777
16：河南	3.452	11.094	0.267	2.127	4.761	6.510	2.591
17：湖北	0.908	5.985	0.436	0.360	3.247	3.573	0.651
18：湖南	0.420	4.350	1.072	0.207	2.561	2.496	0.342
19：广东	25.681	24.029	30.093	27.369	23.076	22.647	26.364
20：广西	0.297	3.451	1.772	0.218	1.060	1.168	0.086
21：海南	2.269	0.020	9.287	3.815	4.173	1.670	3.198
22：重庆	0.555	1.837	3.826	1.021	0.790	0.337	0.611
23：四川	2.300	8.885	0.212	1.357	4.975	5.804	1.870
24：贵州	0.190	1.206	3.918	0.783	2.181	0.972	0.554
25：云南	0.000	2.336	2.403	0.202	1.963	1.299	0.122
26：西藏	2.336	0.000	9.437	3.887	3.857	1.456	3.211
27：陕西	2.403	9.437	0.000	1.263	4.637	5.791	1.765
28：甘肃	0.202	3.887	1.263	0.000	2.112	2.012	0.068
29：青海	1.963	3.857	4.637	2.112	0.000	0.578	1.493
30：宁夏	1.299	1.456	5.791	2.012	0.578	0.000	1.346
31：新疆	0.122	3.211	1.765	0.068	1.493	1.346	0.000

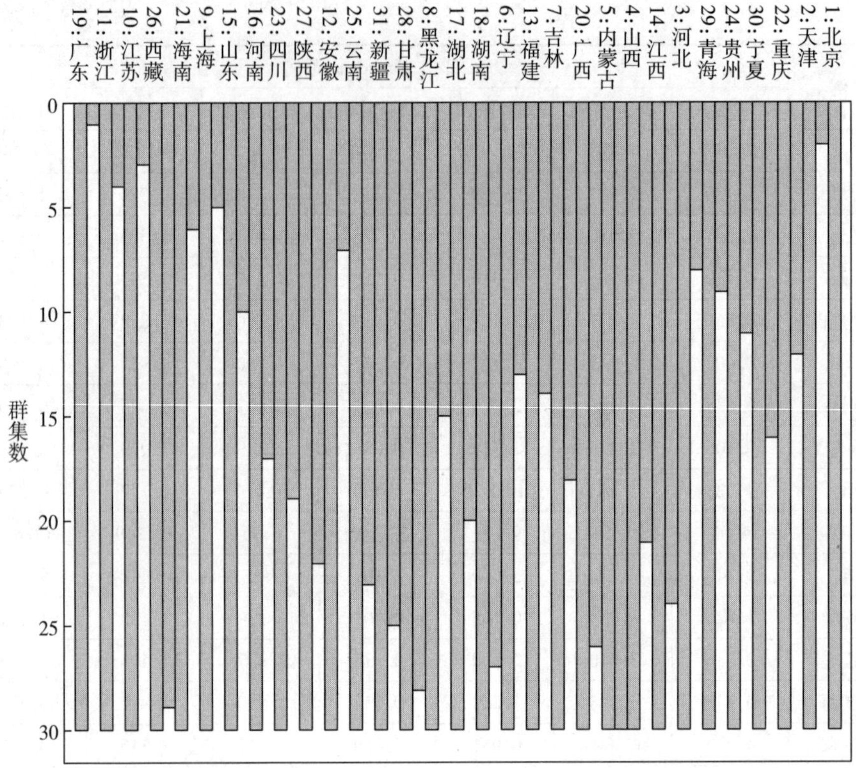

附图 6-1 冰柱图

附表 6-3 案例处理摘要（均值表）

	案例					
	已包含		已排除		总计	
	N	百分比	N	百分比	N	百分比
高技术产业竞争力 * Average Linkage（Between Groups）	31	100.0%	0	0.0%	31	100.0%
文化产业竞争力 * Average Linkage（Between Groups）	31	100.0%	0	0.0%	31	100.0%
非农产业贡献率 * Average Linkage（Between Groups）	31	100.0%	0	0.0%	31	100.0%
高技术产业竞争力 * Average Linkage（Between Groups）	31	100.0%	0	0.0%	31	100.0%
文化产业竞争力 * Average Linkage（Between Groups）	31	100.0%	0	0.0%	31	100.0%
非农产业贡献率 * Average Linkage（Between Groups）	31	100.0%	0	0.0%	31	100.0%
高技术产业竞争力 * Average Linkage（Between Groups）	31	100.0%	0	0.0%	31	100.0%
文化产业竞争力 * Average Linkage（Between Groups）	31	100.0%	0	0.0%	31	100.0%
非农产业贡献率 * Average Linkage（Between Groups）	31	100.0%	0	0.0%	31	100.0%

续表

	案例					
	已包含		已排除		总计	
	N	百分比	N	百分比	N	百分比
高技术产业竞争力 * Average Linkage（Between Groups）	31	100.0%	0	0.0%	31	100.0%
文化产业竞争力 * Average Linkage（Between Groups）	31	100.0%	0	0.0%	31	100.0%
非农产业贡献率 * Average Linkage（Between Groups）	31	100.0%	0	0.0%	31	100.0%
高技术产业竞争力 * Average Linkage（Between Groups）	31	100.0%	0	0.0%	31	100.0%
文化产业竞争力 * Average Linkage（Between Groups）	31	100.0%	0	0.0%	31	100.0%
非农产业贡献率 * Average Linkage（Between Groups）	31	100.0%	0	0.0%	31	100.0%

附表6-4　高技术产业竞争力　文化产业竞争力　非农产业贡献率　* 平均联结（组间）（8集群）

Average Linkage（Between Groups）		高技术产业竞争力	文化产业竞争力	非农产业贡献率
1	均值	-0.8534	1.3188	3.9029
	N	1	1	1
	标准差	0	0	0
2	均值	-0.2193	-0.3900	-0.2556
	N	19	19	19
	标准差	0.27869	0.48188	0.35240
3	均值	0.4859	-0.1538	2.1150
	N	1	1	1
	标准差	0	0	0
4	均值	2.1287	2.2650	-0.4445
	N	1	1	1
	标准差	0	0	0
5	均值	-0.4749	2.5856	0.7332
	N	1	1	1
	标准差	0	0	0
6	均值	-0.3084	0.9391	-0.7973
	N	5	5	5
	标准差	0.23306	0.34511	0.25997

续表

Average Linkage (Between Groups)		高技术产业竞争力	文化产业竞争力	非农产业贡献率
7	均值	4.6104	-0.3582	0.2760
	N	1	1	1
	标准差	0	0	0
8	均值	-0.0935	-1.4719	1.1299
	N	2	2	2
	标准差	0.01677	0.07424	0.06417
总计	均值	0.0000	0.0000	0.0000
	N	31	31	31
	标准差	1.00000	1.00000	1.00000

附表6-5　高技术产业竞争力　文化产业竞争力　非农产业贡献率　* 平均联结（组间）（7集群）

Average Linkage (Between Groups)		高技术产业竞争力	文化产业竞争力	非农产业贡献率
1	均值	-0.8534	1.3188	3.9029
	N	1	1	1
	标准差	0	0	0
2	均值	-0.2379	-0.1131	-0.3684
	N	24	24	24
	标准差	0.26758	0.71165	0.39932
3	均值	0.4859	-0.1538	2.1150
	N	1	1	1
	标准差	0	0	0
4	均值	2.1287	2.2650	-0.4445
	N	1	1	1
	标准差	0	0	0
5	均值	-0.4749	2.5856	0.7332
	N	1	1	1
	标准差	0	0	0

续表

Average Linkage (Between Groups)		高技术产业竞争力	文化产业竞争力	非农产业贡献率
6	均值	4.6104	-0.3582	0.2760
	N	1	1	1
	标准差	0	0	0
7	均值	-0.0935	-1.4719	1.1299
	N	2	2	2
	标准差	0.01677	0.07424	0.06417
总计	均值	0.0000	0.0000	0.0000
	N	31	31	31
	标准差	1.00000	1.00000	1.00000

附表 6-6　高技术产业竞争力　文化产业竞争力　非农产业贡献率　*平均联结（组间）（6 集群）

Average Linkage (Between Groups)		高技术产业竞争力	文化产业竞争力	非农产业贡献率
1	均值	-0.8534	1.3188	3.9029
	N	1	1	1
	标准差	0	0	0
2	均值	-0.2379	-0.1131	-0.3684
	N	24	24	24
	标准差	0.26758	0.71165	0.39932
3	均值	0.0996	-1.0325	1.4583
	N	3	3	3
	标准差	0.33477	0.76281	0.57058
4	均值	2.1287	2.2650	-0.4445
	N	1	1	1
	标准差	0	0	0
5	均值	-0.4749	2.5856	0.7332
	N	1	1	1
	标准差	0	0	0

续表

Average Linkage (Between Groups)		高技术产业竞争力	文化产业竞争力	非农产业贡献率
6	均值	4.6104	-0.3582	0.2760
	N	1	1	1
	标准差	0	0	0
总计	均值	0.0000	0.0000	0.0000
	N	31	31	31
	标准差	1.00000	1.00000	1.00000

附表6-7　高技术产业竞争力　文化产业竞争力　非农产业贡献率　*平均联结（组间）（5集群）

Average Linkage (Between Groups)		高技术产业竞争力	文化产业竞争力	非农产业贡献率
1	均值	-0.8534	1.3188	3.9029
	N	1	1	1
	标准差	0	0	0
2	均值	-0.2004	-0.2152	-0.1655
	N	27	27	27
	标准差	0.28921	0.76123	0.71298
3	均值	2.1287	2.2650	-0.4445
	N	1	1	1
	标准差	0	0	0
4	均值	-0.4749	2.5856	0.7332
	N	1	1	1
	标准差	0	0	0
5	均值	4.6104	-0.3582	0.2760
	N	1	1	1
	标准差	0	0	0
总计	均值	0.0000	0.0000	0.0000
	N	31	31	31
	标准差	1.00000	1.00000	1.00000

附表 6-8　高技术产业竞争力　文化产业竞争力　非农产业贡献率　* 平均联结（组间）（4 集群）

Average Linkage (Between Groups)		高技术产业竞争力	文化产业竞争力	非农产业贡献率
1	均值	-0.8534	1.3188	3.9029
	N	1	1	1
	标准差	0	0	0
2	均值	-0.2004	-0.2152	-0.1655
	N	27	27	27
	标准差	0.28921	0.76123	0.71298
3	均值	0.8269	2.4253	0.1443
	N	2	2	2
	标准差	1.84101	0.22671	0.83279
4	均值	4.6104	-0.3582	0.2760
	N	1	1	1
	标准差	0	0	0
总计	均值	0.0000	0.0000	0.0000
	N	31	31	31
	标准差	1.00000	1.00000	1.00000

附录 7　聚类分析统计量、绘制、结果检验（政府调控能力）

附表 7-1　案例处理汇总[a]（近似矩阵）

案例					
有效		缺失		总计	
N	百分比	N	百分比	N	百分比
31	100.0%	0	0.0%	31	100.0%

注：a 表示平均联结（组间）。

附表7－2 近似矩阵

案例	平方 Euclidean 距离						
	1：北京	2：天津	3：河北	4：山西	5：内蒙古	6：辽宁	7：吉林
1：北京	0.000	21.418	30.087	25.939	28.449	26.646	25.223
2：天津	21.418	0.000	6.388	2.314	1.352	1.446	0.884
3：河北	30.087	6.388	0.000	1.287	2.767	2.443	2.989
4：山西	25.939	2.314	1.287	0.000	0.416	0.934	0.406
5：内蒙古	28.449	1.352	2.767	0.416	0.000	0.692	0.101
6：辽宁	26.646	1.446	2.443	0.934	0.692	0.000	0.690
7：吉林	25.223	0.884	2.989	0.406	0.101	0.690	0.000
8：黑龙江	28.540	1.479	2.356	0.352	0.034	0.463	0.155
9：上海	31.342	2.857	10.342	6.812	4.810	2.912	4.728
10：江苏	33.495	8.643	6.298	7.701	7.977	4.082	8.088
11：浙江	23.066	2.762	4.509	3.492	3.447	1.109	3.104
12：安徽	22.205	4.889	0.723	0.946	2.588	2.583	2.320
13：福建	21.652	1.065	2.484	0.728	0.846	0.294	0.539
14：江西	18.737	2.991	1.863	0.739	1.908	2.146	1.413
15：山东	28.911	14.459	2.825	7.092	10.434	8.304	10.304
16：河南	27.015	13.938	2.579	6.015	9.530	8.869	9.307
17：湖北	24.320	4.286	0.366	0.627	1.940	1.664	1.829
18：湖南	27.941	6.171	0.091	1.120	2.737	2.678	2.828
19：广东	34.244	15.501	15.001	16.766	17.081	10.898	16.727
20：广西	22.829	4.038	0.980	0.512	1.815	2.315	1.592
21：海南	13.007	1.986	7.274	3.268	3.577	4.399	2.515
22：重庆	24.629	1.158	2.163	0.246	0.223	0.354	0.115
23：四川	32.375	10.613	0.594	3.456	5.869	5.310	6.127
24：贵州	29.559	4.776	1.027	0.508	1.433	2.630	1.613
25：云南	30.289	5.170	0.502	0.568	1.625	2.385	1.864
26：西藏	20.987	1.568	4.839	1.302	1.286	2.845	0.833
27：陕西	22.360	2.302	1.344	0.153	0.877	1.127	0.642
28：甘肃	20.487	3.407	2.320	0.784	1.873	2.925	1.461
29：青海	30.683	1.476	5.082	1.445	0.424	1.949	0.563
30：宁夏	35.715	2.211	5.933	2.277	0.819	2.304	1.219
31：新疆	29.731	1.734	2.845	0.462	0.046	1.060	0.216

续表

案例	平方 Euclidean 距离					
	8：黑龙江	9：上海	10：江苏	11：浙江	12：安徽	13：福建
1：北京	28.540	31.342	33.495	23.066	22.205	21.652
2：天津	1.479	2.857	8.643	2.762	4.889	1.065
3：河北	2.356	10.342	6.298	4.509	0.723	2.484
4：山西	0.352	6.812	7.701	3.492	0.946	0.728
5：内蒙古	0.034	4.810	7.977	3.447	2.588	0.846
6：辽宁	0.463	2.912	4.082	1.109	2.583	0.294
7：吉林	0.155	4.728	8.088	3.104	2.320	0.539
8：黑龙江	0.000	4.562	7.031	2.962	2.351	0.683
9：上海	4.562	0.000	4.916	2.299	10.647	3.896
10：江苏	7.031	4.916	0.000	1.829	8.136	5.190
11：浙江	2.962	2.299	1.829	0.000	4.441	1.252
12：安徽	2.351	10.647	8.136	4.441	0.000	1.772
13：福建	0.683	3.896	5.190	1.252	1.772	0.000
14：江西	1.831	9.017	8.928	3.927	0.388	1.074
15：山东	9.553	18.459	7.795	8.222	3.500	7.735
16：河南	8.942	20.956	12.028	10.345	2.395	7.748
17：湖北	1.645	8.795	6.372	3.356	0.157	1.248
18：湖南	2.398	11.051	7.387	4.903	0.356	2.418
19：广东	15.804	8.761	2.216	5.534	16.556	11.876
20：广西	1.703	10.135	9.125	4.737	0.141	1.543
21：海南	3.861	9.072	14.064	6.012	3.957	2.590
22：重庆	0.158	4.589	6.551	2.291	1.688	0.225
23：四川	5.298	15.327	8.167	7.304	1.583	5.193
24：贵州	1.394	10.756	10.457	6.259	0.952	2.391
25：云南	1.470	10.433	8.988	5.618	0.781	2.304
26：西藏	1.591	8.247	13.188	5.966	2.831	1.849
27：陕西	0.784	7.208	7.582	3.163	0.532	0.565
28：甘肃	1.943	10.589	11.536	5.704	0.719	1.797
29：青海	0.679	5.512	11.400	5.586	4.611	2.128
30：宁夏	1.046	5.045	11.299	6.142	6.151	3.005
31：新疆	0.124	5.616	8.982	4.259	2.718	1.237

续表

案例	平方 Euclidean 距离					
	14：江西	15：山东	16：河南	17：湖北	18：湖南	19：广东
1：北京	18.737	28.911	27.015	24.320	27.941	34.244
2：天津	2.991	14.459	13.938	4.286	6.171	15.501
3：河北	1.863	2.825	2.579	0.366	0.091	15.001
4：山西	0.739	7.092	6.015	0.627	1.120	16.766
5：内蒙古	1.908	10.434	9.530	1.940	2.737	17.081
6：辽宁	2.146	8.304	8.869	1.664	2.678	10.898
7：吉林	1.413	10.304	9.307	1.829	2.828	16.727
8：黑龙江	1.831	9.553	8.942	1.645	2.398	15.804
9：上海	9.017	18.459	20.956	8.795	11.051	8.761
10：江苏	8.928	7.795	12.028	6.372	7.387	2.216
11：浙江	3.927	8.222	10.345	3.356	4.903	5.534
12：安徽	0.388	3.500	2.395	0.157	0.356	16.556
13：福建	1.074	7.735	7.748	1.248	2.418	11.876
14：江西	0.000	5.815	4.384	0.615	1.326	17.080
15：山东	5.815	0.000	0.928	3.538	2.903	13.983
16：河南	4.384	0.928	0.000	2.999	2.185	20.468
17：湖北	0.615	3.538	2.999	0.000	0.224	14.469
18：湖南	1.326	2.903	2.185	0.224	0.000	16.346
19：广东	17.080	13.983	20.468	14.469	16.346	0.000
20：广西	0.247	4.968	3.427	0.292	0.556	18.246
21：海南	1.875	13.489	11.168	4.464	6.280	21.678
22：重庆	1.072	8.432	7.869	1.169	2.081	14.598
23：四川	3.523	1.312	1.059	1.466	0.658	17.048
24：贵州	1.298	6.545	4.670	0.877	0.758	21.205
25：云南	1.412	5.307	3.951	0.581	0.374	19.218
26：西藏	1.359	12.547	10.008	2.991	4.134	22.887
27：陕西	0.238	6.229	5.164	0.410	1.047	15.982
28：甘肃	0.241	7.290	5.008	1.097	1.640	21.085
29：青海	3.373	14.833	13.193	3.963	4.938	21.576
30：宁夏	5.027	16.546	15.330	5.142	6.042	21.649
31：新疆	2.087	10.855	9.635	2.114	2.781	18.720

续表

案例	平方 Euclidean 距离					
	20：广西	21：海南	22：重庆	23：四川	24：贵州	25：云南
1：北京	22.829	13.007	24.629	32.375	29.559	30.289
2：天津	4.038	1.986	1.158	10.613	4.776	5.170
3：河北	0.980	7.274	2.163	0.594	1.027	0.502
4：山西	0.512	3.268	0.246	3.456	0.508	0.568
5：内蒙古	1.815	3.577	0.223	5.869	1.433	1.625
6：辽宁	2.315	4.399	0.354	5.310	2.630	2.385
7：吉林	1.592	2.515	0.115	6.127	1.613	1.864
8：黑龙江	1.703	3.861	0.158	5.298	1.394	1.470
9：上海	10.135	9.072	4.589	15.327	10.756	10.433
10：江苏	9.125	14.064	6.551	8.167	10.457	8.988
11：浙江	4.737	6.012	2.291	7.304	6.259	5.618
12：安徽	0.141	3.957	1.688	1.583	0.952	0.781
13：福建	1.543	2.590	0.225	5.193	2.391	2.304
14：江西	0.247	1.875	1.072	3.523	1.298	1.412
15：山东	4.968	13.489	8.432	1.312	6.545	5.307
16：河南	3.427	11.168	7.869	1.059	4.670	3.951
17：湖北	0.292	4.464	1.169	1.466	0.877	0.581
18：湖南	0.556	6.280	2.081	0.658	0.758	0.374
19：广东	18.246	21.678	14.598	17.048	21.205	19.218
20：广西	0.000	3.236	1.212	2.256	0.503	0.532
21：海南	3.236	0.000	2.795	10.537	4.940	5.705
22：重庆	1.212	2.795	0.000	4.924	1.451	1.506
23：四川	2.256	10.537	4.924	0.000	2.462	1.688
24：贵州	0.503	4.940	1.451	2.462	0.000	0.101
25：云南	0.532	5.705	1.506	1.688	0.101	0.000
26：西藏	1.836	0.993	1.266	8.018	2.169	2.896
27：陕西	0.265	2.478	0.368	3.317	0.793	0.838
28：甘肃	0.293	1.893	1.376	4.070	0.897	1.252
29：青海	3.352	3.882	1.126	8.957	2.517	3.065
30：宁夏	4.786	5.945	1.829	10.104	3.446	3.906
31：新疆	1.849	3.858	0.419	5.911	1.231	1.492

续表

案例	平方 Euclidean 距离					
	26：西藏	27：陕西	28：甘肃	29：青海	30：宁夏	31：新疆
1：北京	20. 987	22. 360	20. 487	30. 683	35. 715	29. 731
2：天津	1. 568	2. 302	3. 407	1. 476	2. 211	1. 734
3：河北	4. 839	1. 344	2. 320	5. 082	5. 933	2. 845
4：山西	1. 302	0. 153	0. 784	1. 445	2. 277	0. 462
5：内蒙古	1. 286	0. 877	1. 873	0. 424	0. 819	0. 046
6：辽宁	2. 845	1. 127	2. 925	1. 949	2. 304	1. 060
7：吉林	0. 833	0. 642	1. 461	0. 563	1. 219	0. 216
8：黑龙江	1. 591	0. 784	1. 943	0. 679	1. 046	0. 124
9：上海	8. 247	7. 208	10. 589	5. 512	5. 045	5. 616
10：江苏	13. 188	7. 582	11. 536	11. 400	11. 299	8. 982
11：浙江	5. 966	3. 163	5. 704	5. 586	6. 142	4. 259
12：安徽	2. 831	0. 532	0. 719	4. 611	6. 151	2. 718
13：福建	1. 849	0. 565	1. 797	2. 128	3. 005	1. 237
14：江西	1. 359	0. 238	0. 241	3. 373	5. 027	2. 087
15：山东	12. 547	6. 229	7. 290	14. 833	16. 546	10. 855
16：河南	10. 008	5. 164	5. 008	13. 193	15. 330	9. 635
17：湖北	2. 991	0. 410	1. 097	3. 963	5. 142	2. 114
18：湖南	4. 134	1. 047	1. 640	4. 938	6. 042	2. 781
19：广东	22. 887	15. 982	21. 085	21. 576	21. 649	18. 720
20：广西	1. 836	0. 265	0. 293	3. 352	4. 786	1. 849
21：海南	0. 993	2. 478	1. 893	3. 882	5. 945	3. 858
22：重庆	1. 266	0. 368	1. 376	1. 126	1. 829	0. 419
23：四川	8. 018	3. 317	4. 070	8. 957	10. 104	5. 911
24：贵州	2. 169	0. 793	0. 897	2. 517	3. 446	1. 231
25：云南	2. 896	0. 838	1. 252	3. 065	3. 906	1. 492
26：西藏	0. 000	1. 232	0. 877	1. 246	2. 590	1. 259
27：陕西	1. 232	0. 000	0. 457	2. 156	3. 329	1. 018
28：甘肃	0. 877	0. 457	0. 000	2. 874	4. 534	1. 854
29：青海	1. 246	2. 156	2. 874	0. 000	0. 244	0. 324
30：宁夏	2. 590	3. 329	4. 534	0. 244	0. 000	0. 692
31：新疆	1. 259	1. 018	1. 854	0. 324	0. 692	0. 000

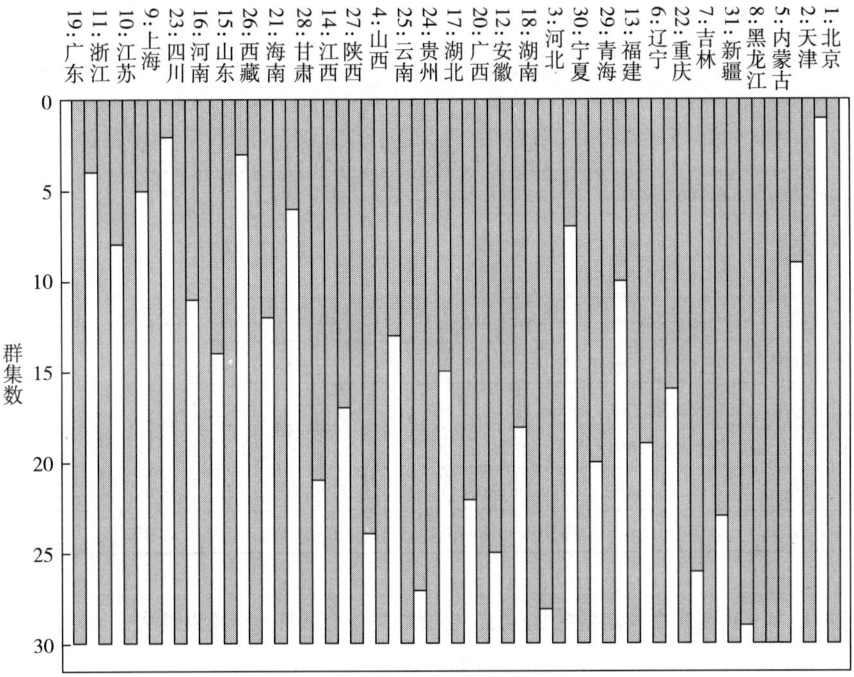

附图 7-1 冰柱图

附表 7-3 案例处理摘要（均值表）

	案例					
	已包含		已排除		总计	
	N	百分比	N	百分比	N	百分比
制度保障与发展支撑能力 * Average Linkage (Between Groups)	31	100.0%	0	0.0%	31	100.0%
协调发展能力 * Average Linkage (Between Groups)	31	100.0%	0	0.0%	31	100.0%
可持续发展能力 * Average Linkage (Between Groups)	31	100.0%	0	0.0%	31	100.0%
制度保障与发展支撑能力 * Average Linkage (Between Groups)	31	100.0%	0	0.0%	31	100.0%
协调发展能力 * Average Linkage (Between Groups)	31	100.0%	0	0.0%	31	100.0%
可持续发展能力 * Average Linkage (Between Groups)	31	100.0%	0	0.0%	31	100.0%
制度保障与发展支撑能力 * Average Linkage (Between Groups)	31	100.0%	0	0.0%	31	100.0%
协调发展能力 * Average Linkage (Between Groups)	31	100.0%	0	0.0%	31	100.0%

续表

	案例					
	已包含		已排除		总计	
	N	百分比	N	百分比	N	百分比
可持续发展能力 * Average Linkage（Between Groups）	31	100.0%	0	0.0%	31	100.0%
制度保障与发展支撑能力 * Average Linkage（Between Groups）	31	100.0%	0	0.0%	31	100.0%
协调发展能力 * Average Linkage（Between Groups）	31	100.0%	0	0.0%	31	100.0%
可持续发展能力 * Average Linkage（Between Groups）	31	100.0%	0	0.0%	31	100.0%
制度保障与发展支撑能力 * Average Linkage（Between Groups）	31	100.0%	0	0.0%	31	100.0%
协调发展能力 * Average Linkage（Between Groups）	31	100.0%	0	0.0%	31	100.0%
可持续发展能力 * Average Linkage（Between Groups）	31	100.0%	0	0.0%	31	100.0%

附表 7-4　制度保障与发展支撑能力　协调发展能力　可持续发展能力　* 平均联结（组间）（8 集群）

Average Linkage (Between Groups)		REGR factor score 1 for analysis 1	REGR factor score 2 for analysis 1	REGR factor score 3 for analysis 1
1	均值	-0.1729488	-0.8367260	4.6809542
	N	1	1	1
	标准差	0	0	0
2	均值	-0.2695166	-0.7061012	-0.5001556
	N	10	10	10
	标准差	0.37975755	0.35626646	0.41406312
3	均值	-0.4171781	0.5285487	-0.0862513
	N	11	11	11
	标准差	0.30312423	0.35880688	0.37389687
4	均值	1.3461199	-1.9035490	-0.6007360
	N	1	1	1
	标准差	0	0	0
5	均值	1.8362421	-0.2551884	-0.1613790
	N	2	2	2
	标准差	0.74647659	0.44566261	0.39817299

续表

Average Linkage (Between Groups)		REGR factor score 1 for analysis 1	REGR factor score 2 for analysis 1	REGR factor score 3 for analysis 1
6	均值	0. 2761933	2. 1105199	0. 1888123
	N	3	3	3
	标准差	0. 50096498	0. 27052171	0. 47509070
7	均值	3. 6325323	-0. 2405229	0. 2755959
	N	1	1	1
	标准差	0	0	0
8	均值	-1. 0113212	-0. 7967046	0. 6754136
	N	2	2	2
	标准差	0. 16748234	0. 14970661	0. 66787137
总计	均值	0. 0000000	0. 0000000	0. 0000000
	N	31	31	31
	标准差	1. 00000000	1. 00000000	1. 00000000

附表 7-5 制度保障与发展支撑能力 协调发展能力 可持续发展能力 * 平均联结（组间）（7 集群）

Average Linkage (Between Groups)		REGR factor score 1 for analysis 1	REGR factor score 2 for analysis 1	REGR factor score 3 for analysis 1
1	均值	-0. 1729488	-0. 8367260	4. 6809542
	N	1	1	1
	标准差	0	0	0
2	均值	-0. 3468631	-0. 0593798	-0. 2833486
	N	21	21	21
	标准差	0. 34139392	0. 72161281	0. 43808655
3	均值	1. 3461199	-1. 9035490	-0. 6007360
	N	1	1	1
	标准差	0	0	0
4	均值	1. 8362421	-0. 2551884	-0. 1613790
	N	2	2	2
	标准差	0. 74647659	0. 44566261	0. 39817299

续表

Average Linkage (Between Groups)		REGR factor score 1 for analysis 1	REGR factor score 2 for analysis 1	REGR factor score 3 for analysis 1
5	均值	0. 2761933	2. 1105199	0. 1888123
	N	3	3	3
	标准差	0. 50096498	0. 27052171	0. 47509070
6	均值	3. 6325323	-0. 2405229	0. 2755959
	N	1	1	1
	标准差	0	0	0
7	均值	-1. 0113212	-0. 7967046	0. 6754136
	N	2	2	2
	标准差	0. 16748234	0. 14970661	0. 66787137
总计	均值	0. 0000000	0. 0000000	0. 0000000
	N	31	31	31
	标准差	1. 00000000	1. 00000000	1. 00000000

附表7-6 制度保障与发展支撑能力 协调发展能力 可持续发展能力 * 平均联结（组间）（6集群）

Average Linkage (Between Groups)		REGR factor score 1 for analysis 1	REGR factor score 2 for analysis 1	REGR factor score 3 for analysis 1
1	均值	-0. 1729488	-0. 8367260	4. 6809542
	N	1	1	1
	标准差	0	0	0
2	均值	-0. 4046421	-0. 1234950	-0. 1999780
	N	23	23	23
	标准差	0. 37930992	0. 72078434	0. 52062171
3	均值	1. 3461199	-1. 9035490	-0. 6007360
	N	1	1	1
	标准差	0	0	0
4	均值	1. 8362421	-0. 2551884	-0. 1613790
	N	2	2	2
	标准差	0. 74647659	0. 44566261	0. 39817299

续表

Average Linkage (Between Groups)		REGR factor score 1 for analysis 1	REGR factor score 2 for analysis 1	REGR factor score 3 for analysis 1
5	均值	0. 2761933	2. 1105199	0. 1888123
	N	3	3	3
	标准差	0. 50096498	0. 27052171	0. 47509070
6	均值	3. 6325323	-0. 2405229	0. 2755959
	N	1	1	1
	标准差	0	0	0
总计	均值	0. 0000000	0. 0000000	0. 0000000
	N	31	31	31
	标准差	1. 00000000	1. 00000000	1. 00000000

附表 7-7 制度保障与发展支撑能力 协调发展能力 可持续发展能力 * 平均联结（组间）（5 集群）

Average Linkage (Between Groups)		REGR factor score 1 for analysis 1	REGR factor score 2 for analysis 1	REGR factor score 3 for analysis 1
1	均值	-0. 1729488	-0. 8367260	4. 6809542
	N	1	1	1
	标准差	0	0	0
2	均值	-0. 4046421	-0. 1234950	-0. 1999780
	N	23	23	23
	标准差	0. 37930992	0. 72078434	0. 52062171
3	均值	1. 6728680	-0. 8046420	-0. 3078313
	N	3	3	3
	标准差	0. 59890475	1. 00249944	0. 37896669
4	均值	0. 2761933	2. 1105199	0. 1888123
	N	3	3	3
	标准差	0. 50096498	0. 27052171	0. 47509070
5	均值	3. 6325323	-0. 2405229	0. 2755959
	N	1	1	1
	标准差	0	0	0

续表

Average Linkage (Between Groups)		REGR factor score 1 for analysis 1	REGR factor score 2 for analysis 1	REGR factor score 3 for analysis 1
总计	均值	0. 0000000	0. 0000000	0. 0000000
	N	31	31	31
	标准差	1. 00000000	1. 00000000	1. 00000000

附表7-8 制度保障与发展支撑能力 协调发展能力 可持续发展能力 * 平均联结（组间）（4集群）

Average Linkage (Between Groups)		REGR factor score 1 for analysis 1	REGR factor score 2 for analysis 1	REGR factor score 3 for analysis 1
1	均值	-0. 1729488	-0. 8367260	4. 6809542
	N	1	1	1
	标准差	0	0	0
2	均值	-0. 4046421	-0. 1234950	-0. 1999780
	N	23	23	23
	标准差	0. 37930992	0. 72078434	0. 52062171
3	均值	2. 1627841	-0. 6636122	-0. 1619745
	N	4	4	4
	标准差	1. 09507791	0. 86577191	0. 42525363
4	均值	0. 2761933	2. 1105199	0. 1888123
	N	3	3	3
	标准差	0. 50096498	0. 27052171	0. 47509070
总计	均值	0. 0000000	0. 0000000	0. 0000000
	N	31	31	31
	标准差	1. 00000000	1. 00000000	1. 00000000